Das Teebuch

Hans G. Adrian · Rolf L. Temming · Arend Vollers

Das Teebuch

Geschichte und Geschichten
Anbau, Herstellung und Rezepte

Bucher

Frontispiz: Teestunde auf britisch – unter Beteiligung Florence Nightingales und Mr. Gladstones. Dieses frühe Teewerbebild kommt der historischen Wahrheit unschwer nahe: die Vorkämpferin des Sanitätswesens und der berühmte Premierminister waren beide Teeliebhaber.

Mit Rücksicht auf Lesegewohnheiten wurde darauf verzichtet, Namen und Bezeichnungen aus dem Chinesischen und Japanischen jeweils nach der jüngsten wissenschaftlichen Transskription zu schreiben. Die Sprache der Teehändler ist englisch, und daran ist die Schreibweise ausgerichtet.

Printed in W.-Germany
ISBN 3 7658 0421 5

Inhalt

Ein Teebaum mit überlebensgroßen Blättern, chinesische Pagoden, eine exotische Landschaft: erste Anschauung vom ›heilsamen Kraut Tee‹ (gedruckt in Amsterdam 1669).

Der lange Weg zum Tee

Von den frühen Anfängen fernöstlicher Teekultur und von den ersten Europäern, die Tee tranken und nach Europa brachten – zugleich eine kleine Weltgeschichte westöstlicher Begegnungen.

Die Welt hat sich in der Teeschale gefunden
Kakuzo Okakura

Zwei Souvenirs aus Calcutta brachte ich mit von der letzten Reise: einen Teebecher und ein Tonband. Zwei Dinge ohne Zollwert. Aber Dinge, die nachdenklich machen: was kann die östliche Welt der westlichen geben? Was gibt die westliche Welt allzu oft der östlichen?

Der Teebecher gehört in einen noch tropisch warmen Novembernachmittag. Das ist Calcuttas Hyde-Park, denkt man unwillkürlich, so britisch muten das Rasengrün des *Maidan*-Parks und die berittene Polizei unter lichten Tamarindenbäumen an. Aber man ist mitten in Asien: zwischen all den Handlesern und Heilkünstlern, Tätowierern, Geschichtenerzählern und Zauberern. Drei- bis Sechsjährige stehen mit großen dunklen Augen und staubschwarzen Zehen um die Ausrufer, die Erwachsenen in weißer Hose, weißem Kragenhemd oder im indischen *Dhoti* erholen sich vom Streß des Calcutta-Alltags.

Kein Cola-Kiosk, keine Limonaden-Bude, schon gar kein Bierzelt isc zu sehen (erst später stoßen wir am Rande des *Maidan* noch auf den Platz, wo die Flaschen mit bunten süßen Flüssigkeiten sich stapeln). Aber Tee wird ausgeschenkt. Auf der dünngetretenen Grasnarbe stehen über Holzkohlenfeuerchen große verbeulte Wasserkessel, in den Kannen wird dunkler Tee aufgebrüht, die irdenen Schälchen, merken wir, gibt's dazu. Ein Bild, mit dem dieser indische Novembernachmittag im Gedächtnis bleibt: die vielen weißgekleideten Menschen auf dem staubigen Grün, im Gras die rotbraunen Farbflecke der fortgeworfenen Teeschälchen. Es ist ein ruhiges Bild, in dem auch der Endlos-Gesang einer Männerrunde nicht stört, der man für ihre offenbar einem frommen Zweck dienende Darbietung einen Lautsprecher zugestanden hat. Ein Bild, zu dem nichts so gut paßt wie Tee – denn Tee ist ein leises Getränk.

In Calcuttas Maidan-Park: keine Cola-Bude, aber Tee wird aufgebrüht, die Schälchen dazu sind gratis.

Wenn ich meinen Gästen das zweite Souvenir vorführe, fallen sie fast vom Sessel. Nach dem ersten Schrecken beginnen sie dann zu verstehen, warum sich mir das andere Bild, das Bild der Ruhe so eingeprägt hat: als Ausnahme und Kontrastszene dazu nämlich. Was ich auf der Minikassette meines Diktaphons aufgezeichnet habe, ist eine Viertelstunde normales Verkehrsgeräusch aus dem Stadtzentrum von Calcutta. Normal aber bedeutet dort: ohrenpeinigender Mißton, ein pausenloser nervtötender Motoren- und Hupenlärm in wüsten Staccato-Steigerungen, kreuz und quer durch alle Tonlagen vom grellen Gellen bis zum schachtdunklen Dröhnen und Röhren, durchfetzt von Rufen und Schreien.

Wie halten die Menschen das aus, diesen Stunden um Stunden kreischenden und tobenden Lärm, diesen permanenten Stau- und Stoßverkehr unter den bläulichen Abgaswolken schlecht verbrennender Motoren? Die Wahrheit ist, und Menschen, die ich in Calcutta fragte, haben sie bestätigt: niemand hält das ganz ohne Schaden aus. Man wird sehr abgestumpft und zugleich überirritierbar, wenn man der Lärmfolter jahrelang ausgesetzt ist. Oder man muß sehr viel seelische Ausgeglichenheit und Gelassenheit zu eigen haben. Widerstandskraft, Ausgeglichenheit, Gelassenheit: das allerdings sind Eigenschaften, die Teetrinkern zumindest in Asien schon lange zugeschrieben werden.

Tee ist mehr als nur Getränk. Wir haben Tee im japanischen Teehaus und im afrikanischen Busch getrunken, an der Kingsroad in London hat uns, nach einigen Versuchen, auch der britische Tee geschmeckt – milchtrüb! –, und über viele Jahre hin ist bei uns zuhause kein Tag vergangen, an dem wir nicht mehrmals unsere Teekannen geleert hätten (wir haben mehrere im Gebrauch, kleinere und größere, aus Keramik und aus Glas).

Teestrauch, Darstellung aus dem 17. Jahrhundert

Aus unserer Freundschaft mit dem Tee ist dieses Buch entstanden, das Ihnen alles über Tee erzählen will: wie Tee in Fernost zuerst genossen wurde und wie Tee nach Europa kam, wie Tee geerntet und aus grünen Blattspitzen zu ›schwarzem‹ Tee verarbeitet wird, wie vielfältig Tee zubereitet werden kann und wie förderlich er Ihrer Gesundheit ist. Er hat »Tee in sich«, sagt der Japaner von einem, der es weit gebracht hat in Einsicht, Gelassenheit, Lebenskunst. Auch davon kann uns jede Tasse Tee, recht getrunken, etwas mitteilen.

Darum haben die kleine Teeschale und das Tonband aus Calcutta ihren Platz in der privaten Sammlung von Teegerät, Teebildern und Teebüchern: weil sie im Kontrast der Erinnerung beides umschließen, was Teekultur ausmacht und was nicht.

Wer Tee liebt, hat Calcutta ohnehin Entscheidendes zu danken. Tee aus Assam und Darjeeling sind junge Zweige am alten Baum der Teegeschichte, noch jünger ist der Ceylon-Tee. Vor hundertundfünfzig Jahren kannte Europa keinen anderen als fernöstlichen, chinesischen und japanischen Tee. Den Briten galt Tee kurzum als *China drink*. Calcutta war noch nicht das riesige Notaufnahmelager für die Flüchtlinge aus Ostpakistan/Bangladesh, noch nicht die Acht-Millionen-Metropole am verlandenden Hooghly-Fluß. Calcutta war der erste Vorposten der britischen East India Company im Reich der Moghul-Kaiser, wurde dann die erste Hauptstadt Britisch-Indiens. Aber als Calcuttas Botanischer Garten 1786 angelegt wurde, wuchs da schon der Banyan-Baum, den heute die Reisenden aus aller Welt anstaunen, weil er der größte aller Banyan-Bäume ist, mit 600 Wurzelstämmen eine Fläche so groß wie ein Fußballfeld überschattend.

Bevor es die ersten indischen Plantagen gab: Tee-Überraschung im Botanischen Garten

Die ersten Botanikergenerationen, die dort die tropische Pflanzenfülle sichteten, stießen bald auf überraschende Beobachtungen in Sachen Tee. Schon um 1780 hatten Kapitäne der East India Company erstmals nicht nur Tee, sondern auch Teesamen aus Kanton nach Calcutta gebracht. Versuche, aus ihnen Teepflanzen zu züchten, mißlangen. 1825 aber traf in Calcutta eine Nachricht ein, die endlich zu

Chinesisches Porzellan, Tee wird serviert – so läßt sich eine britische Familie porträtieren, um die Mitte des 18. Jahrhunderts, als England die erste Seemacht (und damit auch Europas erste Teemacht) war. Gemälde von J. van Aken

bestätigen schien, was unter Botanikern wie unter Teehändlern schon länger als Gerücht umging: Teepflanzen wuchsen nicht nur in China, sondern praktisch vor der eigenen indischen Haustür.

Ein gewisser Robert Bruce, britischer Major und Amateurbotaniker, nahm für sich in Anspruch, als erster Europäer den ›Teebaum‹ auf einer Jagdexpedition in den Regenwäldern von Manipur gesehen zu haben. Manipur, das lag im Grenzland von Assam und Burma, ein schwer zugängliches, schwer zu kontrollierendes Gebiet. War es wirklich die Teepflanze, die Bruce entdeckt hatte? Der angesehene Dr. Wallich, wissenschaftliche Autorität des Botanischen Gartens von Calcutta, zeigte sich skeptisch. Erst ein zweiter Bericht von einem Offizier der *Assam Light Infantry*, Andrew Charlton, konnte überzeugen: Die Proben, die er 1834 von den bei Sadiyah, weiter im Norden Assams am Brahmaputra aufgefundenen Teebäumen nach Calcutta schickte, wurden als *Thea assamica* anerkannt.

Denn botanisch sah man nun endlich klar, wenigstens doch klarer. *Camellia thea* hatte der große Systematiker Linné in seiner »Species Plantarum«, den »Arten der Pflanzen«, die Teepflanze benannt und sie rechtens den Kameliengewächsen zugeordnet. Auch als *Thea sinensis* wird sie von ihm bezeichnet. Aber er wußte eben noch nicht, daß es nicht nur eine, sondern zwei Teepflanzen gibt, *Thea sinensis*

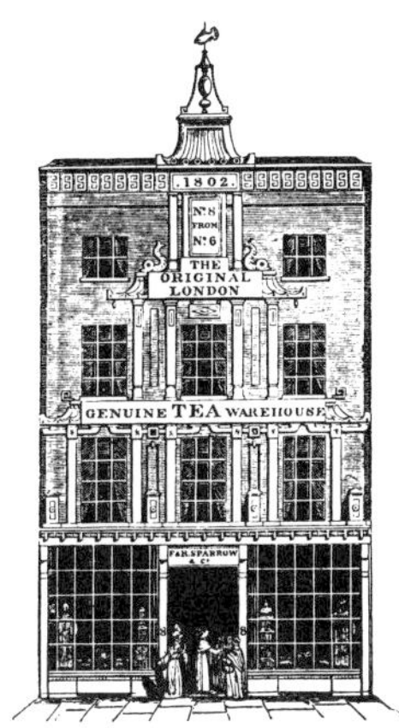

Londoner Teehandlung, 1802

Die tüchtigsten Teetrinker in Europa sind unbestritten die Einwohner der britischen Inseln, die Iren und die Engländer, die Schotten und die Waliser. Aber wer will den Franzosen nachsagen, sie hätten am Tee nie Geschmack gefunden. Heute gibt es wieder Teestuben in Paris, und vor dreihundert Jahren gehörte der Franzose Philippe Sylvestre Dufour zu den ersten, die sich für Tee engagierten. Dufour schrieb auch über die ›neuen‹ Getränke Kaffee und Schokolade. In deutscher Sprache erschien das alles miteinander unter einem Titel von barocker Weitschweifigkeit: »Drey Neue Curieuse Tractätgen Von Dem Trancke Café, Sinesischen Thé und der Chocolata. Welche nach ihren Eigenschaften, Gewachs, Fortpflantzung, Praeparierung, Tugenden und herrlichen Nutzen sehr curieus beschrieben . . .«

. . . fünfmal größer als die Chinapflanze wächst der Teebaum in den Wäldern von Assam.

und *Thea assamica*. Die eine, die chinesische, wächst zu einem Busch von drei, höchstens vier Metern Höhe, wenn man sie nicht beschneidet, die andere, die assamesische, zu einem Baum von 15 bis 20 Metern, ein Tropengewächs, das nur in tropischer Wärme gedeiht und kaum über vierzig Jahre als wird. *Thea sinensis* dagegen ist kältebeständiger und kann hundert Jahre alt und älter werden.

Einen »großen, schicksalhaften Augenblick in der Geschichte des Tees« haben die im Teegenuß bekanntlich unersättlichen Briten jenes Ereignis von Calcutta genannt, das damals dem Monopol des *China drink*, der *Thea sinensis*, ein Ende machte. Sie meinen mit diesem Schicksals-Augenblick allerdings nicht das Forscher- und Finderglück der beiden Gentlemen Bruce und Charlton in den Urwäldern von Assam, sondern die fast gleichzeitige Initiative des Generalgouverneurs in Calkutta, Lord William Bentinck. Bentinck, ein Mann mit hochgespanntem Reform-Elan: schon als junger Offizier war er nach Indien gegangen, jedoch nach einer Meuterei seiner Truppen zurückgerufen worden, wollte jetzt, da er endlich am Hebel der Macht saß, seine bessere Kompetenz beweisen: nach dem Auslaufen des Handelsmonopols der altehrwürdigen seit 1600 bestehenden East India Company die indische Wirtschaft umkrempeln, von Raubbau und Ausbeutung auf eine geregelte koloniale Verwaltung umstellen, der die Wohlfahrt der eingeborenen Bevölkerung nicht so gleichgültig war wie den Pfeffersäcken in London, denen Indien nicht mehr als Auktionshallen, Lagerschuppen und Verladekais bedeutete. Mit seiner Tee-Initiative gelang es ihm.

Die Möglichkeiten zu prüfen, auch in Indien Tee anzubauen und damit das ärgerliche chinesische Monopol zu brechen, sollte Aufgabe des Komitees sein, das mit Bentincks Unterschrift am 24. Januar 1834 ins Leben gerufen wurde. Im Unterschied zu so vielen anderen Komitees in der britischen Kolonialgeschichte buchte dieses binnen vergleichsweise kurzer Zeit Erfolge von weltweiter Wirkung. Lord Bentincks eigener engster Mitarbeiter, G. J. Gordon, trat unverzüglich eine Reise zu den chinesischen Häfen an, der Chef des Botanischen Gartens, Dr. Wallich folgte ihm. Offenbar konnten die chinesischen Behörden zu diesem Zeitpunkt nicht mehr verhindern, daß Teepflanzen und Teesamen ausgeführt wurden.

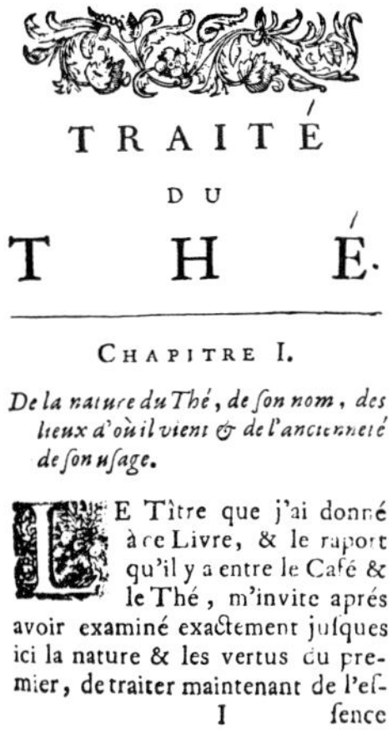

TRAITÉ
DU
THÉ.

CHAPITRE I.

De la nature du Thé, de ſon nom, des lieux d'où il vient & de l'ancienneté de ſon uſage.

LE Tître que j'ai donné à ce Livre, & le raport qu'il y a entre le Café & le Thé, m'invite aprés avoir examiné exactement juſques ici la nature & les vertus du premier, de traiter maintenant de l'eſ-
I ſence

Aus Philippe Sylvestre Dufours »Traité du Thé«, Lyon 1671

In Calcutta begann ein Wettstreit der Teezuchtversuche: Aus Samen und Stecklingen züchtete man China-Tee auf indischem Boden, und zugleich holte man aus den Wäldern Assams in immer größerer Zahl junge Teepflanzen und setzte sie in Versuchsbeete. In manchen Gegenden Assams wuchsen Teebäume ›wild‹ dicht beieinander. Brauchte man nicht nur alles andere zwischen ihnen wegzuschlagen, um den Tee an Ort und Stelle im Dschungel zu kultivieren? Doch dieser ›dritte Weg‹ war eine Sackgasse.

Schon vier Jahre nach Bentincks Komiteegründung segelte jedenfalls das erste Schiff mit zwölf Kisten Assam-Tee von Calcutta ab, und sechs Monate später ging es an der Themse vor Anker. Die Kisten gingen zu werbewirksamen Höchstpreisen auf einer Auktion an die Käufer, und kurz darauf etablierte sich die *Assam Company*. Zehntausend Anteile zu je 50 Pfund sollen sofort gezeichnet worden sein. Nach Anfangskrisen ist die *Assam Company* bis heute aktiv geblieben. So nahmen von Calcutta aus die neuen Plantagen auf dem indischen Subkontinent ihren Anfang: Tee begann in den Nilgiri-Bergen in Südindien zu grünen, in Chittagong am Golf von Bengalen, noch in über 2000 Meter Höhe in Darjeeling, um das Jahr 1880 auch in den Hochlanddistrikten Ceylons.

Ich weiß nicht, ob Calcutta ein Stadtwappen führt; wenn ja, sollte ein Teeblatt darin sein.

Westliche Teetrinker mögen sich mit Genugtuung sagen, daß schon seit hundertundfünfzig Jahren der Tee auf dem indischen Subkontinent und seither, in immer weiterer Ausbreitung, auch in Südrußland, in Afrika und Südamerika gedeiht. Sollte soviel Genugtuung aber vielleicht gar nicht am Platze sein, sondern im Gegenteil Befremden darüber, das *erst* seit hundertundfünfzig Jahren der Anbau von Tee sich so ausgebreitet hat? In der Teeschale hat sich die Menschheit gefunden, schrieb der Japaner Kakuzo Okakura in seinem »Buch vom Tee« zu Anfang des 20. Jahrhunderts. Warum denn erst so spät, da der Ferne Osten doch seit vermutlich wenigstens zweitausend Jahren Tee kennt?

Anderes fand ja schneller den Weg. Als in Sizilien die Normannen ihre Dome bauten, im 11. Jahrhundert, fertigte man dort Aufzeichnungen auf Papier und bald benutzte man dann in ganz Europa Papier statt Pergament. Als im 13. Jahrhundert alle Staufer-Herrlichkeit zu Ende ging, wurde schon mit Raketen geschossen. Papier und

Hätte man im mittelalterlichen Europa Tee haben können? Wollte man keinen Tee?

Schießpulver, beides unstreitig zuerst in China erfunden, kamen mit jahrhunderteweitem Vorsprung vor dem Tee in Europa in Gebrauch.

Warum? Nur zu vermuten steht: die neuen Hilfsmittel zum Schreiben und Schießen waren ohne weitere Kenntnisse anzuwenden, es brauchte dazu auch nicht das, was man einen verfeinerten Geschmack nennen kann. Fehlte es daran im mittelalterlichen Europa, gab es darum keinen Bedarf am Genußmittel Tee? Der Mensch ist, was er ißt (und trinkt), unterstellt ein gröbliches Wort, das zu materialistisch gedacht ist, um wahr zu sein. Eher scheint mir doch zuzutreffen: Sage mir, was dir schmeckt, und ich sage dir, wer du bist. Schmeckte dem Menschen im Europa der Gotik der Tee aus dem Fernen Osten nicht?

Die Rolle, die dem Nicht-Kennen, dem Nicht-Verstehen, dem nur scheinbar kindlichen Nicht-Mögen in der Geschichte der kulturellen Annäherung oder Nicht-Annäherung zukommt, ist von vielen Historiker-Generationen verkannt worden. Stattdessen gingen die Schuldzuweisungen für Nicht-Annäherung auf die Konten Handelswege und Transportmittel. Fasziniert vom technischen Fortschritt der eigenen Verkehrsepoche tut man sich schwer, das alte, schon in vorgeschichtlichen Zeiten befahrene Netz der interkontinentalen Handelswege in seiner praktischen Bedeutung wahrzunehmen. Diese Handelswege zwischen Europa und Fernost gab es.

Was Thor Heyerdahl mit seinen Floßreisen über den Atlantik und Pazifik demonstrierte, hat jüngst ein Segler auf den Spuren der frühen arabischen Händler geleistet. Im Kielwasser von Sindbads Ahnen segelte der Ire Tim Severin mit den Monsunwinden von Oman am Arabischen Meer nach Kanton. Sein Schiff: mit Kokosfasern ›zusammengenähte‹ Balken; sein Sextant: ein Brettchen mit ein paar Bindfäden; sein Reiseweg: 5 000 Meilen; die Reisedauer: sieben Monate, nach den Gegebenheiten nicht so sehr lange. Abenteuernde Forscher wie Heyerdahl und Tim Severin erweisen als ›machbar‹, was in alten Büchern überliefert ist, aber lange nur als Legende, nicht als historisches Zeugnis verstanden wurde.

Schon im gleichen Jahrhundert, in dem man Christus ans Kreuz nagelte, wurde von einem griechischen Kaufmann berichtet, der auf dem Seeweg bis nahe an die Mündung des Jangtsekiang vordrang. Der gleiche Römerkaiser Hadrian, der in Germanien den Limes und in Britannien den Hadrianswall errichten ließ, sorgte im 2. Jahrhundert n. Chr. dafür, daß der alte Kanal zwischen dem Nil und dem Roten Meer wieder schiffbar gemacht wurde. Achtzehnhundert Jahre vor Lesseps' Suez-Kanal konnten auf diesem Wasserweg orientalische Waren in den Mittelmeerraum transportiert werden. Schon Marc Aurel, Adoptivenkel Kaiser Hadrians, schickte eine Gesandtschaft nach Seria (=China). Von einem gewissen An-tun ist in chinesischen Annalen die Rede, gemeint ist eben Marc Aurel, der auch Antoninus hieß.

Der Tee, den die Römer trotz allem nicht gekannt haben, wird in den Akten der chinesischen Obrigkeit schon lange vorher zum erstenmal genannt. Es handelt sich in diesem Jahr 221 v. Chr. weder um eine Information über Teeanbau noch über Teesorten oder Teestuben, es geht vielmehr um eine Teesteuer. Das hat seinen historischen Hintersinn, denn seit dieser Ersterwähnung sollten Teesteuern immer wieder Geschichte machen, auch Weltgeschichte.

Mit Gewißheit ist die Gewohnheit des Teetrinkens älter als diese Steuernachricht. Aber wie alt? In den ältesten Quellen ist nicht jede Textstelle authentisch, manches kam erst in späteren Fassungen hinzu. Historie wurde in die Zeit zurückgesponnen und mit sagenhaften Gestalten wie jenem Kaiser Shen-nung ausstaffiert, der im 3. Jahrtausend v. Chr. gelebt und die Vorzüge des Teetrinkens gelobt haben soll. Daß der Philosoph Konfuzius um 500 v. Chr. Tee getrunken hat, daß der nicht minder weise, legendäre Lao-tse um 300 v. Chr. das ihm zugeschriebene »Tao-te-king« bei ungezählten Schälchen Tee aufgezeichnet habe – es sind schöne, stimmige Vorstellungen. Sie sind nur eben nicht als historische Tatsachen erweisbar.

Auf die botanisch erwiesene Verbreitung der ›wilden‹ Teepflanze – oder: des Teebaums – über ein weites Gebiet Südostasiens, von Indien über Indonesien bis nach China, weist dagegen auch die berühmte chinesische Legende vom Ursprung der Teepflanze. Diese erzählt, der indische Buddha-Jünger Bodhidarma habe den Tee aus seinem eigenen Fleisch und Blut erschaffen. Der Heilige hatte während nächtlicher Meditation dem Schlaf nicht widerstehen können, wollte aber solcher menschlichen Schwäche keinesfalls ein zweites Mal erliegen. Mit rigoroser Willensanspannung vermochte er es, sich selbst die Augenlider abzuschneiden. Sie fielen zu Boden, schlugen Wurzeln und trieben sogleich einen Strauch mit grünen Blättern. Als Bodhidarma staunend davon kostete, fand er sich plötzlich hellwach. Die Kraft des Tees hatte zum ersten Mal gewirkt. Diese Radikalkur des Heiligen klingt übrigens bis heute in der japanischen Sprache nach: dasselbe Wort und dasselbe Schriftzeichen gelten für ›Tee‹ und ›Augenlid‹. Erwiesen scheint, daß es chinesische Buddhisten waren, die im 6. Jahrhundert die Teekultur nach Japan brachten. Tee als Wachmacher, als Alternative zu Alkoholica und anderen Rauschmitteln: so beschreibt ihn in dieser frühen Epoche ein chinesischer Gelehrter mit dem bündigen Satz »Tee ist besser als Wein, denn man trinkt ihn ohne Rausch«.

»Schon die alten Chinesen« – so beginnt jede Antwort auf die Frage nach der Anfangszeit der Teekultur. Runde 1200 Jahre alt ist das Teebuch »Tscha-King«. Als Lu-Yu (740–804) es schrieb, wurde in China schon seit über tausend Jahren Tee getrunken. Was in diesem Jahrtausend an Wissen über den Tee zusammengebracht worden war, steht in den zehn Teilen dieses Handbuchs, von Anbau und Ernte über die rechten Teegerätschaften bis zum rechten Aufguß.

Lu-Yu, der als Findelkind von einem buddhistischen Priester adoptiert worden sein soll und vom Jahrmarktskünstler zum Literaten und zum Vertrauten des Kaisers avancierte, wurde von chinesischen Teehändlern zum Standesgott erhoben. Einiges spricht dafür, daß dies nach Verdienst und mit aller Berechtigung geschah. Lu-Yu zeigt sich unbestechlich in seinem Anspruch auf Qualität, und er hält gar nichts von der Vermischung des Tees mit Gewürzen, Milch oder Reis. Dieser Apostel des Tees wußte schon und bestand darauf, daß

Links und rechts: Chinesischer Herrscher empfängt Besucher aus Europa. Aus dem Chinabuch des Athanasius Kircher (1602–1680)

So reiste chinesischer Tee nach Europa: Entwürfe für Packetiketten um 1900 (oben und rechts).

frisches Quellwasser am besten für guten Tee ist. Von dem gewöhnlichen Teekenner, der ein faltiges gelbes Blatt einem guten Tee zuschreibt, unterscheidet er den wahren Kenner, für den solche Eigenschaft auf einen guten Tee deuten *kann*, aber nicht in jedem Fall – »denn ob Tee gut ist oder nicht, hängt von seinem Aroma ab.«

Teegenuß ist nicht erreichbar ohne Teekultur. Wer Teeblätter nur so, wie sie grün vom Strauch gepflückt werden, mit heißem Wasser brüht, hat nichts als einen bitteren Geschmack auf der Zunge.

Aber das Bittere nutzt, möglicherweise, der Gesundheit? Eher einer Suppe als einem Getränk dürfte wohl der Sud geglichen haben, den man weit abseits von Lu-Yus Reinheitsgebot aus gepreßten Teekuchen aufkochte. Teeblätter wurden gedämpft, getrocknet, in einem Mörser zerstoßen und zu ›Ziegeltee‹ geformt. Davon wurde jeweils ein Stück mit Salzwasser gekocht, auch mit Jasmin, Ingwer, Orangenschalen und Zimt gemischt. Tibetaner hatten als Spezialität Reismehl in ihrem Tee, Mongolen Stutenmilch.

»Der Schaum von flüssiger Jade«, wie Chinas Dichter später ihr Nationalgetränk priesen, war etwas ganz anderes: nämlich grüner Tee, zubereitet aus nicht fermentierten, sondern lediglich bei hoher Temperatur gerösteten Teeblättern. Die natürliche Blattfarbe, der weiche, rauchige Geschmack waren auch in Europa bis weit ins 19. Jahrhundert beliebt und haben noch immer ihre Freunde.

Tee als Medikament, Tee als Nahrungsmittel, Tee als geistig anregendes Getränk: alle diese dem Teeblatt und seiner Zubereitung innewohnenden Möglichkeiten wurden von China aus zum ›Rest der Welt‹ getragen, sind gewiß auch zuerst in China praktiziert worden. Kein Zufall ist es, daß die europäischen Sprachen ihre Wörter für Tee aus dem Chinesischen haben: Aus dem Süden Chinas, aus der Gegend von Amoy und Schanghai, wo *tay* wie das französische *thé* (und das deutsche *Tee*) ausgesprochen wird, bezogen Franzosen und Engländer ihren Tee; portugiesisch *chá* erklärt sich aus dem kantonesischen Dialekt, in dem das Wort wie *tscha* klingt; ebenso im Nordwesten Chinas nach der nördlichen Mandarinaussprache: darum auch das russische *tschay*.

Auch hier ist festzuhalten: auffällig lange hat es gedauert, ehe auch nur das Wort für Tee nach Europa kam.

Diese jahrhundertelange Verzögerung ist im Zusammenhang mit einem anderen weltgeschichtlichen Vorgang zu sehen: der islamischen Eroberung im Nahen und Mittleren Osten und in Nordafrika. Die Fernostkontakte der antiken Welt wurden damit abgeschnitten, und der Westen ›vergaß‹ über mehrere Jahrhunderte die Länder jenseits des islamischen Machtbereichs. Der Vorgang ist aus der Sicht der Neuzeit fast unvorstellbar, aber er ist nicht zu leugnen, er ist sogar durch die überlieferten ›Weltkarten‹ des Mittelalters, die *Mappae Mundi*, dokumentarisch belegbar.

Vergleicht man die antiken Karten des Eratosthenes (3. Jh. v. Chr.) und des Ptolemäus (2. Jh. n. Chr.) etwa mit der hochberühmten Ebstorfer Weltkarte aus dem 13. Jahrhundert, so treffen die ›alten‹ Kartographen bei allen Irrtümern und Ungenauigkeiten das wahre Bild der Erde dennoch ungleich besser. Man ›vergaß‹ im

Mittelalter die Kugelgestalt der Erde, von der man in der Antike gewußt hatte, man glaubte den scheibenförmigen Erdkreis von einem ›Ozeanfluß‹ umgeben – und auf den Karten war hinter dem sagenhaften Indien kein Platz mehr für China.

Was in diesen Jahrhunderten an orientalischen Waren über die innerasiatische ›Seidenstraße‹ oder über See in europäische Länder gelangte, wurde von arabischen und byzantinischen Kaufleuten vermittelt. Sie trafen sich mit Händlern aus dem Fernen Osten beispielsweise auf Ceylon – und auch dort scheint man damals Tee noch kaum oder gar nicht gekannt zu haben.

Dennoch drängt sich wieder die Frage auf, warum aus diesem Handel der Tee noch ausgespart blieb. Denn sparsam war man sonst in Europas Küchen, an Europas Tischen keineswegs mit kulinarischen Gaben des Fernen Ostens. Sie standen im Gegenteil ganz oben auf der Liste der Prestigegüter. In seiner Geschichte der Genußmittel, die Wolfgang Schivelbusch unter dem Titel »Das Paradies, der Geschmack und die Vernunft« herausgab, erzählt er mit Beispielen von der Gewürzmanie des europäischen Mittelalters.

So wurden für eine Gasterei von vierzig Personen »ein Pfund Colombine-Pulver, ein halbes Pfund gemahlener Zimt, zwei Pfund Zukker, eine Unze Safran, ein Viertelpfund Gewürznelken und Malagettapfeffer, ein Achtel Pfund Pfeffer, ein Achtel Pfund Galgantwurzel, ein Achtel Pfund Muskat, ein Achtel Pfund Lorbeer« verwendet. Als der König von Schottland im Jahre 1194 bei Richard I. von England zu Gast war, wurde ihm täglich die luxuriöse Gabe von zwei Pfund Pfeffer und vier Pfund Zimt überreicht. Pfeffer hatte seinen Platz nicht nur auf dem Eßtisch, sondern auch im Zeremoniell, und Pfeffer ersetzte sogar das Gold als Zahlungsmittel.

Pfeffer, Zimt, Gewürznelke, Mukatnuß, Ingwer und Safran kamen alle aus dem Osten, aus den sagenhaften Regionen, die in der mittelalterlichen Anschauung teils mit dem Paradies identisch, teils mit den abenteuerbuntesten Monstern bevölkert sind. Die Amazonen wohnen da, hinter dem Schwarzen Meer, und ferner noch im Osten halten sich die Menschenfresser-Völker Gog und Magog verborgen.

Noch im Jahr 1375, als China schon ›wiederentdeckt‹ war, notierte ein spanischer Kartograph auf seiner Erdkarte im Norden von Cathay (= China) »die kaspischen Gebirge, in denen Alexander so hohe Bäume sah, daß sie in die Wolken reichten. Mit Hilfe seiner Kunst schloß er dort die Tataren Gog und Magog ein . . . ebenso schloß er verschiedene Menschen ein, die nicht rohes Fleisch essen sollten. Das ist das Menschengeschlecht, mit welchem der Antichrist kommen wird.« Den ersten Europäern, die nach der langen Pause des Vergessens wieder nach China gelangten, war also eine extreme Mutprobe abgefordert. Sie reisten in ein Land, das ihnen fremder war als den ersten Astronauten der Mond.

Während in Europa eine Gewürzmanie grassierte, der Pfeffer für so kostbar wie Gold gehalten wurde, kannte man noch immer nicht Tee. Aber nun reisten Europäer wieder nach China.

Erst 1920 ist in den Archiven des Vatikans ein dreisprachiges Schreiben wiederaufgefunden worden, das der mongolische Großkhan dem italienischen Franziskaner Giovanni de Piano Carpini bei seiner Rückkehr von der Mongolei nach Rom mitgegeben hatte. Be-

Der ›Große Khan‹, Darstellung aus dem 17. Jahrhundert

auftragt von Papst Innozenz IV., war Carpini 1245 durch Böhmen und das russische Reich bis nach Karakorum gekommen. Der Inhalt der diplomatischen Botschaft, die er zurückbrachte: der Großkhan forderte, die europäischen Herrscher sollten sich gemeinsam mit dem Papst zur Huldigung bei ihm einfinden.

Wenn das eine ungewohnte Sprache für die Ohren von Kaiser und Papst war, handelte es sich doch um keine größenwahnwitzige Anmaßung. Im östlichen Weltreich der Erben Dschingis Khans reichte die Mongolenherrschaft von Peking bis Bagdad, und einzelne Vorstöße waren bis nach Schlesien und im Süden bis an die Adria erfolgt. Wie sich bald zeigte, waren in diesem Riesenreich wieder Fernostreisen für Europäer möglich. Bald nach Carpini war der Flame Guillaume des Rubruquis unterwegs und kam als Gesandter des französischen Königs und des Papstes bis nach China. In seiner »Historia Mongolorum« berichtet er viel Wunderbares, über Seide und Silber – aber nichts über Tee.

Übertroffen wurden alle diese Reise-Erfahrungen durch Marco Polo. Der Venezianer, den sein Vater und sein Onkel siebzehnjährig auf ihre zweite Fernostreise mitnahmen, lebte fast ein Vierteljahrhundert in Asien, bevor er im Jahre 1295 nach Venedig zurückkehrte. Drei Jahre allein hatte die Reise bis zur Residenz des Großkhans Kublai gedauert, eine Karawanenstrapaze quer durch Stein- und Sandwüsten, über eisiges Hochland und in drückender Hitze, noch um Monate verlängert durch eine lebensgefährliche Erkrankung Marco Polos. Er erholte sich, erreichte China und gewann das Vertrauen Kublai-Khans, reiste in seinem Auftrag abermals Tausende von Meilen, wurde sein Statthalter.

Mit Vater und Onkel konnte er über See nach Europa zurückkehren, als eine mongolische Prinzessin an den persischen Hof geleitet werden mußte. Dieses größte Reiseabenteuer, von dem wir aus dem Mittelalter wissen, hatte Marco Polo nach eigener Aussage auf sich genommen, um das »Wissen der Menschheit über die Erde zu bereichern«. Dazu kam es erst nach anderen Abenteuern der längst für tot geglaubten Verschollenen.

Marco Polo (1254–1324)

Marco Polo, nun wieder ein reicher venezianischer Bürger, befehligte im Krieg gegen Genua eine Galeere. Er wurde verwundet, gefangen, und in der Haft schrieb ein Mitgefangener seine Erzählungen auf. Sie wurden zum europäischen Bestseller – und berichteten ganz anderes über die Mongolen, als europäische Leser erwartet hätten, denen der Schrecken der ›Mongolenstürme‹ noch in den Gliedern steckte. Dieses neue China der Yüan-Kaiser – so nannten sich die mongolischen Khans seit 1280 – war offenbar ein Reich von hohem geistigen und materiellen Standard. Es besaß vieles, für das in Europa Bedarf und Nachfrage bestand. Nur von Tee ist bei Marco Polo kaum etwas zu lesen, er erwähnt lediglich, daß ein Finanzminister während seines Aufenthaltes wegen der eigenmächtigen Erhöhung der Teesteuer abgesetzt worden sei. Die Nachricht blieb ohne Echo.

Es sollte noch einmal drei Jahrhunderte mehr dauern, ehe Europa chinesischen Tee kostete. Unter den Ming-Kaisern, die nach der Mitte des 14. Jahrhunderts die Mongolen vertrieben, schloß sich Chi-

Eine graziöse Kostbarkeit: die Tee-Ernte in den Bergen, dargestellt auf einem chinesischen Aquarell des 18. Jahrhunderts

na hinter der erneuerten ›Großen Mauer‹ ab. Das Rad der Geschichte muß sich bis in die Jahre um 1500 drehen, ehe es die Daten der neuen europäischen Annäherung an den Fernen Osten hergibt. Neu: das hieß jetzt wieder über See, auf Schiffahrtsstraßen, die erst gefunden werden mußten. Der Sultan hatte Konstantinopel erobert und den Balkan besetzt. Mit nußschalenkleinen Segelschiffen, mit Karavellen, Karacken und Galeonen brachen sie auf zu Goldküsten, Gewürzinseln und zum Pfefferland: der Portugiese Bartolomeo Diaz, der das Südkap Afrikas umsegelte, der Genueser Columbus, der bis an sein Lebensende glaubte, Ostasien erreicht zu haben, die Portugiesen Vasco da Gama und – im spanischen Auftrag, mit Fugger-Geld finanziert – auch Magellan.

Viele portugiesische Namen sind darunter. Ein Grund dafür ist die erste Seefahrtsakademie Europas, gegründet von Heinrich dem Seefahrer (1394–1460). Experten der Navigation, Astronomie, Meteorologie und Kartographie schufen dort die Vorbedingungen für Reisen wie die des Vasco da Gama: Mit einer kleinen Flotte von drei Schiffen gelang ihm fünf Jahre nach der Entdeckung Amerikas, 1497, die Fahrt um Afrika nach Indien. In Kalikut (= Koschikode) wurden sie auf portugiesisch begrüßt, ihr Landsmann Pedro de Covilhão war vom Roten Meer aus kurz zuvor dort eingetroffen.

Magellan (Fernão Magalhães), um 1480–1521

Über das größte Unternehmen dieser Entdeckerjahre auf der Suche nach den Häfen Chinas berichtet Antonio Pigafetta, Begleiter Magellans. Nach der Durchquerung der später nach ihm benannten Magellan-Straße an der Südspitze Amerikas gelangten sie als erste Europäer in den Pazifik: »Wir fuhren drei Monate und zwanzig Tage, ohne Erfrischungen einzunehmen. Der Zwieback war in Staub zerfallen, voll Maden und stank nach dem Unrat der Ratten. Das Trinkwasser war trübe und übelriechend. Ratten waren ein Leckerbissen und wurden das Stück mit einer halben Krone bezahlt. Zu all dem Unglück trat noch der Skorbut auf, an dem neunzehn Seeleute starben.« Es starben noch mehr, auch Magellan selbst kehrte nicht zurück.

Nur 18 von 234 Seeleuten überlebten die Reise, die nur ein Beispiel ist für die grausamen Leiden, unter denen in diesen Jahrzehnten der See-Zugang zum Fernen Osten entdeckt und gewonnen wurde. Im gleichen Jahr, als Luther im sächsischen Wittenberg seine Thesen anschlug, erreichten die Portugiesen Südchina, tauschten in Karton Porzellan, Seide und Gewürze ein. Pfeffer kostete in Lissabon bald nur noch ein Fünftel soviel wie in Venedig – denn die Venezianer bezogen ihn noch von den Arabern über Alexandria.

Franz Xavier (1506–1552)

Das dramatische Vorspiel vor Europas Begegnung mit dem Tee dauerte noch weit in dieses 16. Jahrhundert. Portugiesen und Spanier machten die Avantgarde der großen Asienfahrt, aber Italiener, Franzosen, Engländer, auch Holländer und Deutsche folgten. Die Portugiesen, Kaufleute wie auch jesuitische Missionare, kamen über Goa, Kalikut, Malakka und die kleine chinesische Halbinsel Macao (vor Kanton) als erste nach Japan.

Während eines nur kurzen Aufenthalts im Süden Japans wurde der Jesuit und Loyola-Schüler Francisco Xavier zum ›Apostel Japans‹.

Zufall oder Fügung: auf Malakka hatte er drei Japaner kennengelernt, die vom Kapitän eines portugiesischen Schiffes in Kagoshima auf der südjapanischen Insel Kiushu aus einer lebensgefährlichen Situation gerettet worden waren. Xavier lehrte die Japaner die portugiesische Sprache und reiste mit ihnen, zwei anderen Jesuiten und drei Dienern nach Japan. Seine Ankunft in Kagoshima wurde zum Beginn jener bis heute nicht abgeschlossenen Aufnahme- und Aneignungs-Aktivität, mit der Japan zum westlichsten Land des Fernen Ostens wurde. Schon damals wollten die Japaner alles über Europa erfahren, sie waren interessiert am Handel und tolerant in der Religion. »Sie sind«, meldete Xavier mit spürbarer Begeisterung über erste Missionierungserfolge, »unter den bis heute entdeckten Völkern die besten, und ich glaube, wir werden unter den Heiden nie ein Volk finden, das den Japanern gleichkommt.«

Europas Flotten in der Inselwelt des Pazifischen Ozeans: mehr Pulverqualm als Christentum

Während in China erst ein halbes Jahrhundert später eine erste Jesuitenmission gegründet werden konnte, wuchs in Japan die Zahl der Christen. Ein Dorf im Nordwesten von Kiushu wurde zur portugiesischen Handelsbasis: das spätere Nagasaki, eine seit 1569 wachsende, damals fast ganz christliche Stadt, deren Verwaltung von den Jesuiten eingesetzt wurde. Japanischem Samuraitum stand die strenge Ordensdisziplin der Jesuiten nahe, und die Jesuiten hatten um so mehr Missionserfolge, weil sie sich auf die Daimyos, die Fürsten und Feudalherren, und die Samurais konzentrierten. Eine Zahl, die ihren Einfluß bezeugt: in rund sechzig Jahren konnten sie von den 20 Millionen Japanern 300 000 zum Christentum bekehren.

Vermutlich die erste Beschreibung einer japanischen Teezeremonie gab damals Pater Luis d'Almeida: »Bei den reichen und adligen

Europas Gesandte in Wartestellung vor den Toren Chinas; erst mußten Abgaben gezahlt werden, in schwerem Silber, dann wurde Tee serviert. (aus Johan Nieuhofs Buch)

»Stellschirm mit Darstellungen von Südbarbaren« japanische Malerei um 1600.
Solche Stellschirme dienten in den Behausungen der Feudalherren zur Untergliederung von Räumen.

Hier wird die Ankunft portugiesischer Schiffe gezeigt.
Ausschnitt

»Die Teegerätschaften sind die Juwelen Japans« (Luis d'Almeida)

Japanern ist es Brauch, daß sie einem geehrten Gast ihre Schätze zeigen. Diese Schätze sind die Gerätschaften, die sie zum Trinken eines Absuds aus einer pulverisierten, *cha* genannten Pflanze verwenden. Denjenigen, die sie zu trinken gewohnt sind, schmeckt sie sehr gut. . . . Die Büchse, in der sie die *cha*-Blätter aufbewahren, der Löffel, mit dem sie sie herausholen, die Kelle, mit der sie dem Kessel Wasser entnehmen, und der Herd – alle diese Utensilien sind die Juwelen Japans, wie bei uns Ketten und Ringe mit Rubinen und Diamanten. Es gibt Fachleute, die diese Gerätschaften taxieren und sie als Händler kaufen und verkaufen. Sie veranstalten Feste, um diese Pflanze zu trinken (von den besten Sorten kostet das Pfund neun oder zehn Dukaten) und um diese Utensilien vorzuzeigen, in denen sich ihr Reichtum und ihr Rang spiegeln.«

Und weiter über eine Teegesellschaft bei einem japanischen Christen: »Wir gelangten in einen Hof«, erzählt d'Almeida, »und betraten das Haus, in dem gegessen werden sollte. Es war etwas größer als der Hof und schien eher von Engeln gebaut als von Sterblichen. Auf der einen Seite befand sich eine Art Schrank, wie er hier üblich ist, und unmittelbar davor ein irdener schwarzer Herd, der wie ein auf Hochglanz polierter Spiegel schimmerte. . . . Die Asche, auf der die glühende Holzkohle lag, sah aus wie fein gemahlene Eierschale. Alles war überaus sauber und so exakt angeordnet, daß es kaum zu beschreiben ist . . .

Ich rühme das Essen nicht, denn damit ist es in Japan nicht sonderlich gut bestellt; was jedoch die Bedienung, die Ordnung, die Sauberkeit und die Geräte betrifft, so kann ich guten Gewissens be-

Eine spielerische Porzellan-Architektur aus Drachenköpfen und Glöckchen, so nahmen europäische Besucher in Nanking die chinesische Kultur wahr.

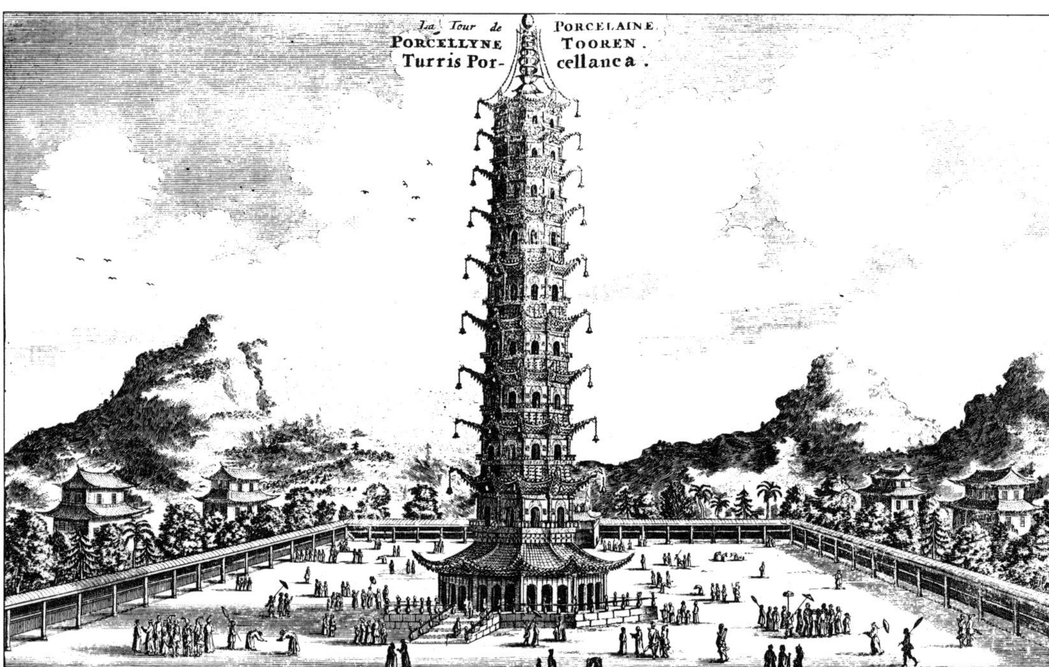

haupten, daß es nirgendwo auf der Welt möglich ist, eine Mahlzeit akkurater anzurichten und zu servieren. Der Gastgeber bereitete und servierte eigenhändig den *cha*, die pulverisierten Blätter, von denen ich bereits sprach. Hinterher zeigte er mir neben vielen anderen Schätzen einen kleinen, eisernen Dreifuß, kaum eine Spanne groß, auf dem der Deckel des Kessels abgelegt wird. Ich nahm ihn in die Hand. Er war so von der Zeit mitgenommen, daß man ihn an zwei Stellen, an denen er aus reiner Altersschwäche gebrochen war, hatte löten müssen. Er erklärte mir, daß dies eines der wertvollsten Stücke in ganz Japan sei und ihn 1 030 Dukaten gekostet habe; allerdings sei dieser Dreifuß seiner Meinung nach noch viel mehr wert. All diese Dinge werden in feinen Beuteln aus Damast und Seide aufbewahrt; jeder liegt in einer kostbaren kleinen Schatulle.«

Katsushika Hokusai (1760–1849), Die Entstehung des Fujijama nach einem gewaltigen Erdbeben (Ausschnitt)

Demjenigen, der ihn zu trinken gewohnt ist, schmeckt der *cha* sehr gut – höflicher konnte der jesuitische Gast kaum sagen, daß ihm der japanische Pulvertee ebensowenig geschmeckt hat wie das »nicht sonderlich gute« Essen. Das hat ihm den Blick für die japanische Teekultur jedoch nicht verstellt. Er hat sogar wahrgenommen, scheint es, daß bis zur Gestalt von Haus und Garten alle gute Form von Gespräch, Handlung und Gerätschaft zum japanischen Tee hinzugehört, alles miteinander in Zusammenhang steht.

Davon ist damals wenig oder richtiger: nichts in die europäische Welt und ihr Bewußtsein gedrungen. Wer sich heute in den großen Bibliotheken in die alten, noch handgeschriebenen Bücherkataloge vertieft, findet da nur wenige Hinweise. Den ersten ausführlichen Bericht über Anbau, Zubereitung und Wirkung des Tees gab offenbar der Italiener Giovanni Battista Ramusio in seinem 1559 in Venedig gedruckten Reisebericht. Ramusio hatte den *Chiai-Catai*, zu deutsch den Tee der Chinesen oder Tee aus China, von arabischen Händlern kennengelernt. Von einem Giovanni Pietro Maffei erschien 1588 in Rom eine »Historia Indica«, eine Geschichte Indiens, und schon im folgenden Jahr von Giovanni Botaro in Venedig ein Werk, das auch ins Englische übersetzt wurde: »On the Causes of Greatness of Cities« (= Über die Größe der Städte und ihre Ursachen). In beiden Werken sind weitere Informationen über Tee zu finden.

Den Holländern Dank: 1610 schlägt Europas Teestunde

Nur ein paar Jahre noch, und nach all den Reisen und Expeditionen, nach allen diplomatischen Missionen und missionarischen Diensten schlägt Europas Teestunde: die ersten Sendungen chinesischen Tees sind historisch zu belegen. 1610 brachte die Holländisch-Ostindische Kompanie eine kleine Teefracht in die Niederlande, und zwar aus dem japanischen Hirado über Bantam nach Texel. Houssaye, ein französicher Teeforscher des vorigen Jahrhunderts, weiß mitzuteilen, daß die Holländer Tee gegen Salbei getauscht hätten, im Verhältnis von eins zu drei. Tee wurde den Europäern lieb – und teuer. Vom 2. Januar 1637 ist der berühmte Brief datiert, in dem die Direktoren der Holländisch-Ostindischen Kompanie dem Generalgouverneur der Niederlande in Batavia (= Djakarta) auf Java die verbindliche Anweisung geben: »Da der Tee bei manchen Leuten in Gebrauch zu kommen beginnt, erwarten wir mit jedem Schiff einige Kisten sowohl chinesischen wie japanischen Tees.«

Degrees East
The River Ganges is lowest in April, and in many places almost Dry, but in September, when highest, it is several miles Broad, very Deep, and leaves a Slime behind, which Fructifies the Country as the Nile does Egypt.
It Rains for three Months together in the Country from Surat to Agra: the Rains begin and end with a Tempest, which with the Heat of Sun makes ye Soil very Fat & Fruitful.
USBECK TARTARY
LIT. TIBET
GREAT TIBET
XENSI
SUCHUEN
YUNNAN
TONQUIN
LASSA or BOUTAN
Abounds with Rice, Pulse, Wine, and ye best Rhubarb
ASEM or ACHAM
Gold, & Silver-Mines and ye best Gum-laque in Asia
STATS OF THE GREAT MOGUL
BENGALA
Mouth of the River Ganges
BAY OF BENGAL
INDIA
AVA
PEGU
SIAM
LAOS
GOLCONDA
Very Rich in Diamonds & other Precious Stones.
Gani or Coulour in Golconda has its name from the Diamond-Mines there, no part of the World affords greater plenty of Diamonds and of a better water. There are also found here Topazes, Amethysts, Garnets &c. the Digging of them is a kind of Lottery to ye Adventurers; for if a Diamond exceeds 20 Carats, or 80 Grains, it belongs to the King. Tavernier says when he was there, there were above 60000 People employ'd in Digging & Sifting the Earth.
CORMANDEL
MALABAR
CARNATE
BISNAGAR
ANDAMAN ISLANDS
The Pearl Banks lie betwixt ye Main and ye I. Ceylon, they are properly Rocks of white Coral Stone, on these Rocks the Pearl Oysters fasten. these Banks are from 5 to 7 Fathom under-water.
I. CEYLON
The inland Parts of Ceylon are little known; it produces Precious Stones and ye best Cinnamon. the Dutch have ye Trade, and all ye Principal Towns Round ye Island
BAY OF SIAM
STRAITS of MALACCA
SUMATRA
THE MALDIVA ISLANDS
MALAI I. Residence of the King of all ye Islands
The Maldivias are a Chain of Islands divided into 13 Attollons or Provinces, consisting of a great many Islands, They are surrounded with a Ledge of Rocks, most of them are cover'd with Trees, The Natives have great Plenty of Fish and they Export vast quantities, and have provision exceedingly Plenty and Cheap.
THE EASTERN OR INDIAN OCEAN.
The Equinoctial Line
Sumatra one of ye Greatest Islands i' the World, is very Populous and has all Necessaries for life. Their Mountains are high, cover'd with Trees, and have Mines of Gold, Silver, Copper, Tin, Iron and Sulphur. they have Sugar, Ginger, Pepper, with which they load many Vessels every year. In ye Deserts they have Elephants, Tygers, Rhinoceroses, Boars, Porupines, Serpents, & Monkies. Their Rivers are pester'd with Crocodils.
A Plan of the City of BATAVIA
Note. E. stands for English; D. Dutch; E and D. English and Dutch; Fac for Factories; F. Fort &c.
Sold by H. Moll over against Devereux Court between Temple Bar and St Clements Church in the Strand, and by Iohn King at the Globe in the Poultrey near Stocks Market
V
VI Hours of Time East from
VII

Ostasien auf einer Karte aus dem 18. Jahrhundert. Höhe des Originals 65 cm

Auch Teespekulanten waren bald im Geschäft: nach dem Zeugnis des Jesuitenpaters Alexandre de Rhodes wurde von Holländern in Frankreich Tee für dreißig Francs verkauft, den sie für acht oder zehn Sous eingekauft hatten. Pater de Rhodes erwähnt das 1655, nach 35jährigem Aufenthalt in China, und er weiß also wohl, wovon er spricht, wenn er behauptet, der Tee in Paris sei gewöhnlich »alt und verdorben«. Es war immer schon richtig und wichtig für einen Teefreund, sich seinen Teehändler mit Sorgfalt auszusuchen.

Eine mächtige, sanfte Woge von Tee begann auf Europa zuzurollen. Aus dem Jahr 1644, also ein reichliches halbes Jahrzehnt nach der genannten Order der Holländer, ist der früheste Auftrag der Britisch-Ostindischen Kompanie über eine Teelieferung erhalten, über »hundert Pfund Tee, von der besten Sorte, die zu haben ist«. Darüber im nächsten Kapitel ›Tee geht in die Welt‹.

Macao am Perlfluß in der Bucht von Kanton, nach einer Karte aus dem 17. Jahrhundert

Wie aber verhielt sich China, Europas Teelieferant für die kommenden Jahrhunderte? Nach der Marco-Polo-Reise hatte es eine erste christliche Mission erlebt, aber nach dem Ende des mongolischen Kaisertums der Yüan-Dynastie hatten alle Missionare China verlassen müssen. 1557 hatten die Portugiesen auf der schmalen Halbinsel Macao am Perlfluß den Handelsplatz dieses Namens gründen dürfen. Es war der einzige, streng bewachte Zugang zu dem sonst hermetisch abgeschlossenen China der Ming-Kaiser.

»Der Wunsch, nach China hineinzukommen, ob mit oder ohne Soldaten, gleicht dem Versuch, auf den Mond zu kommen«, klagte einer der spanischen Franziskaner, die in Kanton gelandet und in Gefangenschaft geraten waren. Wieder waren es Jesuiten, denen das Unmögliche dennoch gelang. Mit den Namen des Jesuitengenerals Alessandro Valignano und der Missionare Michele Ruggieri und Matteo Ricci verbindet sich eine erste tiefere Annäherung an chinesisches Denken. In intensiver Beschäftigung mit chinesischer Sprache und konfuzianischer Philosophie versuchte und vollbrachte Matteo Ricci diese. Er war ein hochgelehrter, auch naturwissenschaftlich beschlagener Humanist. Er erhielt die Erlaubnis, kleine Missionsniederlassungen einzurichten, drang im Jahre 1601 bis Peking vor. Von Ricci und Ruggieri stammt das erste europäisch (portugiesisch)-chinesische Lexikon. Mit der Vorführung von Kunstuhren und astronomischen Instrumenten soll er die Aufmerksamkeit und das Vertrauen des Kaisers gewonnen haben – zumal er sich imstande zeigte, eine beschädigte Spieluhr eigenhändig zu reparieren.

Johan Nieuhof, China-Reisender 1655–1657

Wie langwierig blieb trotz all dem für die auf Chinawaren wartenden Kaufleute die Kontaktsuche! »Sobald sich ein fremdes Schiff an der Küste zeigt«, teilte der Holländer Seyger van Rechteren 1639 mit, »wird es von Dschunken umringt, die es am Handel, an der Einnahme von Lebensmitteln, ja, an der Unterredung mit jedermann hindern, so daß es sich bald wieder fortmachen muß.«

Eindruckskräftiger als alle anderen Chinareisenden hat Johan Nieuhof seinen Zeitgenossen und der Nachwelt beschrieben, wie die Handelskompanien bei den chinesischen Offiziellen aufliefen. Sein 400-Seiten-Band ist 1668 in Amsterdam gedruckt worden: »Die Gesandtschaft der Ost-Indischen Gesellschaft . . . an den Tartarischen

Cham« (womit der Kaiser in China gemeint ist). Nieuhof, als Hofmeister oder Privatsekretär zweier reicher Kaufleute mit in dieser Gesandtschaft, erzählte exakt: Nach der Reise von Batavia mußten nach umständlichen Verhandlungen erst 135 Tael Silber berappt werden, ehe man in Kanton auch nur an Land gehen durfte (das entsprach, heißt es, dem Wert von fast 2 000 ›dicken Thalern‹, ein schon nicht mehr kleines Vermögen). Dann wird gespeist, und schenken wir uns hier die vierzig Gerichte, die auf jeder Tafel in Schüsseln von getriebenem Silber stehen, lassen wir Nieuhof nur vom Tee sprechen:

Die Bucht von Hongkong: Als China die Briten aus Kanton auswies, besetzten sie Hongkong, der »Opiumkrieg« brach aus.

»Man nimmt eine halbe Handvoll Teekraut, läßt es in reinem Wasser kochen, seiht es hernach durch ein Tuch, gießt etwa ein Viertel soviel warme Milch darunter, tut auch ein wenig Salz dazu. Das schlürft man dann so heiß, wie man es vertragen kann, hinein. Und die Chinesen halten dieses Getränk so hoch wie die Alchimisten und Goldmacher ihren *Lapidem Philosophorum* oder *Aurum potabile,* das ist: philosophischer Stein oder zum Trinken zerlassenes Gold.«

Außer diesem für Nieuhof verdächtig bohnensuppenähnlichen Wundertrank wurde noch ein anderer Tee ausgeschenkt: Weil solcher Tee »auch schon in Europa von vielen vornehmen Personen gebraucht wird und die gedörrten Blätter, wohlverwahrt in zinnernen Gefäßen, allenthalben gar teuer verkauft werden«, gibt der Holländer noch mehr Auskunft über den »Trank von lauterem Tee: das ist Wasser, darin das Kraut gesotten und nichts mehr hinzugetan wird.« Es waren also wohl beide Zubereitungsarten damals in China üblich: das suppenartige Aufkochen und das Brühen der Teeblätter.

Pagoden und Porzellan, phantastisch aufgeputzte Elefanten, schimmernde Seiden und ungezählte Tassen Tee, dazu allerdings auch eine

›Opiumkrieg‹ 1841: Oben – Kriegsdschunken werden von der »Nemesis«, einem Schiff der Britisch-Ostindischen Kompanie, in Brand geschossen. Unten – Duncan McPherson, britischer Offizier der Madras-Armee, als Mandarin verkleidet.
Robert Fortune, einer der Tee-Pioniere, erinnerte sich einer Szene, in der sich die Ohnmacht der chinesischen Abwehr gegen die Opiumimporte und die Haltung der Briten dabei offenbart: chinesische Opiumhändler kommen an Bord eines britischen Schiffes, lassen sich gegen »ein großes Stück Silber« eine Anzahl Flinten aushändigen, nur leihweise. Wozu sie die brauchen? Die Beamten der Regierung seien angekündigt, Steuern sollen abgeliefert werden. Die Opiumhändler bekommen die Gewehre, und sie bringen sie nach einigen Tagen zurück. Wie es gegangen sei? Sehr gut, antworten sie, »wir haben die Mandarine über die Berge gejagt«.

kaiserliche Bürokratie von entnervender Langatmigkeit: so tritt aus den Berichten Nieuhofs und anderer das China der noch jungen Mandschu-Dynastie hervor. Hinter dieser Schauseite stand die Macht eines Reiches, das sich selbst genügte und auf Importe aus Europa in keiner Weise angewiesen war, zumindest nicht angewiesen schien. Eine Konstellation, die für China nur scheinbar günstig, in Wirklichkeit aber, wie die Geschichte erweisen sollte, mit fatalen Konsequenzen vorbelastet war. Auf die Gefahr hin, allzu sehr zu vereinfachen, was im Leben der Nationen vielschichtige Vorgänge sind: Europas, vor allem Englands wachsende Neigung zum Tee sollte zweihundert

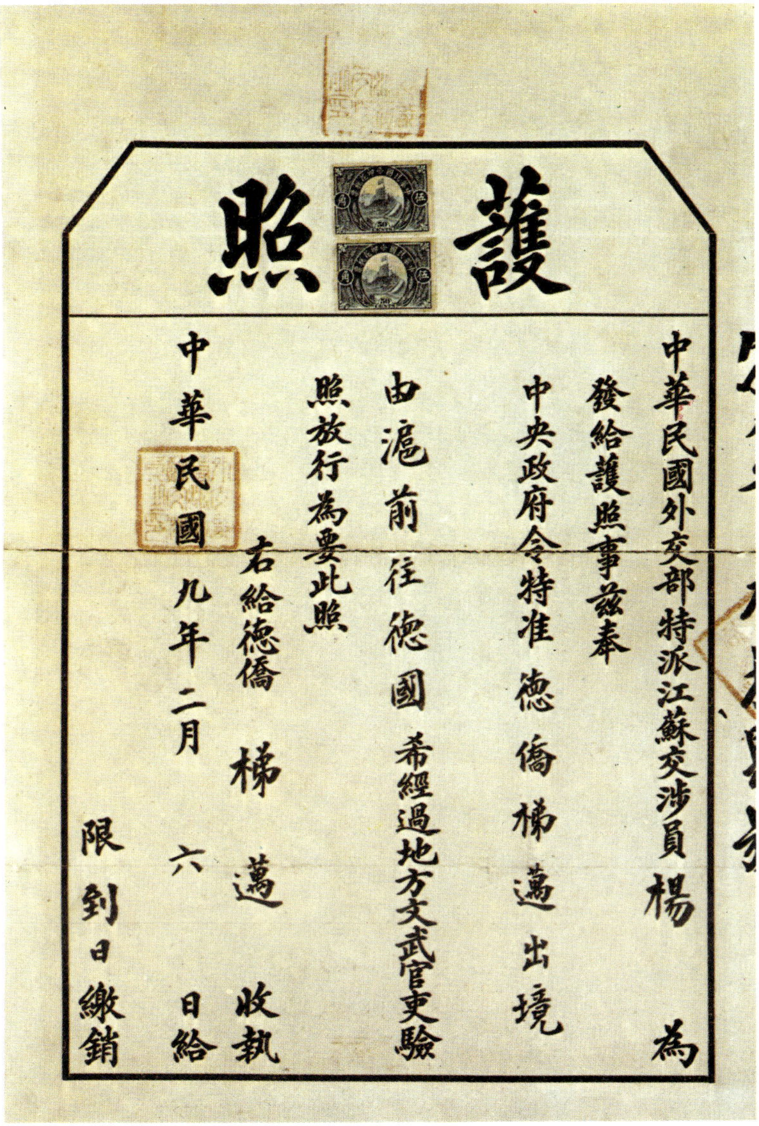
護照

中華民國外交部特派江蘇交涉員楊 為
發給護照事茲奉
中央政府令特准 德僑 梯邁 出境
由滬前往德國 希經過地方文武官吏驗
照放行為要此照
右給德僑 梯 邁 收執
中華民國 九年 二月 六 日給
限 到日繳銷

Chinesischer Reisepaß für einen europäischen Kaufmann, den Gründer des Teehandelshauses Paul Schrader & Co., Bremen

Jahre später zum Motor für die Niederlage Chinas und für seine wiederum folgenreiche Demütigung vor dem westlichen Imperialismus werden.

Noch aber funktionierte das System der geschlossenen Häfen, das den Europäern – nach den Portugiesen und Spaniern drängten Holländer und Briten auf Handelsverträge – ausschließlich über Macao und Kanton Exportgeschäfte erlaubte. Die ›Co-Hongs‹, eine kleine Gruppe chinesischer Kaufleute, hatte diesen Handel in der Hand, mit ihnen allein wurden die Kontrakte über Gewürze, Seide, Porzellan und Tee geschlossen. Allerdings immer erst dann, wenn der

›Hoppo‹, der kaiserliche Steuerbeamte, das Schiff von Bug bis Heck ausgemessen und danach die Abgaben erhoben hatte. Keiner der britischen ›Supercargoes‹, der kaufmännischen Manager und ihrer Schreiber, durfte sich außerhalb der Geschäftssaison in den Mauern Kantons aufhalten. Sie bewohnten ihre ›Faktoreien‹ separat am Perlfluß.

Trotz aller Beschränkungen hatten die Briten ihren Fuß am festesten in die chinesische Tür gesetzt. Die Jesuiten, die in Kaiser K'anghsi während seiner sechzigjährigen Regierungszeit einen aufgeschlossenen, an europäischer Mathematik und Anatomie interessierten Herrscher gefunden hatten, begingen nach seinem Tod 1722 den wahrlich unverzeihlichen Fehler, in der Nachfolgekonkurrenz auf den falschen Bewerber zu setzen. Als Yung-cheng Kaiser wurde, hob er das Toleranzedikt seines Vorgängers auf und zwang die Jesuiten, sich aus ihren Missionsstationen nach Macao zurückzuziehen. Auch Holländer und Franzosen hatten gegenüber der mächtigen Britisch-Ostindischen Kompanie das Nachsehen.

Der Historiker Paul A. Cohen (Wellesley College, Wellesley/Mass./USA) hat bündig dargestellt, wie das doppelte britische Übergewicht – gegenüber den europäischen Konkurrenten *und* gegenüber China – auf den Opiumkrieg zudrängte: »Die Ursache für die neue Handelssituation war die wachsende Neigung der britischen Bevölkerung, Tee zu trinken. Kaum mehr als ein Jahrhundert nach seiner Einführung im Jahr 1644 wurde für Tee von einer durchschnittlichen Londoner Arbeiterfamilie mehr als fünf Prozent des Einkommens ausgegeben. Die Auswirkung auf den Chinahandel war gewaltig. Am Ende des 18. Jahrhunderts hatte Tee einen Anteil von 81 Prozent am Gesamtexport von Kanton, und 20 Millionen Pfund wurden jährlich nach London verschifft. Die Tonnage der britischen Schiffe im Chinahandel vergrößerte sich von 1719/25 bis 1818/33 um das 23fache. Dieser Handel wuchs dermaßen, daß die Teesteuer für ein Zehntel der Jahreseinkünfte des britischen Schatzamts aufkam.« Und:

Die Teesteuer: ein Zehntel des britischen Budgets

»Das Grundproblem im Chinahandel des 18. Jahrhunderts bestand im Mangel eines chinesischen Bedarfs an irgendwelchen ausländischen Importen. Darum waren über lange Zeiten Tee und Seide mit Silbermünzen bezahlt worden, und erst gegen das Ende des Jahrhunderts wurde das Ungleichgewicht korrigiert – durch Einfuhren erst von indischer Baumwolle, dann von indischem Opium. Der Opiumhandel nahm dermaßen rasch zu, daß Opium um 1830 zum größten einzelnen Handelsobjekt im gesamten Welthandel geworden war. Aber das Kanton-Handelssystem ging darüber zugrunde, und der Krieg war unvermeidlich geworden.«

Es ist die west-fernöstliche Tragik dieser Epoche, daß westliche Expansion in Wirtschaft, Technik und Handel auf der einen Seite, chinesisches Beharren in der Tradition auf der anderen keinen Weg zu Ausgleich und Verständigung fanden. Der Westen hatte exotisch bizarres Dekor, goldbemalte Lackarbeiten und allerlei ›Chinoiserien‹ in seine Schlösser und Wohnungen geholt, ganze Nationen genossen chinesischen Tee – aber die inneren Werte der chinesischen Kultur begriffen nur wenige große Geister Europas. Diese Werte waren dem westlichen Denken ja nicht einmal zutiefst fremd: »Liegt doch in diesen Lehren«, schrieb der Universalgelehrte Leibniz über den Konfuzianismus, »insofern sie das in unseren Herzen eingeprägte natürliche Gesetz erneuern, das ganz reine Christentum. Abgesehen nur von dem, was Offenbarung und Gnade noch hinzutun, um unser Wesen zum Besseren auszurichten.«

Weil sich der Westen chinesischem Denken verweigerte, bestand er auf Expansion. Weil Chinas Regierende die neue technisch-militärische Kraft des Westens nicht zur Kenntnis nahmen, verfiel die chinesische Weltmacht zur Ohnmacht. Der Opiumkrieg war der sichtbare Anfang vom Ende.

China:
eine Weltmacht
verfällt zur Ohnmacht

Ein britischer Augenzeugenbericht: »Sobald der Klipper mit Opium in Macao ankommt, wird die Ladung auf kleinere Schiffe verteilt, die an gut bekannten Küstenplätzen ankern. Diese Schiffe sind immer stark bemannt und bewaffnet, um plötzlichen Angriffen seitens der Mandarine oder der vielen Piratenschiffe Widerstand leisten zu können. Sie nehmen dann ihre Plätze einige Meilen vor der Küste ein, Plätze, die der Opiumhändler seit langem kennt, und sie können sicher sein, ihre Ware ohne Verzug und zu Preisen abzusetzen, die manchmal um mehrere hundert Prozent über dem Einkaufspreis liegen. Es sind nur wenige Firmen in diesem Ausmaß am Opiumhandel beteiligt, weil doch enorm viel flüssiges Kapital dazu nötig ist. Der Chinese kommt mit Taschen voller Dollars oder reinem Silber, und im Austausch dafür erhält er Opium. Kredit wird weder gegeben noch verlangt.« Der Zeuge, der diesen Bericht gab, war Duncan McPherson von der Madras-Armee, und er hat auch im Opiumkrieg der Jahre 1840/42 gekämpft (Abbildung Seite 28).

Dagegen der Bevollmächtigte der kaiserlichen Regierung, Lin, der im Frühjahr 1839 an die Kaufleute in Kanton appellierte: »Wenn unsere Häfen euch einmal verschlossen bleiben, was würde aus euren Gewinnen? Was würdet ihr ohne unseren Tee anfangen, ohne den ihr ja nicht leben könnt? . . . Warum führt ihr uns Opium zu, das in euren eigenen Ländern nicht in Gebrauch ist, und veranlaßt so der Menschen Tod und Verderben? Ihr habt das Volk im Reich der Mitte seit zehn Jahren verleitet und dabei in ungerechter Weise ungeheure Summen gewonnen. Ein solches Benehmen muß jedermann empören und ist vor den Augen der kaiserlichen himmlischen Vernunft gar nicht zu entschuldigen. . . . Nun höre ich, daß die Schiffe, welche in Lintin vor Anker liegen, viele Tausend Kisten Opium an Bord haben, die ihr einzuschmuggeln beabsichtigt. Vernehmt meine Befehle, und mögen die fremden Kaufleute eilen, ihnen nachzuleben. Sie müssen der Regierung das Opium, das sie auf ihren Schiffen haben, bis auf die letzte Kiste ausliefern, ohne auch nur ein Stäubchen zu unterschlagen.«

Was nicht geschah. Bis Lin die Europäer in ihren Faktoreien unter Druck setzte: kein chinesischer Diener tat mehr seine Arbeit, die Lebensmittelversorgung wurde unterbrochen. Die Briten lieferten 20 291 Kisten Opium aus, die wurden in Gräben geleert, mit Kalk und Öl vermischt und ins Meer geschüttet. Aber die Briten widersetzten sich dem geforderten Verzicht auf den Opiumhandel. Sie unterzeichneten nicht, sondern räumten ihre Faktoreien und suchten Zuflucht auf den Schiffen in der Bucht von Hongkong. Noch wurde verhandelt, da eskalierte die Gewalt. Britische Matrosen erschlugen einen chinesischen Bauern, chinesische Kanonen schossen auf britische Schiffe, ein britisches Kriegsschiff versenkte chinesische Dschunken. Das Streitpotential war größer als die Einigungsbereitschaft, der Krieg brach aus. Der Teehandel hatte die Rolle des (Mit)-Verursachers, auch wenn der Streitgegenstand das Opium war. Ein schwarzes Kapitel, eines der schwärzesten. Für den Handel der Europäer bedeutete dieser Krieg nur eine Pause vor dem größeren Geschäft. Chinas Kaiser hatte sie offiziell »auf ewige Zeiten« des Landes verwiesen, aber 1842 kehrten die Kaufleute nach der Kapitulation Chinas zurück, mit nun vertraglich garantierten Rechten auf Ankerplätze und Handel in fünf Häfen.

In Japan hielt die Abschirmung gegen den Westen eine kleine Zeitspanne länger, und sie war über zwei Jahrhunderte bei weitem drakonischer praktiziert worden als in China mit dem Kanton-System. Auch in Japan: nach anfänglicher Öffnung, anfänglicher Aufnahmebereitschaft gegenüber der Botschaft der christlichen Missionare hatten die Herrschenden Ausweisung, Verfolgung und Absperrung dekretiert. Nur daß in Japan das Pendel nach beiden Seiten – zur Öffnung und zur Absperrung – heftiger ausgeschlagen war. In den Einigungskämpfen nach jahrzehntelangen innerjapanischen Kriegen stand Oda Nobunaga noch zu den Nachfolgern Francisco Xaviers

Deshima, eine winzige Insel in der Bucht von Nagasaki, als holländischer Handelsposten von 1640 bis 1853 Japans einzige Kontaktstelle zu Europa

und duldete die christlichen Gemeinden. Als der ›starke Mann‹ Nobunaga in einer Falle seiner Gegner umkam und Toyotomi Hideyoshi die lange Herrschaft der Tokugawa begründete (1600–1868) – da endete die Duldung der Europäer, begann eine jahrzehntelange Christenverfolgung.

Japans Herrscher, Hideyoshi und nach ihm Ieyasu, fürchteten das Beispiel der Philippinen: dort hatten die Spanier, die anfänglich als Missionare kamen, die Macht übernommen. Hideyoshi wählte sich einen Teemeister zum Berater, erfahren in der Zen-Lehre und allen japanischen Traditionen von Architektur, Musik und Gesellschaft. Japan sollte japanisch bleiben, darum bestimmte das Tokugawa-Edikt von 1637: »Kein japanisches Fahrzeug noch irgendein Japaner soll aus dem Lande reisen. Wer dagegen handelt, soll sterben. . . . Japaner, die aus der Fremde wieder in dieses Land kommen, sollen getötet werden.«

Nippon 1637: Japan soll japanisch bleiben

Erstaunlich genug, daß solche Isolation länger als zwei Jahrhunderte fast lückenlos dauern konnte. Eine Lücke war die Handelsstation Deshima, eine kleine künstliche Insel im Hafen von Nagasaki, auf der die Holländer hinter einer Palisade wie Gefangene lebten, aber für ihre Firmen goldene Geschäfte machten. Wer heute in Nagasaki das inzwischen mit dem Festland verbundene winzige Deshima-Areal sieht, mag kaum glauben, daß nur dies die Schaltstelle zwischen zwei Kulturen war – denn auf Deshima wurden nicht nur Kontobücher geführt, sondern auch Nachrichten getauscht und europäische Zeitungen übersetzt, auf Verlangen der japanischen Verwaltung.

Der deutsche Forschungsreisende und Arzt Engelbrecht Kaempfer hat nach seinem Aufenthalt dort 1690/92 seine immer noch fesselnde »Geschichte und Beschreibung von Japan« verfaßt. Er berichtet über die Geschäfte der Holländer, die in einem Jahr für achtzig Tonnen (!) Gold Waren umgesetzt haben sollen, er berichtet auch über Teekultur in Japan. Noch jener amerikanische Admiral Perry, der 1854 mit seinem Kriegsgeschwader das Ende des Tokugawa-Edikts und die Öffnung der Häfen erzwang, hatte Engelbrecht Kaempfers Buch benutzt – als seine Hauptinformationsquelle, wie es heißt.

Holzschnitt von Katsushika Hokusai (1760–1849), Ausschnitt

In der Schicksalsstunde des Jahres 1854 vermied Japan den Krieg, konnte ihn vermeiden und seine Souveränität bewahren.

Der erste US-Konsul, Charles Townsend in der Hafenstadt Shimoda, hat erzählt, wie penibel seine japanischen Partner um jedes Jota ihrer Vereinbarungen rangen, wie sie den Abschluß mit immer neuen Einwänden verzögerten. Am 24. Februar 1857 endlich wurde er zur ersten offiziellen Begegnung mit den Gouverneuren in den Palast des Fürsten Shinano geladen (vgl. Seite 89). Fürst Shinano bereitete nach der Mahlzeit eigenhändig den Tee für Townsend Harris. Man darf sagen, daß diese erste Teeschale ein Ende und einen Anfang zugleich bezeichnet: sie ist das Ende der japanischen Isolation und auch das Ende des langen Weges, auf dem Europäer immer wieder den Zugang zu den Ländern des Fernen Ostens suchten. Sie ist der Anfang der Verständigung – auch wenn seither die Hoffnung auf den Frieden in der *einen* Welt noch furchtbare Rückschläge erfahren hat.

Das »exzellente Kraut«: Tee geht in die Welt

Von drei europäischen ›Tee-Aposteln‹, von Tee-Traktaten und von Teesteuern mit transatlantischen Folgen, von Salons und Samowaren und von den schönsten Schiffen, die es je gab.

Der Teegebrauch ist hierzulande schon zu tief eingewurzelt und gehört zu den wahren Bequemlichkeiten des Lebens

Die ostfriesischen Landstände, in ihrer Antwort auf das Verbot des Tees durch die Domänenkammer in Aurich, 1777

An diesen drei ist nicht vorbeizukommen, wann immer nach denen gefragt wird, die uns in Europa auf den Geschmack am Tee gebracht haben. Die portugiesische Prinzessin, der holländische Arzt und der britische Schriftsteller haben einander nicht gekannt. Ihre Namen, zumindest die der Prinzessin und des Arztes, wären längst vergessen, hätten sie nicht mit Lust und ganz unbeirrt Tee getrunken und, was hier natürlich das wichtigste ist, andere dazu angestiftet: Katharina von Braganza, Cornelius Bontekoe und Samuel Johnson.

Katharina und Cornelius setzten den Tee durch, als das Teeblatt noch eine Merkwürdigkeit, das Teetrinken nicht mehr als eine nur lokale Mode war. Samuel Johnson verteidigte siebzig Jahre später den Tee gegen üble Nachrede, als zweifelhafte Menschenfreunde versuchten, den Briten die Neigung zum Tee wieder auszutreiben.

In jedem der drei ›Tee-Apostel‹ personalisiert sich ein anderer sozialer Bereich der jungen europäischen Teekultur: Katharina gehört den oberen Tausend an, den gekrönten Häuptern, die mit ihrem Hofstaat das exotische Teetrinken für elegant und unterhaltsam befanden. Cornelius Bontekoe, der studierte Mediziner mit dem starken Gespür für Naturheilmittel und dem nicht minder kräftig entwikkelten Gespür für wirksame Selbstdarstellung, erreichte ein großes Publikum, als er den Tee nicht nur für medizinisch unbedenklich, sondern für fast unbegrenzt und in fast jeder Menge für unbedenklich verträglich erklärte. Samuel Johnson, ein literarisch bedeutsamer Kopf, ein ›Großkritiker‹ seiner Zeit und auch ein Sonderling, konnte mit seiner Autorität und seiner zweifellos aufrichtigen Leidenschaft für den Tee die massiven Angriffe derer zurückweisen, die den Teekonsum für ein nationales Verhängnis erklärten. Dr. Johnson ist in seiner Person der Inbegriff des individualistischen, des exemplarischen Teetrinkers.

Ganz falsch wäre ja die Vorstellung, Europa oder doch die nördlichen Länder Europas hätten sich ohne Vorbehalt, Zweifel und Zwiespalt dem Tee zugewandt. Das Gegenteil davon ist wahr und als

Einführungszeit für den Tee in Europa ein Jahrhundert kaum zu hoch gegriffen. Gerechnet von 1610, dem Stichjahr der ersten dokumentarisch bezeugten holländischen Tee-Einfuhr.

1662 heiratete die portugiesische Prinzessin Katharina von Braganza den englischen König Karl II. Nach den eisernen Jahren der puritanischen Cromwell-Herrschaft war man bei Hofe wieder einem genußfrohen Lebensstil und auch dem Alkohol zugeneigt, »morgens, mittags und abends«. Katharina sorgte dafür, daß bei Hof eine Teestunde eingeführt wurde. Sie hat sie zwar nicht erfunden, aber aus ihrer Heimat nach London gebracht und ›hoffähig‹ gemacht: so geht die geheiligte britische Teepause letztlich auf sie zurück.

Katharina von Braganza: eine Portugiesin ›erfindet‹ die englische Teepause.

Kurz zuvor, um 1657, ist in der britischen Teechronik das Flugblatt und/oder Anschlagblatt des Mister Thomas Garway oder Garraway verzeichnet, Besitzer eines Kaffeehauses in der Exchange Alley. Ein Exemplar dieses Ladenzettels hat überdauert, mit dem pompösen Titel »Eine genaue Beschreibung des Anbaus, der Eigenschaften und der Vorzüge des Teeblatts«. Vor 1657, heißt es da, sei Tee nur »als königliches Geschenk für Fürsten und Adlige« üblich gewesen, bei Preisen bis zu zehn englischen Pfund für ein einziges Pfund Tee.

1658 meldet die Wochenzeitschrift »Mercurius Politicus« in einer drei-Zeilen-Anzeige, die dem Teehistoriker nicht weniger kostbar ist, das »exzellente und nun von allen Ärzten empfohlene China-Getränk, das bei den Chinesen Tcha, bei anderen Völkern Tay oder Tee heißt, wird im Kaffeehaus ›Sultaness Head‹ in der Sweetin Road, bei der Royal Exchange, ausgeschenkt.« Es ist die erste datierte Anzeige für Tee in England.

Wie ein Echo darauf liest sich im »Geheimen Tagebuch« des Samuel Pepys eine Eintragung von 1660: »Und danach ließ ich eine Tasse Tee kommen (ein China-Getränk), den ich noch nie getrunken hatte.« Wieder vier Jahre später ist am 12. 7. 1664 in den Annalen der britischen East India Company festgehalten, daß dem König von den eben aus Bantam eingelaufenen Schiffen der Gesellschaft »eine Silberdose Zimtöl von Mr. Winter für 75 Pfund und etwas guter Tee« überreicht worden sei – offenbar das Privatgeschäft eines Schiffsoffiziers, wie es auf den Seglern der Kompanie üblich war.

Auf Katharina von Braganza, die »beste Königin« und auf ihre portugiesische Heimat dichtete dann auch der Hofpoet Edmund Waller ein Tee-Poem zum ersten Geburtstag, den sie unter britischem Himmel feierte:

». . . das beste aller Kräuter ist zu danken
der mutigen Nation, die aus Europas Schranken
den Weg erst wies zu jenen Ufern, wo der Tag geht auf
und reiches, preisenswertes Gut erwartet uns zuhauf.
Der Musen Freund, der Tee hilft unsrer Phantasie,
er sorgt, daß Dumpfheit unser Hirn bedrücket nie
und gibt der Seele Palast Helligkeit zurück,
setzt sie instand, der Königin zu wünschen Glück.«

So prätentiös diese Reime einherstelzen, ganz klar kommt zutage, daß Katharina und der Tee zusammengehörten, und ebenso Tee und feine Lebensart.

Unsterblich in der britischen Teegeschichte, wenn auch paradoxerweise als Kaffeehaus bekannt: Garraways – das Ladenschild ist auf dieser Szene des ›Swinging London‹ um 1720 im Hintergrund unübersehbar.

CHANGE ALLEY

Ein Medikus aus Holland: »Tee schmeckt als Salat nicht übel«

In Holland dagegen hatte der Tee zuerst Fürsprecher im Lager der Mediziner. Ein gewisser Ph. Baldaeus hatte sich an der indischen Malabar- und Koromandelküste umgetan und empfahl seinen Landsleuten in der feuchten Luft der Niederlande Tee gegen das Podagra, zu deutsch die Gicht. Auch den Matrosen auf ihren monatelangen Seereisen vermöge Tee zu helfen, gegen Skorbut: »Mit Essig, Öl und Pfeffer schmeckt Tee als Salat nicht übel.« Zeugnisse darüber, ob das Rezept angenommen wurde und gewirkt hat, haben wir leider nicht auffinden können.

Cornelius Bontekoe (1647–1685) behauptete, täglich hundert Tassen Tee zu trinken, sei nicht nur unschädlich, sondern der Gesundheit förderlich

Mit Teetrinken ein sehr hohes Alter zu erlangen, verhieß seinen Lesern jener Nikolaes Tulp, der von Rembrandts großem Gemälde »Anatomische Vorlesung des Dr. Tulp« bekannt ist.

Von niemandem aber ließ sich Cornelius Bontekoe im publizistischen Einsatz für Tee übertreffen. Seine Schriften, der »Tractat van het excellenste kryt thee«, 1679 in Amsterdam erschienen, und das sieben Jahre später folgende »Gebruik en misbruik van de thee« maßen dem Tee so viel Gesundheitsförderliches zu, daß ihr Autor in Verdacht geriet, von der Holländisch-Ostindischen Kompanie gekauft worden zu sein, die an steigenden Teeumsätzen interessiert war.

Bontekoe, der aus Alkmaar stammte und eigentlich Cornelius Decker hieß, seinen Namen von dem Bild einer ›bunten Kuh‹ am väterlichen Hause hatte, nennt die Kräfte des Tees, neun an der Zahl:

> die erste im Mund, die ander Kraft im Magen, die dritte im Gedärme, die vierte im Blut, die fünfte im Gehirn, die sechste wider die Trunkenheit, die siebte wider den Skorbut, die achte, worinnen der Tee die Bäder und warmen Wasser übertrifft – also wohl gegen Rheuma und Gicht –, die neunte gegen Fieber.

Das ist ein Katalog von abenteuerlicher und schon verdächtig quacksalberhafter Länge. Andere gingen zu gleicher Zeit aber noch weiter, ein holländisches Flugblatt von 1680, angeblich aus dem Chinesischen übertragen, führt in einer ellenlangen Liste von 26 Teetugenden nicht nur die Stärkung von Gedächtnis und Verstand, die »Ermutigung des Herzens« und das »Verjagen der Trübsal« auf, zu alledem mache der Tee auch kräftig für den »Venus-Handel«, stärke also die sexuelle Potenz, schon immer ein zugkräftiges Argument.

Mit Bontekoes eigenen Worten: »Tee kann einem Menschen, der beinahe am Ende seiner Kräfte ist und gleichsam den einen Fuß bereits im Grabe hat, neue Kraft und neues Leben geben.« Tee spanne die Drüsen, Röhren und die »Spann-Adern« im Gehirn an, so daß der Mensch sich »wacker, lustig, stark, fröhlich und voll Kraft fühlt«.

Er praktizierte in Amsterdam und Hamburg und wurde von Brandenburgs ›Großem Kurfürsten‹ Friedrich Wilhelm als Leibarzt nach Berlin berufen, zugleich als Professor an die Universität in Frankfurt an der Oder. Eine Karriere glanzvoller Erwartungen brach jäh mit einem Unglücksfall ab: erst 38 Jahre jung – viel jünger, als er auf Porträts unter wallenden Perücken anzusehen ist – stürzte Bontekoe am 16. Januar 1685 auf einer Treppe des Berliner Schlosses zu Tode.

Kraft / Eigenschafft und Würckung des Edlen Thees.

1.

Wiltu der Gesundheit pflegen
Und vor Kranckheit mancher Art
Biß ins Alter seyn verwahrt/
Laß dir diß seyn angelegen:

Recipe
Edlen Thee/
Der verschafft durch seine Tugend/
Daß wir werden wie die Jugend.

2.

Wo der Magen ist geschwächet/
Wo dein Blut entzündet ist/
Und du kranck im Haupte bist/
Wann du auch zuviel gezechet/

Recipe
Edlen Thee/
Der befreyet Haupt und Magen
Gar geschwind von allen Plagen.

3.

Hastu Noth von vielen Winden/
Ist der Darm so voll gepfrofft/
Die Passage ist verstopfft/
Daß der Außgang nicht zu finden/

Recipe
Edlen Thee/
Der wird besser als Clystiren
Auff den rechten Weg es führen.

4.

Will dich Gicht und Scharbock quälen/
Greifft das Zipperlein dich an/
Daß kein Artzt dir helffen kan/
Dieses Mittel wird nicht fehlen:

Recipe
Edlen Thee/
Der wird deinen lahmen Füssen
Ihre Schmertzen bald versüssen

5.

Flecken/ Finnen/ Eyterbeulen/
Kupffer-Nasen/ und Gesicht
Da der Wein mit Macht außbricht/
Wilstu auß dem Grunde heylen/

Recipe
Edlen Thee/
Der wird von Gesicht und Nasen
Solchen Unflat bald weg blasen.

6.

Macht die Colic dir viel Schmertzen/
Zeucht der Krampff die Sennen an/
Daß dir niemand rathen kan/
Und betrübest dich von Hertzen/

Recipe
Edlen Thee/
Der wird alles bald curiren
Und das Hertz zur Freude führen.

7.

Ist der Vater dir gestorben/
Wolte gerne seine Pflicht
Legen ab/ und kan doch nicht/
Und die Mutter auch verdorben/

Recipe
Edlen Thee/

Auch in Deutschland ein fast unbegrenztes Teelob: wie dieses Beispiel aus der »Vollständigen Natur- und Materialien-Kammer« zeigt, galt Tee als Universalmedizin für Leib- und Seelenschmerzen. Ähnliche Empfehlungen wie in diesem um das Jahr 1700 erschienenen Hausbuch wurden damals zahlreich gedruckt und gelesen – nicht zuletzt dank Bontekoes dringlichem Rat, die »neun Kräfte des Tees« für die Gesundheit zu nutzen. Die Teegegner konnten sich dagegen nicht durchsetzen, wenn sie auch noch so heftig heimische Kräuter als Tee-Ersatz propagierten.

Von seinen Studien in Leyden bei dem angesehenen Naturarzt Franciscus Sylvius hatte Bontekoe die Richtung seiner Lebensarbeit empfangen: auf die Erkenntnis und Nutzung der Naturkräfte hin. Vor den anderen medizinischen Fürsprechern des Tees kommt ihm das Verdienst zu, in weitem Umkreis, vor allem auch in Deutschland – seine Schriften, im Original meist holländisch, wurden in mehrere Sprachen übertragen, auf deutsch immer wieder gedruckt – Vertrauen für das neue Getränk geschaffen zu haben. Zusammen mit dem Zucker genossen, der als Rohrzucker in großen Mengen aus Indien und Indonesien eingeführt wurde, setzte sich um 1700 der Tee immer mehr durch.

Statt Bierhumpen und Schnapsglas die ›nüchterne‹ Teeschale?

Dabei war Bontekoe ein Punkt wichtig, der von vielen seiner Zeitgenossen noch gar nicht erkannt wurde: Tee (und fast gleichzeitig auch Kaffee) boten in den mittel- und nordeuropäischen Ländern eine Alternative zu Bierkrug, Weinkanne und Schnapsglas, eine Alternative zu einem ernsthaft bedrohlich gewordenen Alkoholismus.

Der Vorgang der sich damit abzeichnenden säkularen Ernüchterung ist in seiner historischen Folgerichtigkeit und seinen sozialen Auswirkungen wohl einmalig in der Geschichte der Genußmittel. Tee und Kaffee, die »großen Ernüchterer«, wie man sie genannt hat, trafen im Europa des 17. Jahrhunderts auf eine Gesellschaft, die in allen ihren Schichten, ob bettelarm oder steinreich, Alkohol zu allen Tageszeiten zu konsumieren gewohnt war. Das begann in aller Morgenfrühe mit einer Biersuppe, und auch mittags und zur Nacht galt das ›flüssige‹ Brot als ein Hauptnahrungsmittel.

»Manche leben von diesem Getränk – dem Bier – mehr als vom Essen«, stellte bereits 1551 ein Johann Brettschneider in Deutschland fest. Ein Jahrhundert später hören wir aus England, daß eine durchschnittliche Familie pro Kopf, auch die Kinder eingeschlossen, täglich drei Liter Bier verbrauchte. Das Bierbrauen gehörte zu jeder besseren Hauswirtschaft. Noch im späten 18. Jahrhundert riet eine holländische Hauswirtschaftslehre – »Der erfahrene und verständige holländische Haushalter« – den Dienstboten lieber Bier als Tee zu geben: »Es macht kräftiger und tüchtiger zur Arbeit«. Bei Festen, beim ›Zutrinken‹ und bei den allfälligen Trinkwettbewerben kam man auf gewaltige Quantitäten. Wolfgang Schivelbusch, der Zeugnisse dafür gesammelt hat, wie der ›Saufteufel‹ herrschte, schreibt zu diesen Trinkwettstreiten: zum Ritual gehörte, daß »das Trinken gewöhnlich in der Bewußtlosigkeit der Teilnehmer endete.«

Endlos die Klagen über das »greuliche Laster der Trunkenheit«. Weit über moderne Pro-mille-Gewohnheiten hinaus war schon das mittelalterliche Europa alkoholisiert. Im 16. und anfangs des 17. Jahrhunderts scheinen sich dann zwar nicht die Ausmaße von Trunkenheit und Völlerei geändert zu haben, sehr tiefgreifend aber die Einstellung zum Alkoholmißbrauch: er galt nunmehr als solcher, vor allem bei den protestantischen, calvinistischen und puritanischen Reformatoren. Deren Agitation gegen Bier- und Branntweinkonsum fand zwar, wie es der Agitation gegen allzu menschliche Schwächen immer wieder geht, vorerst nur eine schmale Gefolgschaft. Aber diese Agitation paßte in das Muster einer neuen städtischen Gesellschaft, in der nicht nur die Religion anders als im gar nicht so düsteren, vielmehr bilderbunten Mittelalter verstanden wurde, sondern in der auch Lernen und Bildung, Arbeit und Beruf neue Züge annahmen. Je stärker sie von Rationalität, organisatorischen Regeln und Schriftverkehr bestimmt wurden, desto besser paßte der ›nüchterne‹ Tee oder Kaffee in diese Gesellschaft.

Merkwürdig ist in der Rückschau darum weniger, daß diese ›Ernüchterer‹ gerade in jener Epoche nach Europa kamen (denn die erste Bekanntschaft mit dem Tee wie auch mit dem Kaffee datiert nachweislich ja viel früher), merkwürdig ist, daß die europäische Gesellschaft auf ihrem Weg in das Zeitalter des Rationalismus und der Technokratie von derart exotischen Importgetränken gestärkt wurde.

Ein neues Denken, ein neuer Geschmack

Denn auch so trifft es zu: arabischer Kaffee und chinesischer Tee haben Europas Köpfe aus alkoholischer Dumpfheit geweckt, haben sie wach gehalten. Während in der Heimat der Teekultur die Chinesen den Traum der Zeitlosigkeit träumten, schickten sich die Menschen des Westens an, hellwach die Welt zu erobern, mit der Gewalt der Waffen und der nahezu unwiderstehlichen Gewalt ihrer rationalen und rationalistischen Zivilisation.

Die Zeugen dieses epochalen Vorgangs bewegten freilich noch andere, vergleichsweise kleine und manchmal absurde Sorgen. Am ernstesten war das Bedenken gegen den übermäßigen Devisenabfluß: in Preußen, in Frankreich, in England fragten besorgte Stimmen nach heimischem Ersatz für den chinesischen Tee, der ihnen nicht als das »exzellente Kraut«, vielmehr als »berüchtigter Verführer des Volkes«

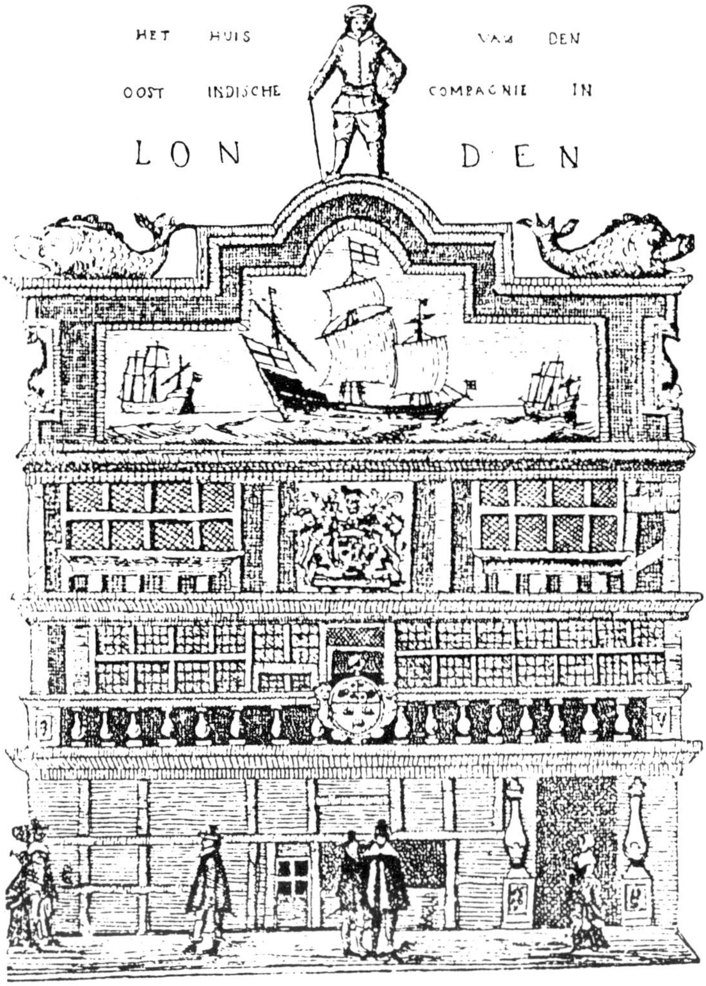

Wie eine exotische Kommode anzusehen: das Hauptquartier der Britisch-Ostindschen Kompanie zur Zeit Oliver Cromwells. Aus dem silbernen ›teapot‹ (unten) tranken die Direktoren der ›John Company‹ bereits seit 1670

galt – so der preußische Hof- und Consistorialrat und Professor der Medizin Michael Alberti. Seine »Freymüthigen Gedancken« gegen den Tee wurden 1731, 1738 und auch noch 1756 gedruckt. Schon 1692 empfahl ein Herr Haniel in Düsseldorf ersatzweise »Die preiswürdige Veronica« oder »europäischen Thee, wie selbiger anstatt des indianischen mit Fug gebrauchet werden kann«.

Heißer als irgendwo sonst wogte die Teepolemik dort, wo am meisten Tee getrunken wurde: auf den britischen Inseln. Lassen wir alles beiseite, was nach den ersten drei Zeilen im »Mercurius Politicus« und noch zur Lebenszeit der Katharina von Braganza für oder wider den Tee gedruckt wurde. Erinnern wir nur an die polemische Breitseite, die ein gewisser Jonas Hanway noch fast hundert Jahre später gegen die Teetrinker losließ: »Ein Bericht über Tee, der verderblich für die Gesundheit ist, die Industrie lahmlegt und die Nation arm macht. In 25 Briefen, an zwei Damen gerichtet«. Jonas Hanway bekannte, er habe nach grünem Tee Leibschmerzen gelitten, als ob er

Als diese Auktionsanzeige für den »Verkauf nach der Kerze« (vgl. Seite 45) gedruckt wurde, hatte britische Teepolitik gerade ein transozeanisches Desaster ausgelöst: die Boston Tea Party vom 16. Dezember 1773.

FOR

SALE

BY THE

CANDLE,

AT THE

HALF-MOON Tavern, *Cheapside*,

On *Wednesday* the Second Day of *March*, 1774, at Ten o'Clock in the Forenoon, precisely, the following Goods, being the Whole Remains of an entire Parcel, *viz.*

2115 Chests Singlo Tea,
600 Ditto in Time for Exportation.
Lying in the E. I. Company's Warehouses.

Prompt 11th of May, 1774.

The Buyers are immediately to deposit Two Pounds on each Chest of Tea.

Tea Sold March Sale 1771.

Fol.	No.	Chests	Cost
Singlo per			Pigot
	28 B *Good ordinary bloom.*		
45	1677@1795T6	6	5 8
	2775T3657T4629	3	5 7
Ditto per			Spcke
	40 B *Curled Leaf, better than common Singlo.*		
67	2203@19	6	5 8
	2225@44T93	6	5 7
68	2469@71T2504	6	5 9
	2505@96T	6	5 8
	2610@62	6	
	45 B *Midling common Singlo.*		
77	698@703	6	
	713@23	6	
	725@9D30	6	5 7
	731@40	6	
	741@6	6	5 8
	747@52	6	5 7
	753@9	6	5 8

Schon damals dekorativ: Teepackung

Gift geschluckt hätte. Schlimmer: Tee trage schuld an der wachsenden Kindersterblichkeit, denn in der ärmeren Bevölkerung seien zahllose Mütter von übermäßigem Teegenuß kränklich geworden oder hätten um des Tees willen ihre Kinder vernachlässigt. Nicht zu schweigen von den verderblichen Auswirkungen auf den Staatshaushalt: für das nach China exportierte Silber hätte man besser Hanf und Rohseide eingekauft und damit der britischen Industrie Materialien zur Weiterverarbeitung geliefert.

Tee von gestern, Schnee von gestern? Jonas Hanways Sorgen beschweren den Teetrinker nicht mehr, aber denkwürdig ist sein Name

Die britische Teestunde. Getrunken wurde anfangs aus den chinesischen Porzellanschälchen ohne Untertasse; diese und die Tasse mit Henkel waren europäische Zugaben

darum, weil er mit seinem rabiaten Angriff auf die junge britische Teekultur eine Entgegnung provozierte, die als Bekenntnis zum Tee unvergeßlich bleibt. Samuel Johnson, der in England als ›Dr. Johnson‹ noch immer so oft wie Shakespeare zitiert wird, ein *homme des lettres* wie auf dem Kontinent seine Zeitgenossen Lessing und Voltaire, wenn auch ohne deren dichterische Produktivität, dieser Samuel Johnson schwang sich zu einer geharnischten Antwort auf. »Sie zeigt«, schreibt sein Biograph Boswell, »wie ein genialer Kopf auch über den bescheidensten Gegenstand schreiben kann, wenn es mit Lust und Liebe geschieht; ich glaube, niemand war je diesem Labsal inniger ergeben als Johnson. Die Mengen, die er davon Tag und Nacht zu sich nahm, waren so groß, daß seine Nerven ungemein stark gewesen sein müssen, um bei dem maßlosen Genuß nicht zu erschlaffen. Er versicherte mir, er habe davon nie die geringsten Beschwerden gespürt.« Johnson selber nannte sich »einen eingefleischten und unverfrorenen Teetrinker, der zwanzig Jahre lang seine Mahlzeiten nur mit dem Aufguß dieses faszinierenden Blattes verdünnt hat; dessen Kessel kaum Zeit hat, abzukühlen; der sich mit Tee den Abend angenehm macht, sich mit Tee um Mitternacht tröstet und mit Tee den Morgen begrüßt.«

Was alles Samuel Johnson nicht hinderte, Hanway recht zu geben, wo er objektiv recht hatte: vor allem in puncto der für England negativen Warenbilanz und des Abfließens von Edelmetall im Austausch gegen Tee. Dagegen wich er kein Teeblatt breit zurück, wo es um die angebliche Gesundheitsschädlichkeit ging: nervenkrank von

Ein »Tee-Warenhaus« macht Reklame

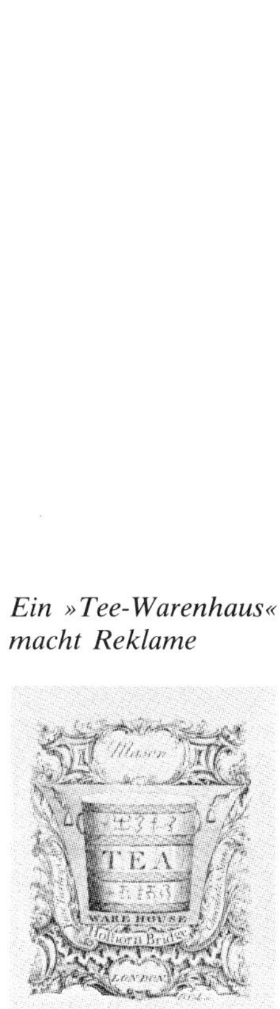

Tee geworden zu sein, behaupteten wohl immer nur Leute, die zehn Stunden des Tages im Bett verbringen, acht am Spieltisch und die übrige Zeit beim Essen. Solche Zeitgenossen tränken Tee nur, um »Abwechslung in ihren Müßiggang zu bringen«. Tee für die »unteren Schichten des Volkes«? Nicht, wenn es nach Dr. Johnson ging: weil Tee keine Kraft für körperliche Arbeit spendet.

Es ging aber nicht nach ihm, sondern nach dem Willen und den Geschäften der Britisch-Ostindischen Kompanie. Wer noch in den ersten Jahren nach der *Glorious Revolution* und der Niederlage des katholischen Königtums in England hätte behaupten wollen, dies sei ein Land der Teetrinker, wäre von den meisten erstaunt angeblickt worden – über den Rand einer Kaffeetasse. Trotz Katharina von Braganza und Thomas Garway (vgl. Seite 35): um 1700 gehörten die britischen Inseln immer noch zu den Ländern in Europa, die am meisten Kaffee verbrauchten.

Das änderte sich dramatisch. Werden für die Jahre zwischen 1650 und 1700 in England rund 180 000 Pfund Tee als Gesamteinfuhr genannt, so sollen es im folgenden Halbjahrhundert 220mal soviel, nämlich 40 Millionen Pfund Tee gewesen sein – die kräftig steigenden Schmuggelumsätze noch gar nicht eingerechnet. Kaffee dagegen spielte um 1750 in England nur noch eine Schattenrolle neben dem Tee. Schmeckte der Kaffee den Briten nicht mehr? Fanden sie sich unwiderstehlich von Tee angezogen?

Die Briten hatten die Ostindische Kompanie mit ihrem Einfuhrmonopol für die Waren aus dem Fernen Osten. Schon Cromwells »Navigationsakte« hatte in der Mitte des 17. Jahrhunderts die holländische Konkurrenz ausgeschlossen. Unter dem katholischen König Karl II. wurde dieser Protektionismus noch verschärft. Die Britisch-Ostindische Kompanie behauptete ihr Chinamonopol bis 1833, und die Navigationsakte blieb noch länger in Kraft.

»Ein Volk potentieller Kaffeetrinker«

Die *John Company,* wie die Ostindische Kompanie kurz und mit respektvoller John-Bull-Kameradie genannt wurde, war so mächtig, daß sie »ein Volk potentieller Kaffeetrinker in eine Nation von Teetrinkern verwandelte, und das binnen weniger Jahre«. Diese Feststellung wurde schon 1935 von einem der besten Kenner britischer Teegeschichte getroffen, von W. H. Ukers in seinem dickleibigen Werk »All About Tea«. In der Konkurrenz mit den unabhängigen Kaufleuten, die Kaffee importierten, war die gesammelte Handelskraft der *Company* allemal stärker – und ihr Geschäft war der Tee. Nur unverbesserlich Zahlengläubige werden allerdings rundheraus abstreiten, daß die britische Bevorzugung des Tees unter Mitwirkung von Geschmack, Charakter und Sympathie zustandekam. So schwer auch immer solche Qualitäten einem ganzen Volk nachzuweisen sind.

Die Britisch-Ostindische Kompanie: das war die pompöse Fassade in der Leadenhall Street, nordwestlich vom Tower, mit den Delphinen, Segelschiffen und Wappenbildern darauf, die weit mehr als nur einen Hauch von Exotik darboten. Das waren auch die ehrenwerten Mitglieder der Ratsrunde, die sich von Edith Harris – wer vermerkt ohne eine Art von Rührung, daß eine ordentliche Buchführung den Namen der Aufwärterin über Jahrhunderte erhielt? – ihren Tee bereiten ließen; der Verwalter der Kasse war beauftragt, »soviel Tee und Zucker, wie für das Komitee erforderlich ist, bereitzuhalten und Mrs. Harris jeweils ein Pfund mit der angemessenen Menge Zucker auszuhändigen«. Die Britisch-Ostindische Kompanie: das waren die *East Indiamen,* die von dieser Teetrinker-Runde auf große Fahrt geschickt wurden. Im Dezember oder Januar legten sie an der Themse ab, im August oder September ankerten sie im Perlfluß bei Kanton. Dorthin transportierten Kulis den Tee, der von den Co-Hongs (vgl. Seite 29) gegen englische Wolle oder Blei, meist aber gegen bare Münze – venezianische Dukaten, französische Dublonen, spanische oder mexikanische Dollars – verkauft wurde. Wieder mit den Monsunwinden kehrten die East Indiamen zurück, und wenn weder Piraten noch anderes Unglück ihren Weg kreuzte, waren sie im Herbst, knapp zwei Jahre nach der Ausreise, wieder in London.

Im alten East India House, das längst aus dem Londoner Stadtbild verschwunden ist – es stand nicht weit von der Leadenhall Street in der Nähe von Lloyd's (die Straße und das Versicherungsunternehmen gibt es noch heute dort) –, veranstaltete man sodann die Auktionen »by the candle«, nach der Kerze. Wenn ein bestimmtes Stück heruntergebrannt war, fiel der Hammer. So merkwürdig das Verfahren scheint, es hat sich offenbar über lange Zeit bewährt. Von den Maklern bezogen Wirte und Einzelhändler den Tee; im frühen 18. Jahrhundert gab es bereits Firmen wie *Fortnum and Mason* und *Twinings;* Thomas Twining führte *Tom's Coffee House* am »Strand« und hatte die Richter und Anwälte vom »Temple« als Kunden.

Das behagliche Bild britischer Teekultur, wie sie damals um zahllose Teekessel auf den Tischen der Landlords und biederer Bürger gepflegt und gehegt wurde, spiegelt sich in den Romanen der Goldsmith und Fielding, in den Versen Alexander Popes und selbst noch in der lebensfrohen Fanny Hill, in deren Memoiren die Grenzen des Gutbürgerlichen ein gutes Stück zurückliegen. Eine Tasse Tee wird zwischen den Amouren doch noch immer genossen.

In London, längst aber auch schon in New York erholte man sich in Teegärten, und auch sonst standen die Neuengland-Bürger auf der anderen Seite des Ozeans in ihrer Tee-Neigung denen der britischen Inseln nicht nach. Weil New York nicht überall gutes Trinkwasser hat, konnte ein eigener Beruf entstehen, der *Tea Water Man,* ein Wasserträger der feineren Art: »Tea! Tea! Come out and get your tea water!«

Bekannt ist, daß die transatlantische Teegemeinschaft mit einem Ärgernis endete, das als *Boston Tea Party* in die Geschichte eingegangen ist. Tee, der in ein Hafenbecken geschüttet wurde, Steuerverweigerer, die sich als Indianer vermummten – warum mußte es dazu kommen, warum wurde gerade der Tee von allen möglichen Ursachen zum Auslöser des großen Aufstands der Amerikaner gegen die britische Oberherrschaft?

Vermutlich hatte die Britisch-Ostindische Kompanie zu lange zu gute Geschäfte gemacht. Vermutlich hatte die britische Regierung die Steuerschraube nicht nur einmal, sondern mehrere Male zu grob angezogen, unter Mißachtung des feinsinnigen Satzes von Colbert,

Auch die Preußen hatten ihre »Asiatische Handelskompanie«. Von den Chinoiserien ihres Königs Friedrichs II. blieb als eines der schönsten Denkmäler das »Chinesische Teehaus« in Potsdam, mit den Skulpturen Joh. Peter Benkerts.

Boston Tea Party: Zuschauer jubeln

des Marine- und Finanzministers Ludwigs XIV., der die Herrschaftskunst darin erkannte, »den Gänsen möglichst viele Federn auszurupfen, ohne daß sie es merken«. Vermutlich schlug die Teesteuerpolitik König Georgs III. (1760–1820) auch darum fehl, weil sie massiv zu Steuersünden herausforderte, aber nicht über die Mittel verfügte, die Sünder resp. Schmuggler wirksam am illegalen Import zu hindern. Vermutlich kam das alles zusammen.

Machen wir uns die Mühe, blicken wir nur auf die wichtigsten Faktoren, mit denen das System funktionierte (oder nicht funktionierte): Tee stand nach Textilien und Eisenwaren auf dem dritten Platz der amerikanischen Einfuhren aus England. Um 1760 war das eine Menge von rund 250 000 Pfund Tee jährlich, aber vermutlich rund dreimal soviel wurde geschmuggelt. König Georg III. konnte sich nach dem Frieden von Paris (1763) als Herrscher über das größte Kolonialreich feiern lassen, irrte aber, als er die amerikanischen Kolonisten noch nachträglich an den Kriegskosten beteiligen wollte. Als die *Stamp Act* von 1765 neben anderen Konsumgütern auch den

Protest gegen zuviel Staat und zuviel (Tee-)Steuer: unter Hallo und ohne einen Schuß gehen am 16. Dezember 1773 im Hafen von Boston 342 Kisten Tee über Bord

Tee besteuerte, erhob sich der Sturm der Empörung so gewaltig, daß London mit einer Rücknahme reagieren mußte. Der Teepreis in den Neuenglandstaaten fiel daraufhin um mehr als ein Viertel, die regulären Exporte stiegen, erst auf eine halbe Million, dann im folgenden Jahr auf eine Million Pfund.

Schon machte London den nächsten Versuch. Ein gewisser Charles Townshend, der im Mai 1767 eine neue Importsteuer auf Tee einbrachte, erlebte das Debakel nicht mehr. Als er im September starb, formierte sich in der Neuen Welt bereits ein *frugality movement*. Man reagierte mit Tee-Abstinenz oder stieg auf den zweifelhaften Genuß des ›Labradortees‹ um, der aus einer heute nicht mehr bestimmbaren Wurzel gebrüht wurde. Mit dem Erfolg, daß die Tee-Einfuhr auf ein Zehntel (!) sank.

Das war ein wirklich erschreckendes Ergebnis – erschreckend besonders für die Direktoren der Britisch-Ostindischen Kompanie. In ihren Lagerhäusern hatten sie üblicherweise Vorräte für etwa ein Jahr. 1771/72 aber waren es Vorräte für fast vier Jahre, ein Teeberg von fast 21 Millionen Pfund. Zudem war die Finanzlage der Kompanie durch eine Million Pfund rückständiger Steuern belastet.

Die Sanierung sollte ein Gesetz bringen, das als *Tea Act* von 1773 durch das Parlament ging. Kein Gesetz von so weitreichender Wirkung, schreibt der britische Teehistoriker Denys Forrest, ist jemals vorher oder nachher mit so geringer Beachtung und Voraussicht bestätigt worden. Die *Tea Act* gab der Ostindischen Kompanie das Recht, ihren monopolistisch eingeführten Tee unter Ausschaltung des Zwischenhandels nach Amerika auszuführen, mit Erstattung der Einfuhrsteuer durch den Staat. So sollte der Teeberg abgetragen, das Geschäft der Schmuggler verdorben und der Zorn der Kolonisten in Neu-England gedämpft werden. Lord North hielt es allerdings für richtig, die bescheidene Threepence-Steuer beizubehalten.

Eine »triviale«, aber tyrannische Steuer: Threepence für das Pfund Tee

Auch dies war zuviel. »Amerika droht Schlimmeres als die Sklaverei des alten Ägypten . . . die Sprache der Steuergesetze meint in Wirklichkeit, daß niemand sein Eigentum besitze, daß jeder ein Leibeigener Großbritanniens ist«, schäumte ein Flugblatt, das in New York umlief. Die Ostindische Kompanie wurde als eine »Bande politischer Bombenwerfer« gegeißelt, die »das schöne Gebäude der Freiheit zerstören wollen«, ihr erweitertes Handelsmonopol schlicht als »öffentlicher Raub« abqualifiziert. Offensichtlich waren Konsumsteuern in Nordamerika eine Herausforderung an den Bürger (davon ist noch immer etwas übrig, beispielsweise ist heute in den USA Benzin nur halb so teuer wie in Europa). »Abwarten und Tee trinken« war jedenfalls nicht die Haltung der Amerikaner. »Sie haben eine Artilleriekompanie aufgestellt«, schrieb ein Offizier der britischen Truppen nach England, »und sie veranstalten fast täglich Zielschießen. Sie schwören, daß sie jedes einlaufende Schiff in Brand schießen werden, aber ich denke doch, daß unsere Sechs- und Zwölfpfünder dafür sorgen werden, daß nichts dergleichen geschieht.«

Die Spannung stieg, als im Spätherbst 1773 vier Segler mit insgesamt 398 Kisten Tee – reichlich 100 000 Pfund – von London nach Boston ausliefen. Ein Schiff strandete, die anderen erreichten den Hafen, durften aber ihre Teeladung nicht löschen, nur die übrigen Güter. Binnen zwanzig Tagen, so die Vorschriften, mußte der Zoll gezahlt sein, sonst verfiel die Ladung dem britischen Staat. Aber auch diese Bedenkzeit änderte nichts mehr an der Entschlossenheit der Kolonisten, die rund um die Uhr Wache gehalten hatten. Am letzten Tag versammelte sich die halbe Stadt, und John Rowe, ein wohlhabender Kaufmann, fragte in aller Öffentlichkeit, was bisher nur unter der Hand erörtert worden war: »Wer weiß, wie Tee sich mit Salzwasser mischen wird?«

In derselben Nacht noch wußte man es in Boston. Die königlichen Beamten und die Mannschaften der Schiffe kamen nicht zur Gegenwehr, als Bostoner Bürger mit geschwärzten Gesichtern an Bord gingen, in den Fäusten Äxte und Beile, die Teekisten aufbrachen und die Fracht unverzollt ins Hafenbecken schütteten.

Ähnliche Szenen in Greenwich und Charleston, in Philadelphia und Annapolis. Szenen zwischen karnevalistischem Mummenschanz – manche Protestler verkleideten sich als Indianer – und direkter

Gewalt: in Annapolis wollte ein Schiffseigner im Herbst 1774 die Teesteuer zahlen und wäre fast gelyncht worden. Sechs Tage später wurde eine gewaltfreie Party von den Damen des Städtchens Edenton/North Carolina veranstaltet und eine Resolution verabschiedet, die feierlich dem Tee und britischen Textilien abschwor. Auf einem alten Stich sind die Damen abgebildet, die künftig statt chinesischen Tee aus London lieber »Hyperion« aus amerikanischen Himbeerblättern trinken wollten.

Noch vor der Boston Tea Party: britisches Militär schießt auf Neuengland-Bürger. Paul Reveres »Massaker von Boston« (5. 3. 1770)

Die »triviale, aber tyrannische« Three-Pence-Steuer war der Anfang vom Ende der britischen Herrschaft in Nordamerika, mit der Boston Tea Party begann die Geburt der amerikanischen Unabhängigkeit. Boston-Besucher finden im Hafen die Erinnerungstafel:

Hier war einst der Platz von Griffin's Kai
wo am 16. Dezember 1773 drei britische Schiffe mit Teeladungen
festgemacht lagen. Um König Georgs triviale, aber tyrannische
Steuer von Threepence auf ein Pfund abzuschaffen, kamen
etwa neunzig, zum Teil als Indianer verkleidete Bürger
von Boston an Bord der Schiffe, warfen die Ladungen,
insgesamt 342 Kisten, ins Meer und ließen die Welt widerhallen
von der patriotischen Tat der
Boston Tea Party.

Im britischen ›Mutterland‹ brachte erst William Pitt d. J. elf Jahre später den Teetrinkern Steuerentlastung. Die auf 119 Prozent angestiegenen Abgaben wurden drastisch gekürzt, ein Ausfall von rund 600 000 britischen Pfund aus der Teesteuer in Kauf genommen. Das seit Jahrzehnten florierende Gewerbe des Teeschmuggels vermochte zwar kurzfristig den Endverkaufspreis nach oben zu manipulieren, mußte aber klein beigeben. Schon im folgenden Jahre wurden statt fünf Millionen Pfund versteuertem Tee dreizehn Millionen umgesetzt. Im komplizierten, risikoträchtigen Gegenspiel von legalen und illegalen Importeuren war dennoch die letzte Runde noch längst nicht eingeläutet. William Pitt selbst griff wieder an die Teesteuerschraube, als die britische Kriegskasse im Kampf gegen Napoleon schmolz. Winston Churchill tat es ihm nach: 1929 schaffte er die Teesteuer ganz ab, schon zwei Jahre später führte er sie wieder ein. Bis 1964 nahm der britische Staat das Recht in Anspruch, bei jeder Tasse Tee seiner Bürger einen Steuerschluck mitzugenießen.

Trotz allem: während die unabhängig gewordenen Nordamerikaner keinen Penny Teesteuer mehr zu zahlen brauchten und zu einem Volk der Kaffeetrinker wurden (ohne dem Tee im Ernst so total abzuschwören, wie es die Reden und Resolutionen der Revolutionäre gelobt hatten), zahlten die Briten Steuern, ließen sich aber nicht hindern, unentwegt mehr und mehr Tee zu konsumieren.

Die Britisch-Ostindische Kompanie schien das von ihr zumindest mitverschuldete Debakel der Boston Tea Party und alle Schmugglerkonkurrenz schadlos zu überdauern. Zwei Jahre vor ihrem 200. Geburtstag, 1798, verzeichnete ihr Auktionskatalog das Tee-Angebot der Saison auf nicht weniger als 635 Seiten. Dennoch begann ihre Uhr abzulaufen. Im neuen Jahrhundert hieß die Parole Freihandel, und nach zahllosen Debatten, Ausschußsitzungen, und Gutachterberichten gewann die Partei der Freihändler mit ihren »abwegigen, nur vermeintlich richtigen, in Wahrheit aber riskanten Wirtschaftstheorien« (so die angegriffene *John Company)* das Übergewicht. Das alte Monopol fiel, als 1833 das Parlament der Ostindischen Kompanie die Bestätigung versagte. Eine Ära ging zu Ende, eine neue begann – und der britische Teehandel blühte noch kräftiger auf.

Ein Name voll Teeduft: Mincing Lane

Seitdem erst wurde *Mincing Lane* ein Name voll Teeduft: nach zwei provisorischen Auktionslokalen fanden dort die Händler in den

»London Commercial Salesrooms« den Platz für den ersten Verkauf am 20. November 1834. Unzählige Auktionen sollten in der gleichen Straße folgen – nicht weit von Leadenhall Street. Bis dahin hatte man in Mincing Lane zumeist mit Wein und Zucker gehandelt. Der einzige dort schon ansässige Teehändler war, eine Ironie der Teegeschichte, ein Fabrikant von Kräutertees.

Mit dem Ende des Chinamonopols, mit dem Ende des Kanton-Systems (vgl. Seite 29) und schließlich mit der Abschaffung der Navigationsakte im Jahre 1849 änderte sich noch weit mehr. Tee kam bald aus mehr Anbaugebieten als bis dahin, kam unter mehr Handelsflaggen und kam nun auch schneller nach Europa.

Auch das ist eine Merkwürdigkeit der Teegeschichte: Sehr lange hatte man kaum danach gefragt, wie die neue Tee-Ernte rascher transportiert werden könnte. Oder man hatte sich mit der Situation abgefunden, wie sie ein China-Experte um 1850 beschreibt: »Es wäre unsinnig zu behaupten, daß die lange Seereise, bei der zweimal der Äquator gekreuzt wird und das Wasser, in dem das Schiff schwimmt, oft vierzig, ja fünfzig Grad warm ist, keinen schädlichen Einfluß auf

Teehandel ging auch nicht nur in den ehrwürdigen Auktionslokalen der Londoner City über die Bühne, sondern Teemakler zogen ihre Muster bereits an Bord der Teeklipper. Um 1877, als diese Illustration entstand, transportierten bereits Dampfschiffe die Teefracht durch den Suez-Kanal statt rund um Afrika.

Highlife im britischen Darjeeling. Teepflanzeralltag sah allerdings anders aus . . .

die Teeladung hat. Bei absoluter Abwesenheit aller Feuchtigkeit schadet Hitze dem Teearoma wenig oder gar nicht, aber das gehört nicht zu den Bedingungen an Bord eines Schiffes.« Ein Schiffshistoriker des 20. Jahrhunderts, David R. McGregor, hat herausgefunden, daß nicht erst die legendären *Klipper* die neue Teeformel »Zeitgewinn für Qualität« ruhm- und rekordreich in die Tat umsetzten: »Vorher waren Sicherheit und Bequemlichkeit der Reise das wichtigste für die wertvollen Schiffe gewesen. Indem die Schiffe schärfer gesegelt und die Segel über Nacht nicht eingeholt wurden, konnte die Reise um einen Monat oder mehr verkürzt werden. Tatsächlich hatten sich noch nicht die Schiffe verändert, wohl aber die Motivation.«

Dann änderten sich auch die Schiffe. Schnelle Schoner, mit scharfem Bug statt gerundetem, mit schrägem Heck und geneigten Masten wurden schon im englisch-amerikanischen Krieg von 1812–14 – man kämpfte diesmal um Kanada – von den Amerikanern eingesetzt. Nach dem Krieg waren diese Klipper mit ihrem vergleichsweise schmalen Laderaum gerade gut für das böse, aber einträgliche

Geschäft mit Sklaven – und mit Opium. Größere Schiffe in Klipperbauweise folgten, mit drei, vier oder noch mehr rahgetakelten Masten. Zuerst in Aberdeen, dann auch auf den Werften an der Themse begannen sich britische Schiffbaumeister umzustellen. Sie wurden hellwach, als 1850 der amerikanische Klipper »Oriental« seine Teeladung schneller als der schnellste britische Segler der Saison nach London gebracht hatte.

Wieder waren es übrigens Steuer- und Versicherungsmargen, die den Klipperbau bremsten oder vorantrieben. Zum Beispiel mit dem Baumaterial: das klassische Material war das knappe und teure Eichenholz. Schiffe aus dem billigeren und leichten Lärchenholz lebten kürzer, zumal unter der Belastung höherer Reisegeschwindigkeit. Bei Lloyd's wurde ein Eichenschiff in die Kategorie 12 A I gesetzt, ein Lärchenschiff in die Kategorie 8 A I. Beide standen damit in der obersten Qualitätsklasse, aber das eine mit zwölfjähriger, das andere mit nur achtjähriger Lebenserwartung, und also mit höheren Versicherungsprämien.

Neu waren die eisernen Schiffe. Die standen zwar in der gleichen Qualitätskategorie A I, aber auch im Ruf, in tropischen Meeren von überdurchschnittlich starkem Bewuchs mit Muscheln, Tang und Algen befallen zu werden. Das kostete Liegezeiten im Dock, und teuer war auch das Gegenmittel, den eisernen Rumpf in eine Haut aus Kupfer zu kleiden. Der Wunsch und die Forderung, schnelle und stabile Segelschiffe zu bauen, brachte die Konstrukteure schließlich zur *Kompositbauweise:* auf ein Eisenskelett wurden hölzerne Planken gelegt. Das ersparte Gewicht und gab Stabilität, mehr Laderaum und mehr Geschwindigkeit.

Wundervolle Schiffe entstanden so, »groß wie eine Kathedrale und so schön wie eine in Stufen aufsteigende Wolke« (S. E. Morison). Ihre Namen hießen »Spirit of the Age«, »Vision«, »Fiery Cross« und »Robin Hood«, »Spirit of the Ocean«, »Lightning« und »Ariel«. Viele hatten nur ein kurzes Leben, schlugen an Untiefen leck, strandeten, scheiterten. Wie ein Traum stehen in der Erinnerung der Seefahrt diese Schiffe: Pyramiden aus Segeltuch, die durch viele tropische Nächte ziehen, in einer Stille, in der das leise Plätschern des Salzwassers am Vordersteven zu hören ist, unter gleichmäßigen Monsunen und Passatwinden, – oder in Sturmtagen, Sturmnächten über die gischtende See getrieben werden. Alle trugen sie Tee.

Wie schnell kam der Tee nach London? Seit den fünfziger Jahren starteten die Klipper meist von Fochoow, das näher an den wichtigsten Teeanbaugebieten liegt als Kanton. Der ›First Flush‹ konnte dort schon in den letzten Mai- oder in den ersten Junitagen an Bord sein. Der Mannschaft stand eine Knochenarbeit bevor: Was Wind und Segel hergaben, mußte für das Rennen über den Ozean genutzt werden. Wenn alles gut ging, war man im Oktober in London – ein Jahr früher als die behäbigeren Schiffe der *John Company.*

Das große Teerennen: wie »Ariel« den Sieg verlor

Mai 1866, an der *Pagoda Anchorage,* dem alten Pagoden-Ankerplatz, bereiten sich elf britische Segler auf die große Fahrt vor, die unter allen Teewettrennen das berühmteste werden sollte. In alten Aufzeichnungen und Schiffspapieren sind die Daten aufzufinden, die das Rennen von 1866 rekonstruieren lassen. Unter den elf Klippern sind die »Ariel«, 852 Tonnen, mit einer Ladung von 1 230 900 Pfund Tee, geführt von Kapitän Keay, und die »Taeping«, 767 Tonnen, mit 1 108 709 Pfund Tee, geführt von Kapitän McKinnon. Die Besatzung zählt jeweils rund 30 Mann, und die Schiffe sind bis zum letzten Stauraum mit Teekisten geladen, selbst in den Kapitänskajüten werden sie gestapelt.

Am 28. Mai 1866 legen die ersten Segler in Fochoow ab; »Ariel« hat einen schlechten Start und muß ankern, wegen der fallenden Flut. Das kostet einen Tag. Bis zur Julimitte wird der verlorene Tag fast aufgeholt, am 15. Juli liegt »Ariel« nur zwei oder drei Stunden hinter »Fiery Cross«, als die Schiffe das Kap der Guten Hoffnung umrunden. Auf mehreren haben Stürme im Indischen Ozean Schäden in Takelage hinterlassen, auf fast allen sind gebrochene Rahen auszubessern und zu ersetzen. Denn die Segel werden so lange stehen gelassen wie nur möglich und irgend zu verantworten. Jetzt liegt die »Taeping« zurück, mit zwei anderen, aber im Atlantik nähern sich die Schiffe wieder einander, ohne es voneinander zu wissen. Um die Augustmitte nehmen »Ariel« und »Taeping« die Führung.

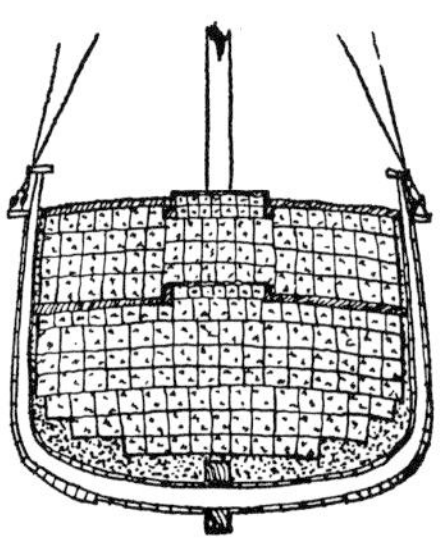

Teekisten, kunstgerecht in einem Klipper verstaut

Am 5. September, anderthalb Stunden nach Mitternacht blinken der »Ariel« die Leuchtfeuer von Bishop und St. Agnes an Englands Südwestspitze entgegen. Im Logbuch steht: »Seit Tagesanbruch steuerbords ein Schiff in Sicht, wahrscheinlich die ›Taeping‹.« Bei starkem Wind im Ärmelkanal gewinnt »Ariel« eine Stunde Vorsprung. Von jeder Landspitze werden die Segler beobachtet, ihre Positionen übers nächste Postamt nach London gemeldet.

Am 6. September muß die Entscheidung fallen. Um 5 Uhr in der Frühe notiert Kapitän Keay: »Sah die ›Taeping‹ unter Segeln und auch Signal geben; blieb am Wind, damit sie nicht östlich vorbeilief und den Lotsen zuerst bekam; als sie unser Manöver sahen, drehten sie bei, und wir taten es auch.« Eine knappe Dreiviertelstunde später manövriert die »Ariel« noch, um näher an den Lotsenkutter heranzukommen und wird »als erstes Schiff aus China in dieser Saison begrüßt«. Aber Keay hat mit seiner Mannschaft noch nicht gewonnen: »Ja, und was ist das im Westen?« erwidert er die Begrüßung, »wir können uns jetzt noch nicht dicke tun. Gott sei Dank sind wir als die ersten durch den Kanal und haben eine Stunde vor denen für den Lotsen beigedreht.« (So steht's im Logbuch, obwohl nach der voranstehenden Eintragung beide Schiffe fast gleichzeitig beidrehten).

Gewonnen hat, wer die ersten Teekisten auf das Kai des Londoner Hafens geworfen hat. Für den Besitzer des siegenden Schiffes gibt es zehn Schilling Aufgeld pro Tonne. Die Kapitäne wissen aber nicht, daß sich die Besitzer von »Ariel« und »Taeping« bereits geeinigt haben, die Prämie zu teilen. Mit aller Segelkunst schafft es Keay mit seinem Lotsen, die Zufahrt zum India Dock und die Tore zum Hafenbecken abends um 10 Uhr zu erreichen. Die »Taeping« hat den besseren Schlepper, war zeitweise in Führung gegangen.

Jetzt verliert »Ariel« den Sieg, der ihr fast sicher schien: Der Wasserstand ist noch zu niedrig, aber die »Taeping« liegt weniger tief im Wasser, kann darum als erste ins Schleusenbecken, das läßt man

Von diesem Schiff blieb mehr als die Zeichnung: die »Cutty Sark«, Symbol der Klipperherrlichkeit, ist noch heute in Greenwich zu besichtigen.

vom Hafenbecken her vollaufen, öffnet dann das Innentor und »so kam sie 20 Minuten früher als wir hinein – auch wenn in den Papieren eine halbe Stunde steht (um der Genauigkeit willen)«, schreibt Keay in sein Logbuch.

Seemännisch geurteilt, hatte die »Ariel« das Rennen gemacht, »wenn man die Hilfe der Dampfkraft nicht rechnet« – denn nur die stärkere Maschine des Schleppers, der die »Taeping« an die Trosse genommen hatte, gab ihr den letzten Vorsprung. Alle, die etwas von Seefahrt verstanden, sahen das Rennen in dem Augenblick entschieden, in dem das führende Schiff den Lotsen übernahm.

Der Todesstoß für die Teeklipper

Ein paar Jahre später schon ging die Klipper-Herrlichkeit zu Ende. Der letzte Spatenstich für den Suez-Kanal wurde zum Todesstoß für die schlanken, schnellen Teeklipper. Denn der Suez-Kanal verkürzte nicht nur den Seeweg nach Fernost um Tausende von Kilometern (nach Ceylon beispielsweise um über 7 000 Kilometer). An der Route durch das Mittelmeer und das Rote Meer gab es auch viel mehr Kohle-Bunkerstationen, und die Frachtraten der Dampfschiffe brachten jetzt doppelt soviel ein wie die der Segler. Allein 1871 wurden auf Londons Werften fast ein halbes Hundert Dampfschiffe gebaut. Wer noch Segelschiffe baute, legte jetzt Vier-, Fünf-, ja Sechs- und Siebenmaster mit gewaltigen Stahlrümpfen auf Kiel, nicht mehr Klipper. Noch in den dreißiger Jahren unseres Jahrhunderts fuhren

»Ariel« und »Taeping«: »Wurden als erste Schiffe aus China in dieser Saison begrüßt« – so steht's lakonisch im Logbuch der »Ariel« am 6. September 1866.

Das berühmteste aller Teeklipper-Rennen gewann offiziell dennoch die »Taeping«, weil sie mit Schlepperhilfe und niedrigerem Tiefgang in den Londoner Hafen als erste einlief.

Man gehörte zur guten Gesellschaft, man promenierte auf der Terrasse des Unterhauses, man genoß seinen Nachmittagstee – London vor hundert Jahren.

solche Schiffe über die Ozeane, beförderten mit Windkraft chilenischen Salpeter und australisches Getreide.

Aus der Zeit der Teeklipper blieb als handgreifliches Zeugnis die »Cutty Sark«: der letzte Klipper, der in Europa noch erhalten ist, dank einem britischen Kapitän, der das mehrfach verkaufte, im Sturm beschädigte, dann umgebaute und zweimal umgetaufte Schiff 1922 für 3 750 Pfund erwarb. Die »Cutty Sark«, 1869, im Jahr des Suez-Kanals, vom Stapel gelaufen, ist für jeden Londonbesucher ein lohnendes Ziel: vorzüglich restauriert, aber nicht überrestauriert liegt sie in Greenwich am Längengrad Null, nach so vielen Reisen zur Ruhe gekommen. Wer Segelschiffe liebt, sollte dieses britische Nationaldenkmal der Seefahrt und des Teehandels sehen – auch wenn er es nicht unter Segeln bewundern kann.

Bei aller Salzwasserromantik und Segelschiffnostalgie nicht zu vergessen: Tee hat den Weg nach Europa auch über Land gefunden. Bereits um die Mitte des 17. Jahrhunderts, als zuerst die Holländer mit Teefracht ums Kap der Guten Hoffnung segelten, kamen auf dem Landweg die ersten Teepakete nach Rußland. 200 sollen es gewesen sein, die dem russischen Gesandten Wassili Storkow als Gastgeschenk in der Mongolei übergeben wurden, und ernste Bedenken soll er gezeigt haben, das ›Gras‹ seinem Zaren in Moskau zu übermitteln. *Tschaj* wurde jedoch im Kreml beliebt, und bald zogen lange Teekarawanen durch die Steppen Asiens nach Rußland. Teekarawanen brachten ›Karawanentee‹, und der wurde zum Qualitätsbegriff, auch in Mitteleuropa. Es hatte sich herumgesprochen, daß lange Schiffsreisen auch gute Teesorten im Aroma mindern können. Der Samowar wurde Rußlands Teegerät, Tee in Rußland heimisch wie auf den britischen Inseln.

Kontinentalsperre, Karawanentee und ostfriesische Kluntjes

Eine Merkwürdigkeit mehr in der Teegeschichte brachten die Franzosen 1806 zustande: Die von Napoleon gegen die Briten verhängte Handelsblockade, die ›Kontinentalsperre‹, schloß Mitteleuropa von Überseeimporten rundum ab, gewann aber dem zu Lande aus Fernost eingeführten Karawanentee zahllose neue Freunde, auch in Deutschland. In den Salons der preußischen Hauptstadt Berlin, und nicht nur dort, wurde Teetrinken zur lieben Gewohnheit. Gegenüber dem Kaffee hatte Tee auch noch den Vorzug, daß er nicht oder zumindest weniger oft verfälscht wurde. Noch lange nach den Biedermeierzeiten bezeugt Theodor Fontane das: Voller Mißtrauen gegenüber Kaffee-Surrogaten aus Zichorie und Eicheln, gebrannter Gerste und Kastanien hielt er sich auf seinen Reisen an Getränke, die »man sich ohne allzu große Gefahr immer geben lassen darf, eine Tasse Tee, einen Kognak und natürliches Sodawasser«.

Zweifellos am besten wäre er mit Tee in den ostfriesischen und auch in den schleswig-holsteinischen Gegenden bedient worden. Der Nachbarschaft zu Holland, der Beteiligung der Nordfriesen an holländischer Schiffahrt und an holländischem Walfang, auch den Handwerkerwanderungen über die Grenzen ist zu danken, daß es wenigstens ein Gebiet in Deutschland gibt, wo man früh schon ebenso tüchtig im Teetrinken war wie in England.

Auch war schon in den dreißiger Jahren des 17. Jahrhunderts, also mitten im Dreißigjährigen Krieg, ein gewisser Adam Olearius mit einer Handelsexpedition nach Rußland und Persien gereist und berichtete in seinem Buch mit dem barock eigenwerberischen Titel »Offt begehrte Beschreibung der Newen Orientalischen Reise . . .« über die guten Eigenschaften des Tees, den er in Persien getrunken hatte: »Kopfarbeit verrichte mit Lust«, wer dieses von den Tartaren aus China nach Persien eingeführte Getränk genieße. Olearius' Werk erschien 1647 in Schleswig. Teegeschäfte gab es damals schon in den ostfriesischen Städten Norden, Aurich und Leer. Dänemarks »Asiatische Kompanie« und mehr noch die »Königlich preußisch-asiatische Handelskompanie zu Emden« versorgten die Küstenländer mit chinesischem Tee – allerdings nur für wenige Jahre.

Ostfriesische Teegemütlichkeit, mit extra kräftigem Teeaufguß, auch mit einem Schuß Rum und mit Kandiszucker (›Kluntje‹) hat mithin ihre lange Geschichte. Sie hat auch ihre eigenen Redensarten, und in Holstein gab und gibt es für Teetrinker und Teetrinken Wörter, die anderswo in Deutschland kein Mensch versteht. Oder wer weiß, was ein ›Bankrutskeetel‹ ist? Zumindest früher nannte man gelegentlich so den Teekessel – weil manche Leute bis zum Bankrott und Ruin ihren Tee tranken. ›Teekrögen‹ bedeutet ›viel und nichts als Tee trinken‹, und es galt, weil offenbar bei Frauen besonders beliebt, als »eine der Schwachheiten der Holsteinerinnen«. Nicht nur in Ostfriesland, sondern weithin in Norddeutschland heißt der Wasserkessel nicht Wasserkessel, sondern selbstverständlich Teekessel. Auch wenn darin Kaffeewasser zum Brodeln kommt.

Tee ist mehr als Tee: Die Lebenskunst des Teetrinkens

Von innerer Konzentration und von der japanischen Teezeremonie, von Teemeistern und Teeweisen, von schönem Teegerät des Fernen Ostens und von den Teesalons des Westens – sowie von berühmten Teetrinkern.

Er hat Tee in sich.
Japanisch, über einen, der es weit gebracht hat in Kenntnis und Einsicht.

Konzentration auf das Wesentliche, Erkenntnis des Wesentlichen, gemeinsame Wahrnehmung des Wesentlichen – diese Dreiheit war und ist in der japanischen Teekultur gegenwärtig. Das heißt auch: Fähigkeit zur inneren Sammlung, damit zur geistigen Durchdringung und zu eindringlichem Gespräch. Je mehr sich Daseinshast, die Zerstreuung von Interessen und Aktivitäten, die Flüchtigkeit der Begegnungen und Wahrnehmungen ausbreiten, desto wichtiger werden wieder die östlichen Tee-Überlieferungen.

Wie findet der Teetrinker zur inneren Sammlung?

Dabei lohnt es, sich mit den Gegenständen und Gestaltungen zu beschäftigen, die in Japan (und auch in China) als ein eigenes Ambiente des Tees entstanden. Wer ein wenig ratlos fragen mag, wie Teetrinken zur inneren Konzentration führen mag, was das für eine geistige Sammlung sei, die der Teetrinker gewinne, findet Antworten in der Architektur und in der Kunst des Blumensteckens (Ikebana), in der Kalligraphie, der Schreibkunst, und der Tuschmalerei, vor allem in der Teekeramik. Sie alle gehören zum Teeraum und zum Tee-Weg.

Zwischen den Antworten und dem Verstehen liegt das Mißverständnis im Hinterhalt. Im Irrtum ist, wer beispielsweise Einfachheit für Anspruchslosigkeit hält, im Irrtum aber auch, wer das Eigentliche der japanischen Teezeremonie in einem unveränderlichen Ritual zu finden meint. Auch wenn dies bei erstem Zusehen ungeheuer wichtig genommen wird, von allen Beteiligten.

Chanoyu heißt wörtlich nichts anderes als ›heißes Wasser für Tee‹ oder heißes Teewasser. Es ist zugleich der Name für das, was in Europa und Amerika japanische Teezeremonie genannt wird.

Das Erstaunliche: dieses *chanoyu* ist seit dem 15. und 16. Jahrhundert, als die ersten großen Teemeister Japans den *cha-dô,* den Tee-Weg, als Kunstübung und Lebenskunst lehrten, über alle unvermeidlichen Verkrustungen und Entstellungen hinweg lebendig geblieben. Heute lehren weit mehr als hundert Teeschulen in Japan die Teezeremonie, einige auch in den USA und Europa. Das japanische Teehaus in Münchens Englischem Garten, das dem Freistaat Bayern anläßlich der Olympischen Spiele 1972 geschenkt wurde, ist einer dieser Plätze, an denen man in die Teezeremonie eingeführt werden kann (zumindest zeitweilig). Es trägt den Namen der *Urasenke,* einer der angesehensten Teeschulen in Kyôto.

Solches Ansehen zahlt sich übrigens auch materiell aus: jüngst ging die alljährlich von den japanischen Finanzämtern veröffentlichte »Liste der Reichen« wieder einmal durch die Presse, und der Teemeister Soshitsu Sen von der Urasenke-Schule stand mit rund 4,15 Millionen Mark Jahreseinkommen in der goldenen Spitze der hundert Meistverdienenden. Woraus zu sehen ist: Tee ist mehr als Tee, und ein Teemeister kann mehr als Tee schlagen und Wasser zum Kochen bringen.

»Ein Fenster, das tief in die Seele Japans blicken läßt«, hat Edwin O. Reischauer, der amerikanische Gelehrte, Diplomat und Japankenner, die Teezeremonie genannt. Aber er hat hinzugefügt: »Unglücklicherweise ist es ein Fenster, das sich nicht leicht öffnet.« Sicherlich hat er dabei nicht nur an die Schwierigkeiten gedacht, von denen westliche *chanoyu*-Neulinge sich schon in den ersten Minuten der echt japanischen Teerunde gestört, dann schmerzhaft betroffen fühlen. Wenn man mit Stühlen aufgewachsen ist und plötzlich mit gestreckten Füßen, die Fußsohlen nach oben, auf Fersen und Knien Platz nehmen soll, spürt man sehr bald ein höllisches Zerren und Ziehen in Muskeln, von denen man sonst kaum weiß, daß man sie hat. Ein wenig Training tut schon not und wirkt da Wunder.

Hirokuni, Japanische Schauspielerportraits (1847)

Begreifen heißt mehr. Begriffen will sein: Japan, dieses Land einer furiosen industriellen Expansion, dieses Land, das immer einen Spitzenplatz nach dem andern in der internationalen Statistik von Warenproduktion und Warenexport besetzt, unter einer gleichfalls beispiellosen inneren Anspannung – Japan ist auch noch immer das Land der Stille, der Meditation und der Teetradition. In Tokyo traf ich einen Freund wieder, den Sohn eines buddhistischen Priesters. Er selbst ist nicht Priester geworden, statt im Tempel hat er seinen Platz in einem hochspezialisierten physikalischen Labor und am Katheder des Universitätshörsaals. Aber so oft wie möglich geht er mit seinem Sohn in das kleine Holzhaus am Meer, wo er keines der – überschlägig – dreizehn täglichen Televisionsprogramme, wohl aber seinen Teekessel hat.

Chanoyu, die Teezeremonie, kann in jeder Wohnung, kann auch im Hochhaus gehalten werden. ›Richtig‹ ist in ihrem Geist die unmittelbare Nähe der Natur, das Zusammenstimmen von Handlung und Umgebung, bis hin zu den Materialien und Proportionen von Teeraum und Teegerät.

Darum wünscht man sich ebenerdige Räume, die sich mit den frei verschiebbaren Wänden zum Garten hin öffnen. Nicht die Vertikale, der tragende Pfosten, sondern das Dach ist das beherrschende Element. Aus Bambus und Reispapier und Stroh, organischen Materialien, wird das Teehaus gebaut, ohne den Anspruch des Steins auf unvergängliche Dauerhaftigkeit. Das Holz behält seine natürliche Farbe, es wird aufs feinste geglättet, aber vielleicht läßt man einem Pfosten auch seine Rinde und seine natürliche Krümmung: ein Stück Natur.

Auf der folgenden Doppelseite: Tee japanisch – das ist die Teezeremonie mit bald tausendjähriger Tradition, das ist aber auch der Teebecher an der nächsten Straßenecke. Ando Hiroshige zeichnete die Szenen in der berühmten Folge »Die 53 Stationen des Tokaido«

東海道
五拾三次之内
袋井
出茶屋図

Zahllos zeigen japanische Holzschnitte, wie Tee zu jeder Lebenslage gehört – auch zu den delikateren Situationen.

Sukiya heißt der Teeraum, mit dem ursprünglichen Schriftzeichen soviel wie »Stätte der Phantasie«. Spätere Teemeister haben andere Zeichen dafür benutzt, und dann bedeutet *sukiya* etwa »Stätte der Leere« und auch »Stätte des Asymmetrischen«. Denn verpönt sind die beliebig auswechselbaren Wiederholungen der Konstruktivisten, die der Natur um einer allzu oft nur vorgeblichen Funktion willen Gewalt antun.

Das architektonische Grundmaß des Teeraums, sein Modul, ist sehr menschlich: die *tatami,* die Reisstrohmatte. Es ist auch das einzige ständige Inventar der »Stätte der Leere«. Die »kleinste japanische Lebenseinheit« und »als Sitz- und Schlafbereich der kleinstmögliche kultivierte Lebensbereich überhaupt« (Werner Blaser) ist etwa 180 mal 90 Zentimeter groß und etwa vier bis zwölf Zentimeter dick. Wer nicht sehr weiche Betten gewöhnt ist, schläft gut auf den *tatami;* in Japan gewöhnte man sich schon im 14./15. Jahrhundert daran, die Wohnräume ganz mit diesen Matten auszulegen, und seit damals mißt man auch die Größe der Räume nach der Mattenzahl.

Der Geist von chanoyu: Freude an der Harmonie von Himmel und Erde

Sätze, die vor etwa vierhundert Jahren geschrieben wurden: »Man errichte einen kleinen Raum unter Bäumen, lege Wasserläufe an und Felsen, pflanze Gräser und Bäume. . . . Und indem wir all dies, Flüsse und Berge, die Natur der Wasserläufe und Felsen in diesen einen Raum hineinverpflanzen, erfreuen wir uns an den Landschaften der Jahreszeiten, des Schnees, des Mondes und der Blumen, erleben die Zeiten des Blühens und Welkens an den Gräsern und Bäumen und lassen, unsere Gäste begrüßend, Ehrfurcht walten . . . Die Freude an dem Geist der Harmonie von Himmel und Erde, das ist der Weg des *chanoyu«* – so ist in den »Teeraum-Notizen des Ehrwürden Takuan« (Takuan Shûhô, 1573–1645) das Tee-Ideal vom Einswerden mit Natur und Kosmos beschrieben.

Japanische Teezeremonie mitten in München: bis ins Kleinste allem Ritual gemäß und doch ganz gelassen, mit einem Lächeln hebt der Teemeister die Schale.

Von dem deutschen Japanologen Horst Hammitzsch, der auch diesen Text von Shûhô übersetzt hat, gibt es in seinem Buch »Cha-dô/ Der Tee-Weg« eine Schilderung der Teezeremonie, aus der dieses Zusammenstimmen von Teegesellschaft und Natur spürbar wird, diese Empfindung, aus aller eigenen Enge herauszutreten. Der Ort ist Nagoya, östlich von Kyôto, der Gastgeber ein namhafter Teemei-

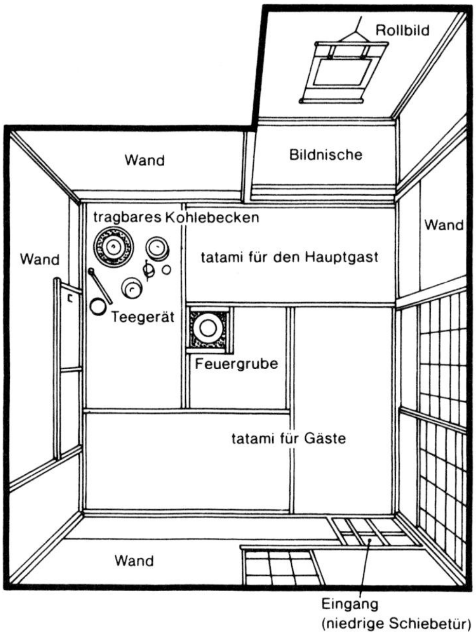

Zurück zum Einfachen – das praktizierten lange vor Rousseau schon japanische Teemeister. Sie brauchten keine Prunkhallen, ihnen genügte und genügt als klassischer Teeraum, was die Skizze links zeigt: eine leichte Architektur, lebendig in sich selbst, weil sie niemals streng symmetrisch ist. Der wahre Meister läßt Innen und Außen, Natur und Geist zusammenstimmen und meistert auch noch die Kunst der Gegensätze: »Man ruft im Sommer ein Gefühl von Kühle hervor, im Winter warme Geborgenheit. Man verbrennt Kohle und sieht das Wasser kochen, man macht Tee und sieht, daß er gut schmeckt. Es gibt kein anderes Geheimnis.«
Am üblichsten wurde der viereinhalb-Matten-Teeraum, rund neun Quadratmeter groß, mit einer Nische (tokonoma) für das Rollbild und Blumen und mit einem Platz für das Holzkohlenbecken, wo ein Stück tatami ausgespart bleibt. Auch größere Räume gibt es, bis zu sechs Matten, und sehr kleine, mit nur anderthalb oder zwei.

ster, die Jahreszeit Herbst: »Das gelbe Laub der Ginko-Bäume, die den Garten gegen die Hügelkette abschließen, strahlt noch die Wärme des sich neigenden Tages wieder.«

Der Gast betritt den Garten durch eine aus Bambus geflochtene Pforte, er folgt dem Pfad zu dem schindelgedeckten Wartehäuschen, wo sich die Gäste versammeln. Sie sitzen auf einer einfachen Wartebank, blicken in das Grün einer »bezaubernden Landschaft« aus Steingruppen, Moos, einem schmalen Wasserlauf, einer kleinen Holzbrücke. Es wird kaum gesprochen, der verschwiegene Warteplatz »läßt die Alltagswelt . . . in unseren Herzen verdämmern.«

Stumm auch die Begrüßung durch den Gastgeber, gegenseitige Verbeugung – nach einem Augenblick der Stille folgt der Hauptgast dem Gastgeber über die Trittsteine des gewundenen Pades zum *chashitsu,* dem Teeraum. In kleinen Abständen folgen auch die anderen Gäste, schöpfen an einem Steinbecken mit einem Bambusschöpfer frisches Quellwasser, spülen sich den Mund, lassen das Wasser über die Hände rinnen.

Unter dem tief herabgezogenen Strohdach, durch eine niedere, mit Reispapier von makellosem Weiß bespannte Schiebetür schlüpft der Gast gebückt in den Teeraum. Vor der Bildnische läßt er sich auf die Knie nieder, verbeugt sich tief, betrachtet dann die in der Nische stehenden Blumen, einen Zweig roter Beeren vor herbstlich gefärbtem Laub, an dem noch Wasserperlen wie Tautropfen hängen. Die Blumen sind der einzige Schmuck des Raumes, in dessen Mitte die Feuergrube zwischen den *tatami* glüht, ein eiserner Kessel steht über Holzkohlen, die halb von einem sauber zusammengebürsteten Aschekegel abgedeckt sind.

Als alle fünf Gäste an den Schiebewänden Platz genommen haben und sich leise unterhalten, erscheint der Gastgeber wieder, bringt Teegerät, zeigt dem Hauptgast, der darum bittet, das Weihrauchgefäß. Es wird auf ein kleines braunseidenes Tuch, das *fukusa,* gestellt, auch die anderen Gäste betrachten es. Dann kündigt der Gastgeber das *kaiseki,* das Teemahl an, aus dem *mizuya,* dem Vorbereitungsraum, trägt er für jeden ein Tablett mit ausgewählten Speisen herbei, dazu *sake,* Reiswein, und zum Schluß Süßigkeiten. Nun zieht sich der Gastgeber zurück, abermalige Verneigung vor der Bildnische, Rückkehr zum Wartehäuslein, wo ein Gespräch beginnt, eine Zigarette oder eine kleine Pfeife angezündet wird.

Teekunst ist eine Lebenskunst der kleinen Räume: Wie wenig Gartengelände, wie niedrig das Haus!

Schon »klingen Gongschläge vom Teeraum herüber – eindringlich, langanhaltend, fünf an der Zahl. Unser Gespräch verstummt beim ersten Schlag und macht einer stillen Feierlichkeit Platz.« Wieder folgen sie dem Hauptgast, in der einfallenden Dämmerung leuchten kleine Bambuslaternen am Gartenpfad, am Wasserbecken wird die Reinigungszeremonie wiederholt. Im Teeraum »haben die Blumen einem Hängebild Raum gegeben. Es stellt einen Besen aus Bambusreisern dar und ist eine einfache Schwarzweißzeichnung. Über dem Feuer der Feuergrube summt das Wasser im Kessel leise. Auf den *tatami* stehen am vorgeschriebenen Platz ein *mizusashi,* ein Gefäß für das Wasser, und die *cha'ire,* eine Teebüchse.

Teezeremonie. Japanische Darstellung. 17. Jahrhundert

Nachdem alle Gäste anwesend sind, erscheint der Teemeister. Er trägt mit beiden Händen die Teeschale. In der Teeschale liegt der *chasen,* der Teeschläger, ein aus Bambus gearbeiteter Pinsel, und das *chakin,* ein weißes, schmales Leinentuch. Quer über der Teeschale liegt der Teelöffel, *chashaku.* Beim zweiten Hinausgehen bringt der Gastgeber einen Wasserbehälter für gebrauchtes Wasser, *koboshi,* die Wasserschöpfkelle, *hishaku,* und die Deckelstütze, *futa'oki,* für den heißen Deckel des Wasserkessels.

Der Meister setzt sich in der vorgeschriebenen Haltung nieder, und die eigentliche Zeremonie beginnt. In einer genau festgelegten Folge von Handgriffen und Bewegungen werden die einzelnen Geschehnisse in ihrer Aufeinanderfolge ausgeführt. Das Falten des Teetuches, das Halten des Wasserschöpfers, das Ausspülen der Teeschale mit heißem Wasser, das Öffnen der Teebüchse, das Abklopfen des Teelöffels, die Bewegungen des Teeschlagens – traditionell ist all dies festgelegt.

Während sich der Gastgeber der ersten Zubereitung zuwendet, nimmt der erste Gast von den angebotenen süßen Kuchen und reicht den Kuchenbehälter in vorgeschriebener Form an den nächsten Gast weiter. Dann stellt der Gastgeber die Schale mit dem geschlagenen, dicken grünen Tee vor dem Gast nieder. Es folgen gegenseitige Verneigungen, und auch eine solche des ersten Gastes gegen den neben

Japanische Teezeremonie, in München im Teehaus im Englischen Garten fotografiert.

oben links: Der Blick aus dem Teehaus, rotes Blatt-
: vor dem Haus, der Teemeister gibt Teepulver in die
Schale, der Blick auf das Teehaus . . .
nd unten von links nach rechts: Ein Stein im Garten,
Tee wird mit dem Bambusbesen geschlagen, ein Aus-
itt aus der Szene oben, der Teemeister vor dem Tee-
t (im Vordergrund ein Wasserschöpfer aus Bambus).

ihm sitzenden nächsten, gleichsam Entschuldigung erbittend, daß er vor ihm trinkt. Erst dann nimmt er die Teeschale, stellt sie auf die Fläche der linken Hand und stützt sie mit der rechten. Er nimmt einen Schluck, einen zweiten und einen dritten, jedesmal die Schale leicht schwenkend. Mit einem dünnen weißen Papier fährt er dann reinigend über die Stelle des Randes, von der er getrunken hat, und gibt die Schale dem nächsten Gast weiter...

»Man spricht von Malern, Dichtern, Teemeistern, fern von Alltagsdingen . . .«

Jedwedes Gespräch im Teeraum verläuft fern von den Alltagsdingen. Man spricht von Malern, Dichtern, Teemeistern und ihren Werken, vom Geschmack und der Anschauung verschiedener Zeiten, von auserlesenem Teegerät. Ist die Zeremonie beendet, so bittet der erste Gast, das Teegerät besichtigen zu dürfen. Und nun beginnt eine ins einzelne gehende Besichtigung der Teeschale, der Teebüchse und des Teelöffels. Frage und Antwort geht zwischen Gästen und Gastgeber hin und her. Wir erkundigen uns nach der Herkunft und Geschichte des Teegeräts, nach dem Namen des Künstlers, der es schuf, denn ein jedes gute Stück hat seine ureigene Geschichte. Die heute gebrauchte Teeschale ist eine einfache, elfenbeinfarbene Schale mit einer Überlaufglasur eines matten Tons. Erst als ich höre, daß sie schon seit zweihundert Jahren in der Familie ist, daß ein Vorfahr sie von seinem Lehnsherrn für eine denkwürdige Tat geschenkt erhielt, kann ich den Wert begreifen...«

Mit seinem »Buch vom Tee« führte er zahllose Europäer zum Geist des ›Teeismus‹: Kakuzo Okakura (1862–1913)

Lesen wir auch noch das Nachwort zu dieser Beschreibung einer japanischen Tee-Einladung, damit wir besser begreifen, was *chanoyu* bedeuten kann. »Was blieb mir von dieser ersten Teezeremonie?« fragt sich Horst Hammitzsch, und ihm fällt ein Jugenderlebnis ein, eine Wanderung mit Freunden in Süddeutschland, der Besuch in einer Dorfkirche, in der sich einer der Freunde, ein Musiker von Beruf und Berufung, an die Orgel setzte: »Und plötzlich fühlte ich, wie die Musik die ganze Weite der Kirche erfüllte, wie der Raum schwand und nur noch die Flut der Töne vorhanden war.« So auch die Wirkung der Teezeremonie:«... ein Gefühl der Selbstaufgabe, ein Gefühl des Eins-Seins mit allen anderen, ein Gefühl einer eigenen Zufriedenheit mit mir selbst und der Umwelt erwuchs.«

Chanoyu ist gelebte Teekunst, ist Lebenskunst. Wesentlich ist immer, ob es dem Teemeister gelingt, eine Atmosphäre der Harmonie, des inneren Einverstehens zu schaffen. Wie dem Tänzer die Figuren des Balletts in ›Fleisch und Blut‹ übergehen, übt er die Höflichkeitsverbeugungen, den Umgang mit dem Teegerät, das Schlagen des dikken *(koicha)* und des dünnen *(usucha)* Pulvertees. Was dann hinzukommen soll, ist die Sensibilität für die Stunde, für die Erwartungen der Gäste. Natürlich ist jedes *chanoyu* ein gruppendynamischer Prozeß. Matsudaira Fumai (1751–1818), einer jener Teeweisen, die vor Regelgläubigkeit warnten, schrieb in der Tokugawa-Zeit: »...der Gastgeber ist für jeden Fehler des Gastes verantwortlich. Er sollte den Gast gemäß seiner Stimmung unterhalten. Wenn der Gastgeber sich zu eng an Formalitäten und Prinzipien hält, wird seine Bewirtung ungenügend sein und von schlechtem Geschmack zeugen.«

Alle Lebenskunst verwirklicht sich im Pendelspiel zwischen der Sicherheit überlieferter Regeln und der schönen Freiheit der spontanen

Funde und Entscheidungen. Die chinesischen und japanischen Teeweisen und Teemeister haben das, wie in einer Fülle von Legenden, Anekdoten und Sprüchen fortlebt, auf dem Tee-Weg verwirklicht. Das japanische Wort *dô* in *cha-dô,* Tee-Weg, ist das gleiche Wort wie das chinesische *tao,* Weg, Pfad, Bahn. Aus China waren im 6. Jahrhundert der Buddhismus, der Konfuzianismus und wohl auch der Tee nach Japan gekommen, auf dem Weg über Korea.

Von einem kaiserlichen Gastmahl für etwa hundert buddhistische Mönche im Jahr 729 wird berichtet, bei dem der Tennô Tee reichen ließ. Am berühmten Biwa-See soll eine erste japanische Teepflanzung angelegt worden sein. Als erster japanischer ›Vater des Tees‹ wirkte der Mönch Eisai nach der Rückkehr von einem vierjährigen Aufenthalt in China; 1191 bracht er von dort Teesamen mit, schrieb das zweibändige Teewerk »Kissayôjôki«, nannte den Tee »ein geheimes Mittel, das Leben zu verlängern«.

Eisais Schüler Eison bracht in der Tempelstadt Nara 1262 ein Teeopfer dar; in Erinnerung daran wird noch heute in Saidaiji-Tempel in Nara alljährlich im April Tee mit feierlichem Zeremoniell ausgeschenkt. Tee als Element der Religion, Tee als ein Mittelpunkt gesellschaftlichen Lebens: aus China kam die Mode der Teewettstreite nach Japan, wie bei noblen europäischen Weinproben am Rhein oder in Burgund wurden in der Zeit der blutigen Wirren der Tennô-Doppelherrschaft und der »Kämpfenden Provinzen« tagelange Teeproben gehalten. Die Gäste kosteten zwei oder drei, später aber auch Dutzende, ja angeblich hundert verschiedene Sorten, ihre Kennerschaft wurde nach Punkten gewertet und mit Preisen belohnt. Tee war das Getränk der Mönche und der großen Herren, Tee wurde in Japan bei jedermann üblich.

Aus China kam die Teekultur nach Japan. Aus der Ming-Zeit (1368–1644) stammt diese Darstellung eines Töpfers, der mit einem kleinen Messer dem Gefäß die letzte Feinheit der Form gibt, vor dem Brand im Ofen

Dies ist die historische Basis, aus der das geistige Ereignis der japanischen Teekultur wuchs. Die drei Namen, die mit diesem Wachsen verbunden sind, heißen Shukô, Yô-ô und Rikyû.

Der Zen-Priester Murata Shukô hat im späteren 15. Jahrhundert bereits die Form des *chanoyu,* wie sie bis heute tausendfach lebendig ist, vorgeprägt. In Nara hatte er als Mönch Streit mit den Priestern gehabt und sich auf eine lange Wanderschaft begeben; am Daitoku-Tempel in Kyôto wurde er zum Lehrer und Vorbild. Statt prunkvoller großer Teegesellschaften nur fünf oder sechs Personen, war seine Regel, und statt kostbarer Gemälde oder Statuen im Teepavillon nur die Handschrift eines Zen-Meisters, deren wahrer Wert erst auf den zweiten Blick offenbar wird. Kalligraphie, Blumenordnen, Tuschmalerei, Nô-Theater und Dichtung gehörten für Shukô zum Tee, und er selbst bereitete ihn für seine Gäste. Seinem Förderer, dem Shôgun Yoshimasa, verdankte er einen Viereinhalb-Matten-Teeraum, der zum Muster unzähliger künftiger Teeräume werden sollte.

Weniger ist mehr, das Leise wirkt oft tiefer als das Laute. Shukôs Lehre von Stille, Einfachheit, Selbstbesinnung hatte ihr Echo bei Jô-ô, der im Todesjahr Shukôs, 1502, geboren wurde. Sohn eines Ledergroßhändlers in Sakai (heute eine Industriestadt bei Osaka), trug Jô-ô eine berühmte Sammlung von Teegerät zusammen. Vor allem aber eignete ihm jene Haltung, die in Japan *mushin* genannt wird: die Fähigkeit, den Menschen und Ereignissen frei gegenüberzustehen, die Regeln zwar zu beherrschen, aber sie nicht aus Zwang, sondern aus aufrichtigem Herzen auszuüben. »Eine Teezeremonie, die nicht das Herz des Gastes erreicht, ist unverzeihlich«, sagte Jô-ô. An einem Wintertag stellte er weder Blume noch Bild in die Bildnische, sondern vor das große Rundfenster seines Teeraums ein Gefäß mit klarem Wasser: Schönheit im Unscheinbaren, Kontrast zur Schneelandschaft und auch Gleichnis ihrer Vergänglichkeit.

Am meisten verehrt: Rikyu, der Teemeister, der »seine Zeitgenossen in eine Strohhütte führte«

Am meisten aber verehrt Japan Sen Rikyû, den Schüler Jô-ôs. Er lebte in »einer prachtvollen Epoche der Paläste und des Goldes, und doch wollte er seine Zeitgenossen in eine Strohhütte führen«, schrieb Rand Castile über ihn. Er wurde von den beiden führenden japanischen Feudalherren, von Nobunaga und nach dessen Tod von Hideyoshi, als Berater verpflichtet, und er erkannte, daß auch in der Teezeremonie über alle sozialen Unterschiede ein Weg zur Einigung des Volkes eröffnet werden konnte, das unter immer neuen Kriegen litt. Zur ›Großen Teeversammlung‹ von Kitano (bei Kyôto) war jedermann eingeladen, »sei er auch niedrigen Standes. Er soll einen Kessel, eine Schöpfkelle, ein Wassergefäß und etwas zu trinken mitbringen. Doch wenn er keinen Tee besitzt, darf er auch gebranntes Gerstenpulver, *kogashi,* verwenden.« Achthundert Teehütten wurden aufgestellt, zehn Tage lang sollte das Fest dauern.

Auch Rikyûs Genie äußert sich in den unscheinbaren Gesten, die voller Bedeutung sind. Kakuzo Okakura erzählt eine Rikyû-Geschichte, die sich Perfektionisten zweimal durchlesen sollten: »Rikyû beobachtete seinen Sohn Shôan, wie er den Gartenweg fegte und sprengte. ›Nicht rein genug‹, sagte Rikyû, als sein Sohn die Arbeit beendet hatte, und gab ihm auf, es noch einmal zu tun. Nach einer Stunde ermüdender Arbeit wandte sich der Sohn an Rikyû und sagte: ›Vater, es gibt nichts mehr zu tun. Die Stufen sind zum dritten Male gewaschen, die Steinlaternen und die Bäume mit Wasser reichlich besprengt, Moos und Flechten leuchten in frischem Grün; nicht einen Zweig, nicht ein Blatt habe ich auf dem Boden liegen lassen.‹ ›Junger Narr‹, schalt der Teemeister, ›so soll man keinen Gartenweg fegen.‹ Sprach es und trat in den Garten hinaus, schüttelte einen Baum und streute so über den Garten goldene und purpurfarbige Blätter, Fetzchen herbstlichen Brokates! Was Rikyû forderte, war nicht allein Sauberkeit, sondern auch Schönheit und Natürlichkeit.«

Und noch eine Rikyû-Geschichte, an die Adresse derer, die ohne großen Aufwand nicht auszukommen meinen: Rikyû hatte seinen Garten voll seltener Winden, die er unermüdlich pflegte. Sein Dienstherr hörte davon, wollte die Blütenpracht mit eigenen Augen sehen, und Rikyû lud ihn zum Morgentee. Am bestimmten Tag suchte der hohe Gast überall im Garten, fand aber nichts als feinen, glatt gestrichenen Kies und Sand. Mit kaum unterdrücktem Ärger betrat er den Teeraum – und stockte vor der Bildnische. In einer kostbaren Bronzeschale der Sung-Zeit lag eine einzige Windenblüte, die Königin des ganzen Gartens.

Eine einzige Blüte ist mehr als der ganze Garten

Rikyûs Einfluß und seiner starken Neigung zum Einfachen, zur unverbrauchten Schönheit schlichter Formen wird auch die neue

Japanische Teekeramik: oben eine kostbare Antiquität (entstanden um 1600, eine sogenannte E-Shino-Keramik), unten eine moderne Teeschale (von Toshun). Auch heute noch arbeiten in Japan Keramiker, deren Vorfahren in ununterbrochener Folge seit den Zeiten des Teemeisters Rikyû an der Töpferscheibe Teekeramik geformt haben. Von ihm selbst, Rikyû, wird berichtet, daß er seine letzte Teeschale zerbrochen habe: Fast siebzigjährig von Hideyoshi zum Tod durch Selbsthinrichtung verurteilt, vermutlich Opfer einer Intrige, lud er seine Freunde zur Teerunde, schenkte jedem etwas von seinem Teegerät und zerbrach die Teeschale: »Nie wieder soll diese Schale, von den Lippen des Unglücks entweiht, von Menschen gebraucht werden.« Ein Sokrates-Tod: mit einem Lächeln soll sich Rikyû den Dolch in den Leib gestoßen haben.

Rolle der japanischen Keramik seit dem späteren 16. Jahrhundert zugeschrieben. Nach seinem Beispiel verzichtete man auf chinesische Importwaren, gab den einheimischen Brennereien Aufträge und förderte damit auch die *Raku*-Keramik, die ohne Töpferscheibe hergestellt wird. Ein *raku-chawan,* eine Teeschale also, die der Töpfer mit der Hand aufgebaut und mit Messer und Spatel geformt hat, zeigt nicht die gleichmäßige Glätte, sie ist dickwandig und ungleich schwerer als eine Porzellanschale von der Töpferscheibe. In ihrer Naturnähe, die das Material für Auge und Hand spürbar macht, und in ihrer immer individuellen Form stimmt diese Art von Keramik ganz zur Tee-Ästhetik.

Tee-Ästhetik vermag mehr als Perfektion

Wie in Architektur und Gartenkunst suchen auch die Kunsthandwerker des Teegeräts die Geheimnisse der einfachen Formen. Das galt und gilt für die Deckeldosen *(chaíre),* in denen der Pulvertee aufbewahrt wird – exquisite Stücke sind aus Steinzeug mit Elfenbeindeckel zu finden –, das galt und gilt auch für den Wasserkessel *(kama),* der meist aus Eisenguß ist, manchmal mit einem bronzenen Deckel. Wassergefäße *(mizusashi)* können rund oder auch viereckig in der Grundform sein, aus Steinzeug oder auch aus Holz mit Lack überzogen, und manche zeigen eine hinreißende Kühnheit der Form.

Über den ästhetischen Einfluß – und das heißt: über die Schulung unserer Augen und unseres plastischen Empfindens –, den die japanische Teekeramik auf den Westen gewirkt hat, ließe sich ein eigenes Buch schreiben, und es wäre voll von Geschichten um hervorragende Künstler, die man hierzulande nicht einmal dem Namen nach kennt. Teefreunde, die in Japan unterwegs sind, sollten Gelegenheit suchen, solche Keramiker bei der Arbeit mit dem Ton zu sehen. Manche gehören Künstlerfamilien an, die in der achten, der zehnten, ja der vierzehnten Generation im gleichen Beruf arbeiten.

Vor der japanischen Keramik kam jedoch das chinesische Porzellan nach Europa. Dieses glänzend weiße, zart schimmernde Material trat ja nicht zufällig zur gleichen Zeit wie der Tee in die westliche Welt: die holländischen Händler kauften es an den gleichen fernöstlichen Hafenplätzen, an denen die chinesische Kultur ihre Vorposten hatte, und sie gaben dem Teetrinker mit der Porzellanschale ein (fast) ideales Trinkgefäß in die Hand.

Europäische Porzellanmarken

Denn Porzellan wird in der Hand nicht so heiß wie ein Metallbecher, dank der glatten Glasur läßt es sich gut reinigen, und vor allem: das Tee-Aroma wird nicht im geringsten verfälscht. Obwohl Porzellan früher nach Europa kam als Tee, in einzelnen Stücken wohl schon im 13. Jahrhundert, blieb das Geheimnis seiner Zusammensetzung und Herstellung allem Erfinder- und Alchemisten-Eifer bis 1708/09 verborgen: da gelang es am sächsischen Hof Augusts des Starken dem Johann Friedrich Böttger, das Herstellungsverfahren des Physikers Tschirnhaus so abzurunden, daß im Jahr darauf die Meißener Porzellanmanufaktur eröffnet werden konnte.

Meißen 1725–1763

Aber schon 1614 ist in einer Geschichte Amsterdams zu lesen, daß es täglich mehr chinesisches Porzellan gebe und jedermann es sich leisten könne. Alte Bestellisten der Holländisch-Ostindischen Kompanie geben genau Auskunft: so wurden 1644 Aufträge von insgesamt 355 800 Stück Porzellan notiert, davon etwa ein Fünftel an Teegeschirr, allein 14 000 achteckige ›Koppchen‹. Auch England und Schweden importierten Porzellan, und in der zweiten Hälfte des 18. Jahrhunderts gingen die Stückzahlen der Importe hoch in die Millionen, trotz den eigenen europäischen Manufakturprodukten.

Die Porzellan-Manie – von einer *maladie,* einer Krankheit, sprach August der Starke mit Bezug auf die eigene Porzellansammelleidenschaft – war mehr als nur luxuriöse Liebhaberei. Die Fürstlichkeiten, die ihre Porzellankabinette mit Vasen und Figuren aus China und Japan füllten, bezeugten Reichtum und Weltläufigkeit, ob in Versailles oder im Schloß Charlottenburg zu Berlin, wo König Friedrich I. den frischen Monarchen-Rang mit üppigen Vergoldungen und Spiegeln demonstrierte – sein Porzellankabinett ist seit gut einem Jahrzehnt authentisch wieder hergerichtet worden.

Die Lust am Porzellan, an Seiden, an Lackarbeiten zeigte in diesen Jahrzehnten des späten Barock und beginnenden Rokokos aber nicht nur den allzumenschlichen Hang zum Kostbaren und Seltenen, das durch seine Seltenheit kostbar ist, es lebte darin auch eine Sehnsucht nach einer spielerisch graziösen Welt, die gern im fernsten Asien lokalisiert wurde. Chinoiserie sagte man und meinte damit Unterschiedliches: sowohl die Vorliebe für fernöstliches Kunstgewerbe wie auch seine Imitation, schließlich aber auch das freie, spielerische Gestalten aus dem – vermuteten – Geist Chinas.

Ob das europäische Rokoko je zu dem vollen schönen Überschwang seiner Formenspiele und seines Lebensgefühls gefunden hätte, ohne Ahnung und Anschauung von der fernöstlichen Welt, das ist eine der historischen ›Wenn-Fragen‹, die kein Historiker beantworten kann. Immerhin darf man sich daran erinnern, daß Hauptmeister des Rokoko wie Boucher und Watteau chinesische Motive malten, Watteau sogar ein ganzes Schloß bei Paris mit Chinoiserien dekorierte (La Muette, leider nicht mehr erhalten).

Zum Requisit der Epoche wurden in den Salons der eleganten Welt die Tee- und Kaffegeschirre. Neu war der Stil der Unterhaltung, den die Marquise de Rambouillet in ihrem Pariser Stadtpalais eingeführt haben soll, schon im frühen 17. Jahrhundert: elegant, spitz, literarisch und galant – statt Jagdgeschichten und Raufhändeln lauter Gruppenbilder mit Damen und Kavalieren. Seit wann die Schalen für Tee und Kaffee mit Henkel und Untertasse ausgestattet wurden, ist exakt nicht auszumachen, doch geschah das bereits vor der europäischen Erfindung des Porzellans: nach den Angaben ihrer Auftraggeber produzierten chinesische Werkstätten Henkeltassen und dazu die Untertasse. Nicht überall und nur allmählich unterschied man Tee- und Kaffeetassen nach ihrer Gestalt, ebensowenig die Kannen.

Da diese Kannen keinen Einsatz hatten, gehörte zum Teeservice übrigens auch immer eine Kumme (oder tiefe Schale): in diese wurden die Teeblätter ausgeschwenkt, bevor man eine neue Tasse einschenkte. Schwenkkomp' hieß diese Resteschale auch.

Was für elegant galt, was für nur ungeschickt oder schlicht tölpelhaft, wechselte auch beim Teetrinken mit den Zeiten. Darf man sein

Höchst 1765–1778

Wien 1770–1810

Worcester 1781–1783

Chelsea um 1755

Sèvres 1760

Berlin 1775–1834

Gebäck in den heißen Tee ›stippen‹? In Deutschland, heißt es, durfte man – noch bis zur Mitte des vorigen Jahrhunderts, dann nicht mehr, wenn die Gesellschaft eine ›bessere‹ war. Und wenn der Tee zu heiß war? Zweihundert Jahre ist es her, daß man sich ungeniert mit der Untertasse behalf. Aber die Sitten änderten sich: in einem Gespräch zwischen dem Dichter Delille und dem Abbé Cosson kurz vor der Französischen Revolution muß sich der geistliche Herr sagen lassen, daß er gegen die am Hof von Versailles herrschende Etikette

Erst im 18. Jahrhundert zur eigenen Form entwickelt, wie wir sie kennen: die Teekanne, von bauchiger, rundlicher bis zu kugelrunder Gestalt. Links eine Kanne mit dem Porträt Friedrichs des Großen, oben eine britische Teekanne zum diamantenen Jubiläum der Königin Victoria (»Long live our noble Queen«). Auf der linken Seite: eine der bizarrsten Schöpfungen des europäischen Jugendstils aus der Porzellanfabrik Rozenburg, Den Haag (1903). Heute im Gemeentemuseum Den Haag.

verstoßen hat, als er seinen Kaffee, der sehr heiß war, aus der Unterschale trank. Gleiches hätte er auch mit Tee nicht tun dürfen...

Der Teesalon der Rahel: rasche Blitze eines leichten Humors

In den literarischen Teesalons im preußischen Berlin zur Zeit Rahel Varnhagens hat man wohl anderes zu diskutieren gehabt, konnte der Tee seine geisterweckenden Qualitäten entfalten. Die ›kleine Levi‹, die ›Ralle‹, wie ihre Freunde sie nannten (sie war eine geborene Levin, Tochter eines jüdischen Kaufmanns), hielt ihren Salon erst im Mansardenzimmer ihres Elternhauses, später im Hause ihres vierzehn Jahre jüngeren Mannes Karl August Varnhagen von Ense. (Siehe Seite 133, »Ästhetische Tees«)

Tee *à l'anglaise* hieß im späten 18., im frühen 19. Jahrhundert eine Teegesellschaft, die schon die Steh-Gewohnheiten der neueren Cocktailparty vorwegnahm: an kleinen Tischen wurde serviert, man schritt von einem Gesprächspartner zum andern, und jeder Gast hatte nun seine Einzeltasse, oft prächtig dekorierte, goldgezierte Stücke. Sie erfüllten den Nebenzweck, Verwechslungen vermeiden zu helfen, wie das auch in der Beschreibung einer Teegesellschaft in der deutschen »Encyclopädie« von Krünitz um 1840/50 hervorgehoben wird: »Bei einer glänzenden Theegesellschaft paradirt eine geschmackvolle Theemaschine auf einem Nebentische über einer brennenden Spirituslampe. In diese Maschine wird immer das aus der Küche geholte warme Wasser gegossen, damit stets siedendes Wasser zum Aufgusse auf dem Thee in der Theekanne vorhanden ist. Das Theeservis besteht aus gemalten und vergoldeten Theetassen, gewöhnlich von verschiedener Zeichnung oder Malerey, um sie leicht beim Herumgeben des Thees zu erkennen, wem sie zuerst vorgesetzt worden, damit man beim weitern Eingusse des Thees die Tassen nicht verwechselt.« Dazu brauchte man noch etliches mehr, nämlich die Teekanne, eine Kristallflasche mit Rum oder »einem anderen Fluidum«, die auf dem Teebrett zu stehen hatte, eine silberne oder lackierte Zuckerdose, eine silberne Zuckerzange, silberne Teelöffel und einen »geschmackvollen Präsentierteller« für »Butterbrot und Zwieback«.

Wer auf sich hielt, hatte dies alles wohlgeordnet im Schrank: der Tee war quer über den Kontinent, von Sankt Petersburg bis Dublin, etabliert, ja europäisiert. In jenen vergleichsweise friedlichen Jahrzehnten, die nach den napoleonischen Kriegsabenteuern eine Zeit der Wohlstandsvermehrung (und der politischen Kannegießerei im Zeichen der ›Restauration‹ Metternichs) brachten, hatte Tee nicht mehr den herausfordernden Reiz des Neuen. Zugleich schienen die Rokoko-Spiele um seine exotische Herkunft ganz in Vergessenheit geraten. Jetzt konnte sich in England eine Herzogin von Bedford einen Namen damit machen, daß sie zum *Five o'clock-Tea* nicht nur das erwähnte Butterbrot servieren ließ, sondern etwas kräftigere Kost, auch Kuchen zum Tee gesellschaftsfähig machte.

Hätte nicht jener Pater Mathew einen noch weit ehrenvolleren Platz in der Teegeschichte verdient, der im Jahre 1838 eine »tea total abstinence society« gründete? Trotz ihres irreführenden Namens gewann sie binnen vier Jahren rund fünf Millionen Mitglieder, die nicht etwa dem Tee, sondern dem Alkohol Abstinenz schworen. Darüber liest man nur an so entlegenen Stellen wie einer 1852 in Dorpat gedruckten Dissertation über den »Thee, hauptsächlich als Handels- und Consumtionsartikel«, mit der ein gewisser Julius Mikszewicz einen Doktorhut gewann.

Berühmtere Männer haben weniger für den Tee und mit dem Tee bewirkt und stehen doch in jedem Feuilleton über den Tee. Denn wer Tee trinkt, macht da keine Ausnahme: er weiß sich gern in bester Gesellschaft.

Berühmte, die den Tee heiß und innig liebten:

Goethe

Goethe? Gewiß hat auch er Tee getrunken: »Diesen Abend war ich bei Goethe zu einem großen Tee«, berichtet der brave Chronist Eckermann im Herbst 1823 (Goethe war also ein Herr von 74 Jahren). »Die Gesellschaft gefiel mir. Es war alles so frei und ungezwungen, man stand, man saß, man scherzte, man lachte. Goethe ging bald zu diesem, bald zu jenem und schien immer lieber zu hören und seine Gäste reden zu lassen, als selber viel zu sagen. Frau von Goethe (die Schwiegertochter) kam oft und schmiegte sich an ihn und küßte ihn.«

Grantig äußert sich dagegen Heinrich Heine nach seinem Norderney-Aufenthalt von 1826 über den Ostfriesen-Tee und die Ostfriesen selbst: »Sind sie auch auf ihren Schiffen sogar nach den südlichen Ländern gekommen, wo die Sonne blühender und der Mond romantischer leuchtet, so können doch alle Blumen dort nicht das Leck ihres Herzens stopfen, und mitten in der duftigen Heimat des Frühlings sehnen sie sich wieder zurück nach ihrer Sandinsel, nach ihren kleinen Hütten, nach dem flackernden Herde, wo die Ihrigen, wohlverwahrt in wollenen Jacken, herumkauern und einen Tee trinken, der sich von gekochtem Seewasser nur durch den Namen unterscheidet.«

Balzac

Von Balzac, dem exzessiven Konsumierer unzähliger Tassen nachtschwarzen Kaffees, gibt es ein brillantes kleines Stück Teepsychologie. Der große Dichter der »Comédie humaine« weiß natürlich, daß es immer auf das ›Wie‹ ankommt, und er folgert richtig, daß ein geschickter Psychologe »alle Empfindungen des Weibes« daraus analysieren könne, wie sie den Tee serviert: »Von der im kalten Ton ausgesprochenen Frage: ›Nehmen Sie Tee?‹, ›Wünschen Sie Tee?‹, ›Vielleicht eine Tasse Tee?‹ bis zu dem gewaltigen Gedicht der vom Teetisch kommenden Odaliske, die dem Pascha ihres Herzens mit unterwürfiger Miene und zärtlich zitternder Stimme, mit Blicken voll wollüstiger Versprechungen eine Tasse Tee anbietet...«

Lincoln

Der wortmächtige und dennoch in Deutschland fast unbekannte Jean Baptiste Racine, Neu-Dichter antiker Dramen zur Zeit Ludwigs XIV., soll ein begeisterter Verehrer des Tees gewesen sein. Hingegen sein genußfreudiger Landsmann Brillat-Savarin, der hundert Jahre nach ihm lebte und mit seiner »Physiologie des Geschmacks« immer noch berühmt ist: Brillat-Savarin hat kaum drei Sätze für den Tee übrig, meint nur beiläufig, Tee könne ja wohl anstelle von Wein zum Frühstück genossen werden.

Unter den zahllosen prominenten Engländern, Iren, Schotten, Wallisern – und Amerikanern, die auch Tee tranken –, will ich an die amerikanischen Präsidenten Lincoln und Theodore Roosevelt erinnern, jedoch dem liberalen Politiker William Ewart Gladstone

Jugendstilplakat aus der Sammlung des Münchner Stadtmuseums

Eine neue Teewelle um die Jahrhundertwende

Dichter, Seefahrer und Teemeister:

Geschichten und Geschichte vom Tee

Cicely Fox Smith: Am Alten Pagoden-Ankerplatz

Vollgetakelt lagen sie, am alten Ankerplatz bei der Pagode,
Ihre Masten waren wie ein Wald, ihre Namen eine Ode.
»Feuerkreuz« und »Falke« lagen da,
die schöne, unglückliche »Schaumkrone« man sah,
»Sir Lancelot«, nach hundert Gefechten mit Wellen und Wind,
»Wehrhafter Wille«, »Allerheiligenfest«, wie stolz sie sind.
»Leander«, »Ariel« und »Titania« kamen,
»Thyatira« mit dem zarten Namen,
»Robin Hood«, die kühne, und die »Thermopylae«,
am alten Pagodenplatz ankerten sie, als die Klipper kreuzten die See.

Eil heim zum Londonfluß
Halt durch zum Londonfluß
Treib sie zum Londonfluß mit all ihren Kisten voll Chinatee!

Am alten Pagoden-Ankerplatz (vor so vielen langen Jahren)
wie ihre schneeweißen Decks ein herrlicher Anblick waren,
und ihre blinkenden Messingbeschläge
und die Gallionsfiguren an der Schräge
jeden Bugs, hochragend und schlank
geschnitzte Könige, gold-weiß, und Jungfraun rank
und die hohen schmalen Masten, zwischen denen noch die Shanties klangen
und der Schiffe festgewölbte Leiber, voll Geheimnis, mit den Toten längst vergangen –
so kühne und herrliche Schiffe gab es nie wieder seit je
am alten Pagoden-Ankerplatz, als die Klipper kreuzten die See.

Eil heim zum Londonfluß
Halt durch zum Londonfluß
Treib sie zum Londonfluß mit all ihren Kisten voll Chinatee!

Charles Townsend: Als die Amerikaner kamen

Heute morgen wurde eine Sänfte geschickt, und mit großem Gefolge begab ich mich um elf Uhr zur Residenz. Die Sänften sind eine schreckliche Angelegenheit. Man kann darin nur wie die Japaner auf seinen Fersen oder mit gekreuzten Beinen sitzen. Sie sind nur vier Fuß lang und ungefähr dreieinhalb Fuß hoch . . . Ich wurde in aller Form von den beiden Gouverneuren im Vorraum empfangen, dann in ein inneres Gemach geführt, ausgestattet mit Hockern, Feuerbecken usw. Nach einer Tasse Tee und drei Zügen Tabak wurde ich in einen Empfangsraum geführt. Dieser Raum war aus Höflichkeit mir gegenüber mit Tischen und Stühlen ausgestattet. Ich saß links vom Gouverneur und direkt neben der *tokonoma* (der Bildnische). Es gab gekochten und rohen Fisch, auf einer großen Schüssel, dekoriert mit Schiffchen und Segeln, als Zeichen des Willkommens.

Eine Hummerpastete war sehr gut; süße Kartoffeln und Rettiche als Gemüse. Es gab zehn Gänge, alle serviert in sehr schön lackierten Holznäpfchen, mit echten und künstlichen Blumen, besonders auf Kuchen und Süßigkeiten, als Dekoration. Nach all den Fischgerichten wurde Reis, ungesalzen und ungewürzt, serviert. Saki war das Getränk, aber ich bat wegen meines Magens um Tee.

Als die eigentliche Mahlzeit vorüber war, ließ Fürst Shinano sich das hübscheste, zierlichste Teeservice bringen, das ich je gesehen hatte. Es befand sich in einem schönen Holzkasten, beim Öffnen sah man eine winzige Feuerstelle zum Wasserkochen, Teetöpfchen und zwei Teeschalen, eine Teebüchse, Matten, einen Meßlöffel für den Tee und eine sonderbare kleine Maschine, mit der man den Tee über dem Feuer erwärmt, bevor man ihn ins Wasser gibt. Shinano-no-Kami begann das Wasser zu kochen, maß und erhitzte den Tee, tat ihn in den Teetopf, goß das kochende Wasser darüber und füllte dann eine Teeschale, um sie mir mit beiden Händen zu reichen.

Alle Japaner drückten dabei ihre Bewunderung aus. Und dann wurde mir das Ganze erklärt: daß es ein großer Freundschaftsbeweis des Fürsten sei, mir eigenhändig den Tee zu bereiten, und man bat mich, dies auch so anzusehen, was ich tat.

Charles Townsend war der erste US-Konsul in Shimoda (1857)

Hisako Matsubara: Schaum und Tee

In Gegenwart des Hayato-Vaters war Michi ein völlig andersgeartetes Kind. Sie zog in seiner Gegenwart nie einen Schmollmund oder zerstörte irgend etwas mutwillig. Der Hayato-Vater brachte ihr grundsätzlich immer etwas mit, wenn er aus der Stadt zurückkam, Bilderbücher, Malutensilien, Glaskugeln, schönes Papier zum Falten.

Irgendwann, ohne eigentlichen Anlaß, überraschte der Vater Michi mit einem großen Puppenhaus, das eine komplett eingerichtete Spielküche mit Herd, Kochtöpfen und Geschirr, mit einem Eß- und einem Schlafzimmer sowie einem Bad mit richtigem Holzbottich enthielt. Er sah es gern, daß Michi ihr Spielhaus im hinteren Zimmer aufbaute. Selbst wenn er dort seine tägliche Stunde mit Nô-Gesang verbrachte, hatte er nichts dagegen, Michi im Zimmer zu haben. Nur still mußte sie sein während dieser Zeit.

Michi suchte ständig seine Nähe und schmiegte sich an ihn. Wenn sie vom Spielen hereinkam, zog sie ihre schmutzigen Sachen aus, ohne daß Tomiko oder Rin ihr etwas zu sagen brauchten. Sie wusch sich im Bad und kam dann ganz nackt oder mit einem Höschen zum Hayato-Vater und sagte selbstbewußt: »Ich bin sauber.« Das war für ihn die Aufforderung, sie an sich zu ziehen und mit ihr zu schmusen. Oft, wenn die Tage kühler waren, schickte er sie mit den Worten weg: »Zieh dir etwas an«, oder er ließ sie unter seinen mattschwarzen seidenen Überwurf kriechen, den er an solchen Tagen über seinem olivgrünen oder dunkelblauen Hauskimono trug. Dort kuschelte sie sich hinein und war froh, wenn sie sitzen bleiben durfte, während er sich seinen Pudertee zubereitete. Ihre wachen, aufmerksamen Augen verfolgten jeden seiner Handgriffe, obwohl sie das gleiche Ritual schon Hunderte Male gesehen hatte. Ihr Kopf mit den wuscheligen Haaren nickte im Gleichtakt mit der raschen Handbewegung, mit der der

Hayato-Vater die Mischung aus dem herb duftenden starkgrünen Teepuder und der kleinen Menge heißen Wassers in der unregelmäßig geformten irdenen Schale zu Schaum schlug. Dann sah sie zu, wie er den aus einem vielfach ausgespleißten Bambusstück gefertigten Schaumschläger in einer kreisenden Bewegung am Rand der Schale entlangführte und dann mit einem kurzen Schwung die letzten Tropfen Schaum und Tee abschüttelte.

Rin brachte den eisernen Wasserkessel. Sie entschuldigte sich wie immer beim Hayato-Vater, daß es so lange gedauert habe, und stellte den Kessel auf den Untersatz zum Warmhalten, der ein Teil des Teegeräts ist. Sorgfältig, um die sich an ihn lehnende Michi nicht zu stoßen, bereitete der Vater seinen Tee mit den sicheren Bewegungen, die durch seinen jahrzehntelangen Umgang mit den strengen Formen der Teezeremonie eine gewisse Selbstverständlichkeit gewonnen hatten. Solange er den Tee schaumig schlug, verlangte er völlige Ruhe im Raum.

Nachdem er dann in drei Schlucken seine Teeschale leergetrunken hatte, sagte er, ohne zu Tomiko hinzusehen: »Schon seit acht Monaten hat Nagayuki nichts von sich hören lassen. Ich habe den Eindruck, es wird nichts aus ihm.« In die Stille, die seinen Worten folgte, sagte er: »Sechs Jahre sind eine lange Spanne.« Der Vater schwieg und betrachtete nachdenklich die leere Teeschale, die er in den Händen hielt und langsam hin und her wendete. »Andere Männer«, sagte er dann, »brauchen nicht so lange, um in Brokat gekleidet zurückzukehren. Sie haben sich in dieser Zeit in Amerika sogar einen so großen Namen gemacht, daß sie von drüben immer wieder eingeladen werden.«

Der Vater steckte seine Hand nach dem heißen eisernen Kessel aus und goß vorsichtig, um jeglichen Spritzer, der Michi treffen könnte, zu vermeiden, Reinigungswasser in seine Teeschale. Er spülte den Bambusschaumschläger darin aus und streifte auch die am Rand noch anhaftenden Schaumspuren ab.

Während er das Reinigungswasser in das bereitstehende vasenförmige Auffanggefäß goß und als letztes die Teeschale mit dem kleinen weißen Tuch auswischte, sagte er mit steigendem Nachdruck: »Acht Monate lang nicht einen einzigen Brief zu schreiben, ist ungewöhnlich für jemanden, der einmal ein guter Yoshi sein wollte. Krank ist er ja offensichtlich nicht, zumindest war er es nicht, als sich Herr Eda die Mühe machte, ihn zu besuchen. Es ist doch beruhigend, jemanden hier in Himari zu wissen, der Nagayuki in Amerika aufgesucht hat und der auch aufgrund seiner eigenen Lebenserfahrung ein Urteil darüber abgeben kann, wie weit Nagayuki inzwischen gekommen ist.«

Kakuzo Okakura: Selbst die eisernen Teekessel...

Die Ashikaga-Aristokratie (ca. 1400–1600) liebte es, in strohgedeckten Hütten zu wohnen, die sich äußerlich in keiner Weise von denen der ärmsten Bauern unterschieden. Ihre Raumverhältnisse aber waren von Genies wie Shojo und Sôami entworfen, und ihr Dach ruhte auf Pfeilern von kostbarem, wohlriechendem Holz aus den entlegensten Gegenden Indiens. Selbst die eisernen Teekessel im Innern waren Wunder des Kunsthandwerks, geschaffen von Sesshû. Nach Meinung der Ashikaga-Ritter schlummerten das Schöne und die Seele eines Dinges stets tief im Verborgenen und konnten nicht durch äußere Mittel offenbar werden. Selbst den zufälligen Erscheinungen wohnte das Leben des Alls inne. Nicht in der Deutlichkeit, in den Andeutungen lag das Geheimnis der Unendlichkeit. Die Vollkommenheit verfehlt, ebenso wie die höchste Reife, ihre Wirkung, da sie dem Wachstum eine Grenze setzt. Zum Beispiel fanden sie auch Freude daran, ein Tintenfaß von außen mit schlichtem Lack, im Inneren dagegen mit kostbarsten Goldverzierungen auszustatten. Der Teeraum pflegte als einzigen Schmuck ein Bild oder eine einfache Blumenvase zu enthalten. So wuchs ein Gefühl der Einheit und Sammlung. Auch heute noch pflegt das Volk die kostbarsten Stoffe zu Untergewändern und die einfacheren zu Obergewändern zu verwenden.

Robert Fortune: Die Teekiste darf unterwegs nie auf den Boden gesetzt werden...

. . . Wir begegneten jetzt vielen Kulis, die mit Teekisten beladen waren. Viele trugen nur eine Kiste. Dies waren, wie mir gesagt wurde, die feineren Sorten; die Kiste darf unterwegs nie auf den Boden gesetzt werden, und daher kommen diese Tees in der Regel in bei weitem besseren Zustand am Orte ihrer Bestimmung an als die gröberen Sorten. Diese Kisten werden auf folgende Weise getragen. Zwei Bambusstäbe, jeder reichlich zwei Meter lang, sind mit dem oberen Ende an beiden Seiten der Kiste festgenagelt. Die anderen Enden kommen unten zusammen, so daß sie ein Dreieck bilden. Auf diese Weise kann man die Kiste auf den Schultern tragen, so daß der Kopf in der Mitte des Dreiecks zwischen den Bambusstäben hervorkommt.

Wenn der Kuli, der seine Last auf diese Weise trägt, ausruhen will, setzt er das Ende der Bambusstäbe auf den Boden und stellt diese in die Höhe. Das ganze Gewicht ruht dann auf dem Boden und kann ohne Anstrengung in dieser Stellung erhalten werden. Auf den steilen Gebirgspässen ist diese Art zu tragen sehr zweckmäßig, denn an manchen Stellen können die Kulis nur wenige Schritte tun, ohne auszuruhen, und ohne eine Vorrichtung dieser Art würden sie die Ladung oft auf den Boden niedersetzen müssen.

Robert Fortune, A Journey to the Tea Countries of China, London (1852)

Lafcadio Hearn: Kein Tee im Tempel

Die Rikscha rumpelt weiter, die Hügel werden immer höher. Plötzlich hält Cha vor der höchsten und steilsten Tempeltreppe, die ich bisher gesehen habe. Ich klimme und klimme, manchmal bin ich gezwungen, innezuhalten, um meinen schmerzenden Gliedern ein wenig Erholung zu gönnen, und komme endlich völlig erschöpft und atemlos ans Ziel. Vor mir sehe ich zwei Steinlöwen, einer fletscht die Zähne, der andere hat seinen Rachen geschlossen. Auf dem gegenüberliegenden Ende eines kleinen, kahlen Plateaus steht der Tempel; von drei Seiten umschließen ihn Felsen – es ist ein sehr kleiner Tempel, der grau und alt aussieht. Von einer felsigen Höhe zur Linken des Gebäudes stürzt ein kleiner Wasserfall herab in einen umfriedeten Teich. Das Getöse des Wassers übertönt jeden anderen Laut. Ein scharfer Wind weht vom Ozean: Der Ort ist frostig trotz der Sonne, düster und freudlos, als wäre seit Jahrhunderten kein Gebet von da aufgestiegen.

Cha klatscht in die Hände und ruft, während ich auf der ausgetretenen Holztreppe des Tempels meine Schuhe ablege. Nach einer kleinen Weile hört man das Nahen gedämpfter Schritte und ein hohles Husten hinter einer Papierwand. Sie wird zurückgeschoben, und ein weißgekleideter alter Priester erscheint. Mit einer tiefen Verbeugung bittet er mich, einzutreten. Er hat ein gütiges Gesicht, und sein Willkommslächeln scheint mir das entzückendste, mit dem ich jemals begrüßt worden bin. Dann hustet er wieder so schneidend, daß sich mir der Gedanke aufdrängt, ich würde ihn nicht mehr antreffen, wenn ich jemals wiederkäme.

Ich trete ein und fühle, wie meine Füße in den weichen, fleckenlosen, dicken Matten versinken, mit denen alle Fußböden in Japan bedeckt sind. Ich gehe an der unvermeidlichen Glocke und dem lackierten Lesepult vorüber, und vor mir sehe ich andere Papierwände, die von der Decke bis zum Boden reichen. Der alte, immer hüstelnde Mann schiebt eine zur Seite und läßt mich in das Dämmer eines Heiligtums voll von Weihrauchduft eintreten. Eine kolossale Bronzelampe mit vergoldeten Drachen an ihrem Säulenschaft ist das erste, was ich unterscheide. Im Vorübergehen bringe ich mit der Schulter eine Glöckchengirlande in Bewegung, die von ihrer lotosblumenförmigen Spitze herabhängt. Dann komme ich an den Altar, tappend, unfähig, irgendeine Form zu unterscheiden.

Aber der Priester läßt Wand um Wand zurückschieben, Lichtfluten strömen auf die vergoldeten Messinggeräte und Inschriften herein. Ich sehe mich zwischen den Altargruppen nach dem Bilde der Gottheit um – und erblicke bloß einen Spiegel, eine runde, bleiche Scheibe aus poliertem Metall und mein eigenes Gesicht darin – und hinter diesem Spottbild meines Ich ein Phantom des fernen Meeres.

Nur ein Spiegel! Was bedeutet dieses Symbol? Die Illusion? Oder etwa, daß das Universum für uns nur als die Widerspiegelung unserer eigenen Seelen existiert? Oder ist es vielleicht die altchinesische Lehre, daß wir Buddha nur in unseren eigenen Herzen suchen müssen? Vielleicht, daß ich eines Tages imstande sein werde, alle diese Dinge zu enträtseln.

Während ich so auf den Steinstufen sitze, um meine Schuhe zum Fortgehen anzuziehen, nähert sich mir der alte freundliche Priester wieder und, sich vor mir verneigend, bietet er mir ein Gefäß dar. Hastig lasse ich einige Münzen hineinfallen, da ich es für eine buddhistische Almosenbüchse halte, und gewahre zu spät, daß es mit heißem Wasser gefüllt ist. Aber des alten Mannes schöne Höflichkeit erspart mir die Beschämung ob meines groben Irrtums. Wortlos und noch immer lächelnd entfernt er das Gefäß, kehrt sogleich mit einem anderen leeren zurück, füllt es mit heißem Wasser aus einem Kessel und fordert mich durch ein Zeichen auf, zu trinken.

Den Besuchern der Tempel wird meistens Tee angeboten, aber dieses kleine Heiligtum ist sehr, sehr arm; ich fürchte, der alte Priester leidet oft Mangel an Gaben, die kein menschliches Wesen entbehren sollte.

Sprichwörter

Hoffnung ist wie der Zucker im Tee. Auch wenn sie klein ist, versüßt sie alles.

Chinesisch

Wenn du ein gutes Weib hast, einen Borschtsch und einen kräftigen Tee, kannst du mit deinem Leben zufrieden sein.

Kaukasisch

An einem Teeblättchen ist noch niemand in Rußland erstickt.

Tee schadet nie.

So ein Tee, daß man bis Moskau hindurchsieht (so dünn).

Russisch

Eugen von Vaerst: Die hübschen Teebuden Petersburgs

Will man in Europa guten Tee trinken, so muß man trotz der ungeheuren Konsumtion nicht nach England gehen, nicht nach Holland; in erster Güte kann man ihn nur in Rußland haben. Der Reisende hat kaum die Grenzen Rußlands überschritten, so gewahrt er an dem herrlichen Tee die Nähe des Reiches der Mitte. Tschai, Tee, ist einer der drei Abgötter der Russen, die alle drei in dem in Rußland beständig wiederklingenden Refrain: Tschin, Tschai, Tschi (Rang, Tee, Kohlsuppe) bestehen. Es gibt sogar ganze Völkerschaften in Rußland, deren vornehmstes Nahrungsmittel Tee ist, deren Suppen, Soßen, Pürees lauter Teesuppen, Teesoßen, Teepürees sind, und die kein Glas Wasser trinken, ohne es mit Tee zu würzen. In der ganzen Mongolei ist dagegen der sogenannte Kirpitschni-Tschai (Ziegeltee) verbreitet, der mit animalischen Bestandteilen und mehreren Kräutern versetzt, wie unsere Tafelbouillon in feste Ziegelform gebracht, eine sehr nahrhafte und weitverbreitete Speise gibt. Die Buräten in Nordasien trinken ihren Ziegeltee mit Bittersalz (Kutschir) und Butter. Wir machen bei uns unter dem Namen Tee ein Gebräu, welches der Russe Spülwasser nennen würde, während der russische Tee bescheiden duftend ist, wie das Veilchen, laulich, die Kälte bannend, freundlich dem Gaumen schmeichelnd, das Gedankenspiel mit Zauber belebend.

Die hübschen Teebuden Petersburgs (I. G. Kohl: »Die Teebuden von St. Petersburg«) sind nicht die schlechtesten Tempel, welche den Teegöttern gewidmet sind. Das Schönste sind sie, was man in dieser Art auf der Welt findet: europäischer Geschmack, Petersburger Luxus und chinesische Zierlichkeit vereinigt sich, um diese Räume zu schmücken und die Waren wohlgefällig zu ordnen. Die vornehmsten Herrschaften kommen selbst, um ihre Einkäufe zu machen. Der Gattungen, Klassen und Varietäten, sortiert und benannt, sind schon mehrere Hundert*, und die eleganten Preiskurante gleichen den Pflanzengeschlechtsverzeichnissen der Botaniker. Kaum hat man diese Teebuden geöffnet, so glaubt man in China zu sein. Der Boden ist mit chinesischen Teppichen belegt, die Wände sind mit dergleichen Tapeten behangen. Lieblicher Duft erfüllt die Atmosphäre; aus bunten chinesischen Papierlampen erleuchten matte Lichter das Ganze mit Mondscheinschimmer. Alle Möbel sind von echt chinesischer Arbeit. Dickstoffige Seidentapeten stellen chinesische Gärten dar mit gemeißelten Felsen, beschnittenen Bäumen, gedrechselten Häusern. Hier beschäftigt sich ein Arbeiter mit der Zubereitung der roten Teeblüte; dort lauschen Mädchen dem Gesange eines im Käfig sitzenden Vogels; hier überreicht ein chinesischer Schöngeist einer jungen Dame einen Blumenstrauß, und dort empfängt im Beisein eines Mandarins ein Arbeiter die Bastonnade. Der lieblichste Wohlgeruch erfüllt die Räume, in denen es sich so leicht und angenehm atmet, daß man wünschen möchte, ewig in einer Petersburger Teebuden-Atmosphäre atmen zu dürfen. Der Teeduft schmeichelt den Sinnen auf die gefälligste Weise und erfüllt die Seele mit Heiterkeit, und nur ein holländischer Käsehändler, der für nichts enthusiasmiert ist als für den Geruch seines Edamer und seiner Heringsschwänze, kann ohne Begeisterung diese Teeluft genießen.

Die kostbaren Blüten selber sind in einer Menge von Kästchen und Beuteln von verschiedenster Form verpackt, und in den lackierten Schränken rangiert wie die Bücher einer Bibliothek. Man sieht an diesen Kästchen, wie hoch die Chinesen ihre Ware schätzen; denn sonst würden sie auf diese zerbrechlichen, nur zur

* Wenn Lorenz Lange im Karawanenhandel im Jahre 1722 nur eine einzige Teesorte kennt, so hatte Müller in seiner Aufzählung 1750 schon sieben und Pallas 1772 etwa 60 Sorten; 1810 sprach man von 700 Sorten oder ›Teefamilien‹.

Verpackung dienenden Hüllen nicht solche Kunst verwenden. Die kostbarsten Sorten liegen zu einem, zwei oder fünf Pfund in höchst sauber gearbeiteten Schachteln, an denen der Lack, die Vergoldung und die ganze Arbeit so vollendet sind, als sollte sich der Tee damit in den Salons präsentieren. In diesem Kästchen, auf chinesisch Län-Sin genannt, schlummert in bleiernem Gewande wohl verhüllt die holde Blüte. Ein Geflecht aus Bambusrinde umgibt das Papier, in welches die Län-Sin gewickelt sind. So verhüllt werden die Kästchen zu Dutzenden in große Kisten gestellt, die mit behaartem Kalbsleder umnagelt sind. Es kann kein Atom des köstlichen Dufts entfliehen, kein fremdartiger Tropfen auf einer Reise um die Erde störend in das verschlossene Aroma eindringen.

Die erste Hauptniederlage für alle diese Sachen ist Irkutsk; die zweite der Markt in Nowgorod, und die dritte Petersburg. Chinesische Kaufleute bringen allen Karawanentee bis an die russische Grenze. Diese Karawanen bestehen oft aus tausend Kamelen und vertauschen ihre Teeladungen gegen Pelzwerk oder Metalle.

Die Teebuden der Gebrüder Tschaplin und anderer Kaufleute in Petersburg sind so elegant mit allen möglichen chinesischen Kunst- und Industrieprodukten verziert, daß sie Pekingschen Boudoirs gleichen, und sie sind so reichlich versehen, daß sie den besten Galanteriewarenläden des Himmlischen Reiches wenig nachgeben mögen. Es kommen chinesische, mit Gold und Silber brodierte Zeuge vor, von denen die Elle oft mehrere hundert Rubel kostet. Es kam der Fall vor, daß einer dieser neu angekommenen Stoffe das Wohlgefallen der Kaiserin von Rußland erregte und sie einige Ellen davon zu haben wünschte. Sie fand aber den Preis von 250 Rubel für die Elle zu teuer und ließ den Stoff ungekauft. Und als sie sich am anderen Tage dennoch anders besann und in den Laden schickte, um sich zehn Ellen holen zu lassen, war schon das ganze Stück bis auf den letzten Rest verkauft.

Mir schickte vor einigen Jahren ein Freund aus Rußland ein Geschenk von einigen Pfund Tee aus dem Tschaplinschen Magazin (Newsky-Prospekt, Haus Tschaplin Nr. 71), bei welcher Gelegenheit ich den neuesten Preiskurant dieser Firma einsehen konnte. Beste Lian-Sin und Chan-Tees, in echten chinesischen, mit Blei garnierten Schachteln, verschiedener Familien, enthaltend drei bis fünf Pfund, 40–200 Rubel die Schachtel; weißer Fousi-Lasana-Bouquet-Chan-Tee 40 Rubel das Pfund; die schlechteste Sorte, die zu finden war, kostete doch noch sechs Rubel.

Joseph von Eichendorff: Im literarischen Salon

»Ihre polierte, wohlerzogene Weichlichkeit«

»Die Damen, welche sämtlich sehr ästhetische Mienen machten, setzten sich, nebst mehreren Herren, unter dem Vorsitz der Frau vom Hause, die mit voller Grazie den Tee einzuschenken wußte, förmlich in Schlachtordnung und fingen an, von Ohrenschmäusen zu reden. Friedrich erstaunte, wie diese Weiber geläufig mit den neuesten Erscheinungen der Literatur umzuspringen wußten, von denen er selber manche kaum dem Namen nach kannte; wie leicht sie mit Namen herumwarfen, die er nie ohne heilige, tiefe Ehrfurcht auszusprechen gewohnt war.« Nunmehr betritt ein Dichter den Kreis: »Der Begeisterte ließ sich nicht lange bitten, etwas von seinen Poesien mitzuteilen. Er las eine lange Dithyrambe von Gott, Himmel, Hölle, Erde und dem Karfunkelstein mit angestrengtester Heftigkeit vor und schloß mit solchem Schrei und Nachdruck, daß er ganz blau im Gesichte wurde. Die Damen waren ganz außer sich über die heroische

Kraft des Gedichtes sowie des Vortrages. Er las noch einen Haufen Sonette mit einer Art von priesterlicher Feierlichkeit. Keinem derselben fehlte es an einem wirklich aufrichtigen kleinen Gefühlchen, an großen Ausdrücken und lieblichen Bildern. Alle hatten einen einzigen, bis ins Unendliche breit auseinander geschlagenen Gedanken, sie bezogen sich alle auf den Beruf des Dichters und die Göttlichkeit der Poesie, aber die Poesie selber, das ursprüngliche, freie, tüchtige Leben, das uns ergreift, ehe wir darüber sprechen, kam nicht zum Vorschein vor lauter Komplimenten davor und Anstalten dazu. Friedrich kamen diese Poesierer in ihrer durchaus polierten, glänzenden, wohlerzogenen Weichlichkeit wie der fade, unerquickliche Teedampf, und die zierliche Teekanne mit ihrem lodernden Spiritus auf dem Tische wie der Opferaltar dieser Musen vor.«

Ludwig Uhland: Teelied

Ihr Saiten, tönet sanft und leise,
vom leichten Finger kaum geregt!
Ihr tönet zu des Zärtsten Preise,
des Zärtsten, was die Erde hegt.

In Indiens mythischem Gebiete,
wo Frühling ewig sich erneut,
O Tee, du selber eine Mythe,
verlebst du deine Blütenzeit.

Nur zarte Bienenlippen schlürfen
aus deinen Kelchen Honig ein,
Nur bunte Wundervögel dürfen
die Sänger deines Ruhmes sein.

Wenn Liebende zum stillen Feste
in deine duft'gen Schatten fliehn,
Dann rührest leise du die Äste
und streuest Blüten auf sie hin.

So wächsest Du am Heimatstrande,
vom reinsten Sonnenlicht genährt.
Noch hier in diesem fernen Lande
ist uns dein zarter Sinn bewährt.

Denn nur die holden Frauen halten
Dich in der mütterlichen Hut;
Man sieht sie mit dem Kruge walten
wie Nymphen an der heil'gen Flut.

Den Männern will es schwer gelingen,
zu fühlen deine tiefe Kraft;
Nur zarte Frauenlippen dringen
in deines Zaubers Eigenschaft.

Ich selbst, der Sänger, der dich feiert,
erfuhr noch deine Wunder nicht;
Doch, was der Frauen Mund beteuert,
ist mir zu glauben heil'ge Pflicht.

Ihr aber möget sanft verklingen,
ihr, meine Saiten kaum geregt!
Nur Frauen können würdig singen
das Zärtste, was die Erde hegt.

Honoré de Balzac: Der Tee in Frauenhänden

Valerie brachte Steinbock eigenhändig eine Tasse Tee. Das war mehr als eine Auszeichnung, das war eine Gunst! In der Art, wie eine Frau dieser Hausfrauenpflicht nachkommt, liegt eine ganze Welt, und die Frauen wissen das sehr wohl. Daher ist es auch ein interessantes Studium, dabei ihre Bewegungen, ihre Gesten, ihre Blicke, ihre Sprache zu beobachten.

Von der in kaltem Tone ausgesprochenen Frage: »Nehmen Sie Tee?« – »Wünschen Sie Tee?« – »Eine Tasse Tee?« bis zu dem gewaltigen Gedicht der vom Teetisch kommenden Odaliske, die dem Pascha ihres Herzens mit unterwürfiger Miene und zärtlich zitternder Stimme, mit Blicken voll wollüstiger Versprechungen eine Tasse anbietet – aus dieser Skala der Nuancen im Benehmen könnte ein geschickter Psychologe alle Empfindungen des Weibes herausanalysieren, vom Widerwillen und der Gleichgültigkeit bis hin zu den Gefühlen der dem Hippolyt ihre Liebe erklärenden Phädra.

Die Frauen können sich dabei ganz nach ihrem Willen geben: geringschätzig bis zur Beleidigung oder demütig bis ins Sklavenhafte des Orients.

Robert Levin: Blumen und Kerzen...

Blumen und Kerzen, Spiegel und Lichter,
Geschmierte Herzen, bewachte Gesichter.
Dort Federn und Spitzen und türkische Shawle:
Die Damen, sie sitzen zum Kreise im Saale.
Und ferne stehen die Söhne, die Gatten,
Schwarz wie die Krähen mit weißen Krawatten.
Ein laulich Gebräue mit Zucker und Sahne,
Und immer aufs Neue: die schwache Tisane!
Und Kuchen und Backwerk und Backwerk und Torte;
Man öffnet zum Hackwerk das Pianoforte.
Nun trillern und stümpern die Virtuosen.
Die Tassen klimpern, die Diener tosen.
Es flüstern und zischen die Frauen unersättlich
Und rufen dazwischen: Ah, bravo, wie göttlich! –
Es werden die Zimmer stets heißer und enger
Und immer und immer die Weile länger...

Lewis Caroll: Eine verrückte Teegesellschaft

Unter einem Baum vor dem Haus stand ein gedeckter Tisch, der Märzhase und der Hutmacher tranken dort Tee, zwischen ihnen saß der Siebenschläfer und schlief fest.

Die beiden benutzten ihn als Sofakissen, stützten ihre Ellenbogen auf ihn und unterhielten sich über seinen Kopf hinweg. »Das ist sehr ungemütlich für den Siebenschläfer«, dachte Alice, »aber wahrscheinlich merkt er nichts, weil er ja schläft.«

Der Tisch war lang, doch die drei hockten eng beieinander an seiner einen Seite. »Nichts mehr frei, nichts mehr frei!« riefen sie, als sie Alice kommen sahen. »Es ist noch *viel* frei«, sagte Alice mißbilligend und setzte sich in einen großen Sessel am Kopf des Tisches.

»Nehmen Sie doch etwas Wein!« sagte der Märzhase in aufmunterndem Ton.

Alice blickte stumm auf dem ganzen Tisch herum, aber da gab es nur Tee. »Ich seh' keinen Wein«, erklärte sie.

»Da ist ja auch keiner«, sagte der Märzhase.

»Dann war es unhöflich von Ihnen, welchen anzubieten«, sagte Alice ärgerlich.

»Es war nicht höflich von Ihnen, sich ohne Einladung zu setzen«, sagte der Märzhase.

»Ich wußte ja nicht, daß das Ihr Tisch ist, es ist doch für viel mehr Leute als nur drei gedeckt.«

»Sie sollten sich 'mal die Haare schneiden lassen«, sagte der Hutmacher. Schon eine ganze Zeit hatte er Alice sehr neugierig betrachtet, und das war nun das erste, was er sagte.

»Sie sollten sich angewöhnen, nicht persönlich zu werden«, sagte Alice mit einiger Strenge. »Das ist sehr flegelhaft.«

Der Hutmacher riß seine Augen sehr weit auf, als er das hörte, aber er sagte bloß: »Warum hat ein Rabe Ähnlichkeit mit einem Schreibpult?«

»Jetzt geht's los, endlich wird es lustig«, dachte Alice. »Bin ich froh, daß sie mit Ratespielen anfangen – ich glaube, ich komme drauf!« fügte sie laut hinzu.

»Meinen Sie, daß Sie die Antwort darauf finden können?« fragte der Märzhase.

»Genau«, sagte Alice.

»Dann sollten Sie sagen, was Sie denken«, sprach der Märzhase weiter.

»Ja doch«, antwortete Alice hastig, »mindestens, nun ja, denke ich, was ich sage, und das ist jedenfalls dasselbe.«

»Keineswegs«, sagte der Hutmacher. »Genausogut könnten Sie sagen ›Ich sehe, was ich esse‹ ist dasselbe wie ›Ich esse, was ich sehe.‹«

»Sie könnten ebensogut sagen«, fügte der Märzhase hinzu, daß ›Ich will, was ich kriege‹ dasselbe ist wie ›Ich kriege, was ich will.«

»Und Sie könnten auch sagen«, ließ sich der Siebenschläfer hören, der wie aus tiefem Schlaf sprach, »daß ›Ich atme, solange ich schlafe‹ dasselbe ist wie ›Ich schlafe, solange ich atme.‹«

»Na, bei dir ist das ja wirklich dasselbe«, sagte der Hutmacher – und hier stockte die Unterhaltung, und die Tischgesellschaft saß eine Minute lang schweigend da, während Alice alles bedachte, was ihr über Raben und Schreibpulte einfiel – aber viel war das nicht.

Als erster brach der Hutmacher das Schweigen. »Den wievielten haben wir heute?« sagte er und wandte sich Alice zu.

Dabei hatte er seine Uhr aus der Tasche gezogen, die er mißtrauisch betrachtete und immer wieder schüttelte. Danach hielt er sie an sein Ohr.

Alice dachte einen Augenblick nach und sagte dann: »Den Vierten!«

»Sie geht zwei Tage nach!« seufzte der Hutmacher. »Ich hab es Ihnen doch gesagt, daß Butter dem Uhrwerk nicht bekommt,« sprach er weiter und blickte dabei den Märzhasen böse an.

»Es war aber die beste Butter«, erwiderte der Märzhase beschwichtigend.

»Ja, aber einige Krümel müssen mit hineingeraten sein«, murrte der Hutmacher. »Sie hätten das Werk nicht mit dem Brotmesser schmieren sollen.«

Der Märzhase nahm die Uhr und schaute sie verdrießlich an, darauf tauchte er sie in seine Tasse voll Tee und schaute sie wieder an: aber ihm fiel so auch nichts anderes ein als seine Bemerkung von vorher: »Sie wissen doch, es war die beste Butter.«

Alice hatte ihm neugierig über die Schulter geschaut.

»Was für eine komische Uhr!« rief sie. »Sie zeigt die Tage im Monat, aber nicht die Stunden.«

»Warum sollte sie?« brummte der Hutmacher. »Sagt Ihnen Ihre Uhr, welches Jahr wir haben?«

»Natürlich nicht«, erwiderte Alice sofort. »Aber das ist so, weil dasselbe Jahr immer so lange dauert.«

»Genauso ist das eben bei mir auch«, sagte der Hutmacher.

Alice fühlte sich schrecklich verwirrt. Die Bemerkung des Hutmachers schien ihr keinerlei Sinn zu haben, und doch waren die Wörter klar zu hören gewesen. »Ich verstehe Sie nicht ganz«, sagte sie so höflich wie sie konnte.

»Der Siebenschläfer ist wieder eingeschlafen«, sagte der Hutmacher und schüttete etwas heißen Tee auf des Siebenschläfers Nase. Der schlug die Augen auf und sagte: »Natürlich, natürlich, das wollte ich gerade eben auch sagen.«

»Haben Sie das Rätsel nun gelöst?« wandte sich der Hutmacher an Alice.

»Nein, ich geb's auf«, antwortete Alice. »Wie heißt die Lösung?«

»Ich habe keine blasse Ahnung,« sagte der Hutmacher.

»Ich auch nicht«, sagte der Märzhase.

Alice seufzte matt. »Ich glaube, Sie könnten mit Ihrer Zeit Besseres anfangen als sie an Rätsel ohne Lösungen zu verschwenden.«

»Wenn Sie mit ›Zeit‹ so gut Bescheid wüßten wie ich«, sagte der Hutmacher, »würden Sie wissen, daß es sich um einen ›er‹ handelt, nicht um eine ›sie‹.«

»Ich weiß nicht, was Sie meinen«, sagte Alice.

»Natürlich nicht«, sagte der Hutmacher und machte eine verächtliche Kopfbewegung. »Sie haben bestimmt noch nie ein Zeitgespräch geführt.«

»Das wohl nicht«, antwortete Alice vorsichtig, »aber ich kann beim Musikunterricht das Zeitmaß durch Taktschlag bestimmen.«

»Ach! Das erklärt alles«, sagte der Hutmacher. »Schlagen würde ›er‹ niemals dulden. Aber er würde fast alles für Sie tun, wie immer Sie die Uhr haben wollten, wenn Sie nur auf gutem Fuß mit ihm stünden. Wenn es zum Beispiel acht Uhr morgens wäre und die Schulstunden gerade beginnen sollten, müßten Sie Herrn Zeit nur etwas zuflüstern, und die Uhr ginge augenblicklich weiter und weiter – schon wäre es halb eins – Essenszeit!«

»Das wäre mit jetzt recht«, flüsterte der Märzhase vor sich hin.

»Das wäre prima, sicher«, sagte Alice nachdenklich, »aber – ich hätte dann ja noch keinen Hunger.«

»Vielleicht nicht gleich«, sagte der Hutmacher, »aber Sie könnten es ja halb eins bleiben lassen solange Sie wollten.«

»Das haben Sie hier wohl auch so eingerichtet?« fragte Alice.

Der Hutmacher schüttelte traurig den Kopf. »Nein, nicht ich«, erwiderte er, »Zeit und ich stritten uns vergangenen März – kurz bevor *er* närrisch wurde, wissen Sie (dabei zeigte er mit seinem Teelöffel auf den Märzhasen) – es war auf dem großen Konzert, das die Herzkönigin gab, und ich mußte singen

›Schlaf, Mondkalb, schlaf,
aus dir wird nie ein Schaf‹

Vielleicht kennen Sie das Lied?«

»Es kommt mir irgendwie bekannt vor«, sagte Alice.

»Dann geht es so weiter«, fuhr der Hutmacher fort:

›Die Sterne hüpfen raus und rein,
der Mond, der soll dein Teetisch sein.
Schlaf, Mondkalb, schlaf!‹«

Da schüttelte sich der Siebenschläfer plötzlich und sang schläfrig: »Schlaf, Mondkalb, schlaf, schlaf, schlaf« – und hörte erst auf, als er in die Seite gezwickt wurde.

»Ich hatte gerade die erste Strophe beendet«, sagte der Hutmacher, »da schrie die Königin: ›Er schlägt die Zeit tot! Ab mit seinem Kopf!‹«

»Wie scheußlich barbarisch!« rief Alice.

»Und seitdem«, fuhr der Hutmacher in bedauerndem Ton fort, »tut er mir keinen Gefallen mehr. Es bleibt immer sechs Uhr.«

Alice begriff. »Daher also sind hier so viele Teegedecke aufgelegt?« fragte sie.

»Ja darum«, sagte seufzend der Hutmacher, »es ist immer Teestunde und zwischendurch ist keine Zeit, das Geschirr abzuwaschen.«

»Und Sie rücken immer eins weiter am Tisch, nicht?« sagte Alice.

»So ist es«, sagte der Hutmacher, »wenn das Geschirr gebraucht ist.«

»Aber was passiert, wenn Sie rundherum wieder bei den ersten Gedecken ankommen?«

»Wir sollten das Thema wechseln«, unterbrach der Märzhase gähnend. »Ich langweile mich. Ich schlage vor, daß die junge Dame uns eine Geschichte erzählt.«

»Ich fürchte, mir fällt keine ein«, sagte Alice, die über diesen Vorschlag ganz erschrocken war.

»Dann soll der Siebenschläfer erzählen!« riefen beide. »Wach auf, Schlafmütze!« und sie zwickten ihn von beiden Seiten.

Der Siebenschläfer öffnete die Augen. »Ich habe gar nicht geschlafen«, sagte er mit schwacher, rauher Stimme. »Ich habe jedes Wort gehört.«

»Erzähl uns eine Geschichte!« sagte der Märzhase.

»Ja, bitte!« bat Alice.

»Fang fix an damit«, fügte der Hutmacher hinzu, »sonst bist du wieder eingeschlafen, bevor du sie fertig hast.«

»Es waren einmal drei kleine Schwestern«, begann der Siebenschläfer sehr schnell herzusagen, »und sie hießen Elsie, Lassie und Tillie, und sie lebten unten in einem Brunnen –«

»Wovon lebten sie da?« fragte Alice, die immer alles übers Essen und Trinken wissen wollte.

»Sie lebten von Sirup«, sagte der Siebenschläfer, nachdem er ein bis zwei Minuten nachgedacht hatte.

»Das ist ja wohl nicht möglich«, bemerkte Alice freundlich. »Dann wären sie doch krank geworden!«

»Das waren sie auch«, sagte der Siebenschläfer, »sehr krank waren sie!«

Alice versuchte sich genauer vorzustellen, wie man unter so seltsamen Umständen leben könnte, aber sie war ganz durcheinander, und darum fragte sie weiter: »Aber warum lebten sie unten in einem Brunnen?«

»Nehmen Sie doch noch etwas mehr Tee«, sagte der Märzhase ganz formell zu Alice.

»Bisher habe ich noch keinen Tee getrunken, da kann ich also nicht *mehr* nehmen.«

»Sie meinen, Sie könnten nicht *weniger* nehmen«, sagte der Hutmacher. »Mehr als nichts zu nehmen, ist doch sehr leicht.«

»Sie waren ja jetzt gar nicht gefragt«, sagte Alice.

»Na, und wer ist jetzt persönlich geworden?« trumpfte der Hutmacher auf. Alice wußte nicht, was sie darauf sagen sollte, so bediente sie sich erstmal mit Tee und Butterbrot, wandte sich dem Siebenschläfer zu und wiederholte: »Warum lebten sie unten in einem Brunnen?«

Der Siebenschläfer brauchte wieder eine bis zwei Minuten um nachzudenken, dann sagte er: »Es war ein Sirup-Brunnen.«

»Sowas gibt es ja gar nicht«, fiel ihm Alice sehr verärgert ins Wort, aber der Hutmacher und der Märzhase machten »Pst, pst!«, und der Siebenschläfer meinte patzig: »Wenn Sie sich nicht benehmen können, müssen Sie sich die Geschichte selbst weitererzählen.«

»Nein, bitte weiter!« sagte Alice sehr artig. »Ich werde Sie nicht wieder unterbrechen. Ich gebe zu, es gibt vielleicht einen solchen Brunnen.«

»Einen! Na ja, wenn Sie so wollen«, sagte der Hutmacher beleidigt. Aber er ließ sich herab, weiterzuerzählen. »Und diese kleinen Schwestern, die lernten Linien ziehen, wissen Sie.«

»Was für Linien ziehen?« fragte Alice und vergaß ganz und gar, was sie versprochen hatte.

»Siruplinien«, sagte der Siebenschläfer, diesmal ohne vorher nachzudenken.

»Ich will eine saubere Tasse«, unterbrach der Hutmacher. »Wir wollen jetzt alle einen Platz weiterrutschen.«

Er setzte sich auf den nächsten Platz, während er sprach, und der Siebenschläfer schloß sich an; der Märzhase nahm den Stuhl des Siebenschläfers ein und Alice recht unwillig den des Märzhasen. Der Hutmacher war der einzige, der einen Vorteil aus der Veränderung zog, und Alice hatte es bedeutend schlechter als vorher, da der Märzhase gerade den Milchtopf auf seinem Teller umgestürzt hatte.

Alice wollte den Siebenschläfer nicht schon wieder beleidigen, und so begann sie ganz vorsichtig: »Aber ich verstehe noch nicht. Wie zogen sie die Siruplinien?«

»Man kann doch Wasser aus einem Ziehbrunnen für Wasser ziehen«, sagte der Hutmacher, »und genauso kann man Sirup aus einem Sirupbrunnen ziehen – siehst du das ein, Kleine?«

»Aber sie waren doch wohl im Brunnen drin«, sagte Alice zum Siebenschläfer, ohne auf seinen letzten Anwurf einzugehen.

»Ja, ja, sie befanden sich dort sehr wohl, ganz und gar wohl«, sagte der Siebenschläfer. Diese Antwort verwirrte die arme Alice so sehr, daß sie den

Siebenschläfer einige Zeit weitererzählen ließ, ohne ihn zu unterbrechen.

»Sie lernten Linien ziehen«, fuhr der Siebenschläfer fort und gähnte und rieb sich die Augen, denn er wurde sehr schläfrig. »Linien um alle möglichen Dinge, um solche, die mit F beginnen.«

»Warum mit F«, fragte Alice.

»Warum nicht«, antwortete der Märzhase.

Da war Alice still.

Der Siebenschläfer hatte gerade wieder seine Augen geschlossen und wollte einnicken, aber als der Hutmacher ihn zwickte, wachte er mit einem kleinen Quietscher auf und fing wieder an: ». . . die mit F beginnen wie zum Beispiel Fallen, und die Ferne, und Fieber und Fülle – man sagt doch ›in Hülle und Fülle‹ – haben Sie jemals die Fülle mit Linien gezeichnet gesehen?«

»Ehrlich gesagt«, sagte Alice, völlig unsicher gemacht, »wenn Sie mich so fragen, ich glaube nicht.«

»Dann ist es das Beste, Sie halten den Mund«, sagte der Hutmacher.

Diese Unverschämtheit war mehr, als Alice ertragen konnte. Sie stand angewidert auf und ging davon. Da fiel der Siebenschläfer sofort in Tiefschlaf, und von den beiden anderen nahm keiner die geringste Notiz von ihrem Fortgehen, obwohl sie ein- oder zweimal zurückblickte, denn sie hoffte so halb, daß man sie wieder rufen würde. Als sie das letzte Mal hinschaute, waren die zwei gerade dabei, den Siebenschläfer in die Teekanne zu stecken.

»Auf jeden Fall gehe ich nie mehr dahin zurück«, sagte Alice, als sie sich einen Weg durch den Wald suchte. »Das war die blödeste Teegesellschaft, auf der ich in meinem ganzen Leben gewesen bin!«

Gerade als sie das gesagt hatte, sah sie, daß man in einen der Bäume durch eine Tür hineingehen konnte. »Das ist sehr seltsam«, dachte sie. »Aber heute ist alles so seltsam. Ich glaube, ich kann da ohne weiteres hineingehen«. Und schon trat sie ein.

Wieder befand sie sich in der langen Halle bei dem kleinen Glastisch. »Na, diesmal werde ich es besser machen«, sagte sie sich, und als erstes nahm sie den kleinen goldenen Schlüssel und schloß die Tür auf, die in den Garten führte. Darauf begann sie, an dem Pilz zu knabbern (sie hatte sich ein Stückchen davon in ihrer Tasche aufbewahrt), bis sie ungefähr noch dreißig Zentimeter groß war – dann ging sie den kleinen Gang entlang – und dann befand sie sich endlich in dem schönen Garten, bei den prächtigen Blumenbeeten und den kühlen Springbrunnen.

(Aus dem Englischen von Edda Gisela Neumann)

Was der englische Mathematikprofessor und Schriftsteller Lewis Carroll 1865 in seinem Buch »Alice im Wunderland« an wunderlichen Nonsens-Begebnissen schildert, ist gar nicht so unsinnig, ist vielmehr ein parodistischer Spiegel: am Teetisch stellt er dar, wie die Konventionen von damals jene in Bedrängnis brachten, die diesen Konventionen nicht gewachsen sind, er zeigt, wie vorgeblich Geistreiches ins Aus geht, wie die Zeit totgeschlagen wird – oder in der viktorianischen Teegesellschaft einfach stehenbleibt.

Teegedicht

Sie saßen und tranken am Teetisch
und sprachen von Liebe viel;
die Herren, die waren ästhetisch,
die Damen von zartem Gefühl.

Heinrich Heine

Heinrich Böll: Ankunft in Irland

Als ich an Bord des Dampfers ging, sah ich, hörte und roch ich, daß ich eine Grenze überschritten hatte; eine von Englands lieblichen Seiten hatte ich gesehen: Kent, fast bukolisch – das topographische Wunder London nur gestreift – dann eine von Englands düsteren Seiten gesehen: Liverpool – aber hier auf dem Dampfer war England zu Ende: hier roch es schon nach Torf, klang kehliges Keltisch aus Zwischendeck und Bar, hier schon nahm Europas soziale Ordnung andere Formen an: Armut war nicht nur »keine Schande« mehr, sondern weder Ehre noch Schande: sie war – als Moment gesellschaftlichen Selbstbewußtseins – so belanglos wie Reichtum; die Bügelfalten hatten ihre schneidende Schärfe verloren, und die Sicherheitsnadel, die alte keltisch-germanische Fibel, trat wieder in ihr Recht; wo der Knopf wie ein Punkt gewirkt hatte, vom Schneider gesetzt, war sie wie ein Komma eingehängt worden; als Zeichen der Improvisation förderte sie den Faltenwurf, wo der Knopf diesen verhindert hatte.

Auch als Aufhänger für Preisschildchen, als Hosenträgerverlängerung, als Manschettenknopf-Ersatz sah ich sie, schließlich als Waffe, mit der ein kleiner Junge durch den Hosenboden eines Mannes stach: erstaunt war der Junge, erschrocken dann, weil der Mann keinerlei Reaktion zeigte; dann klopfte der Junge vorsichtig mit dem Zeigefinger den Mann ab, um festzustellen, ob er noch lebte: er lebte noch, schlug dem Jungen lachend auf die Schulter.

Immer länger wurde die Schlange vor dem Schalter, wo es den Nektar Westeuropas in großzügigen Portionen um billiges Geld gab: Tee; als wären die Iren bemüht, unbedingt auch diesen Weltrekord, den sie knapp vor England halten, nicht preiszugeben: fast zehn Pfund Tee werden jährlich pro Kopf in Irland verbraucht; ein kleines Schwimmbassin voll Tee also muß in jedem Jahr durch jede irische Kehle laufen.

Während ich langsam in der Schlange vorrückte, blieb Zeit genug, mir die anderen irischen Weltrekorde ins Gedächtnis zu rufen: nicht nur den im Teetrinken hält dieses kleine Land; als zweiten den im Priesternachwuchs (die Erzdiözese Köln etwa müßte fast tausend Neupriester jährlich weihen, um mit einer kleinen Erzdiözese in Irland konkurrieren zu können); als dritten Weltrekord hält Irland den im Kinobesuch (wiederum – wieviel Gemeinsamkeit bei allen Gegensätzen! – knapp vor England); als vierten schließlich einen bedeutsamen, von dem ich nicht zu sagen wage, daß er mit den ersten dreien in ursächlichem Zusammenhang stehe: In Irland gibt es die wenigsten Selbstmörder auf dieser Erde. Noch sind die Rekorde im Whiskytrinken und im Zigarettenrauchen nicht ermittelt, doch auch in diesen Disziplinen liegt Irland weit vorne, dieses kleine Land, das soviel Bodenfläche wie Bayern, aber weniger Einwohner hat, als zwischen Essen und Dortmund wohnen.

Eine Tasse Tee so um Mitternacht, wenn man fröstelnd im Westwind steht, während der Dampfer sich langsam in die offene See schiebt – dann einen Whisky oben in der Bar, wo das kehlige Keltisch immer noch, aber nur aus einer einzigen irischen Kehle klang; Nonnen duckten sich im Vorraum der Bar wie großes Geflügel für die Nacht zurecht, warm unter ihren Hauben, ihren langen Habits, zogen ihre langen Rosenkränze ein, wie Taue eingezogen werden, wenn ein Boot abfährt; einen jungen Mann, der mit einem Säugling auf dem Arm an der Bartheke stand, wurde eben das fünfte Glas Bier verweigert, auch seiner Frau, die mit einem zweijährigen Mädchen neben ihm stand, nahm der Kellner das Glas ab, ohne es neu zu füllen; langsam leerte sich die Bar, schon war das kehlige Keltisch verstummt, die Köpfe der Nonnen nickten leise im Schlaf; eine hatte vergessen, ihren Rosenkranz einzuziehen, die dicken Perlen rollten mit der Bewegung des Schiffes hin und her; die beiden mit ihren Kindern auf dem Arm, denen der Trunk verweigert worden war, wankten vor mir, steuerten auf eine Ecke zu, wo sie aus Koffern und Kartons sich eine kleine Burg erbaut hatten: dort schliefen zwei weitere Kinder, zu beiden Seiten an die Großmutter gelehnt, deren schwarzes Umhängetuch Wärme für drei zu bieten schien; der Säugling und das zweijährige Schwesterchen wurden in einem Waschkorb verstaut, zugedeckt, die Eltern verkrochen sich stumm zwischen zwei Koffern, eng aneinandergeschmiegt, und die weiße schmale Hand des Mannes zog einen Regenmantel wie ein Zeltdach über dem Paar zurecht. Stille, nur die Kofferschlösser klirrten leise im Rhythmus des fahrenden Schiffes.

Eine Tasse Tee, so bei Sonnenaufgang, wenn man fröstelnd im Westwind steht, während die Insel der Heiligen sich noch im Morgendunst vor der Sonne verbarg; auf dieser Insel also wohnt das einzige Volk Europas, das nie Eroberungszüge unternahm, wohl selbst einige Male erobert wurde, von Dänen, Normannen, Engländern – nur Priester schickte es, Mönche, Missionare, die – auf dem seltsamen Umweg über Irland – den Geist thebaischer Askese nach Europa brachten.

So viele grüngraue Reisedecken waren eng um schmale Schultern gezogen, so viele strenge Profile sah ich, und an so manchem hochgeschlagenen Priesterkragen als Reserve die quergesteckte Sicherheitsnadel, an der zwei, drei, vier weitere Nadeln leise baumelten . . . schmale Gesichter, übernächtigte Augen, im Waschkorb der Säugling, der seine Flasche trank, während der Vater am Teeschalter vergebens um Bier kämpfte. Langsam stach die Morgensonne weißer Häuser aus dem Dunst heraus, ein Leuchtfeuer bellte rot-weiß dem Schiff entgegen, langsam schnaufte der Dampfer in den Hafen von Dun Laoghaire. Möwen begrüßten ihn, die graue Silhouette von Dublin wurde sichtbar, verschwand wieder: Kirchen, Denkmäler, Docks, ein Gasometer: zögernde Rauchfahnen aus einigen Kaminen: Frühstückszeit, für wenige nur: noch schlief Irland, Gepäckträger rieben sich unten am Kai den Schlaf aus den Augen, Taxichauffeure fröstelten im Morgenwind. Irische Tränen begrüßten die Heimat und die Heimkehrenden. Namen flogen wie Bälle hin und her.

Müde taumelte ich vom Schiff in den Zug, aus dem Zug nach wenigen Minuten in den großen dunklen Bahnhof Westland Row, von dort auf die Straße: vom Fensterbrett eines schwarzen Hauses nahm gerade eine junge Frau einen orangefarbenen Milchtopf ins Zimmer; sie lächelte mir zu, und ich lächelte zurück.

Ich kaufte mir eine Zeitung, eine Zeitschrift, die *Irischer Digest* hieß, und ließ mich von einem Ladenschild, das *Bed and Breakfast reasonable* versprach, verführen, »vernünftiges Bett und vernünftiges Frühstück« übersetzte ich mir dieses Versprechen, und entschloß mich zunächst zu einem vernünftigen Frühstück.

Gleicht der kontinentale Tee einem vergilbten Postscheckbrief, so gleicht er auf diesen Inseln westlich von Ostende den dunklen Tönen auf russischen Ikonen, durch die es golden durchschimmert, bevor die Milch ihm eine Farbe ähnlich der Hautfarbe eines überfütterten Säuglings verleiht; auf dem Kontinent serviert man den Tee dünn, aber aus kostbarem Porzellan, hier gießt man aus ramponierten Blechkannen gleichgültig ein Engelsgetränk zu des Fremden Labsal, und spottbillig dazu, in dicke Steinguttassen.

Das Frühstück war gut, der Tee des Ruhmes würdig, und kostenlos hinzu gab es das Lächeln der jungen Irin, die ihn servierte.

Ich blätterte in der Zeitung und fand als erstes einen Leserbrief, der forderte, daß Nelson so hoch da droben gestürzt und durch eine Muttergottesstatue ersetzt werden müsse. Noch ein Brief, der Nelsons Sturz forderte, noch einer . . .

Acht Uhr war es geworden, Gesprächigkeit flammte auf, bezog auch mich ein: ich wurde mit Worten überschüttet, von denen ich nur ein einziges verstand: *Germany.* Ich beschloß, freundlich aber bestimmt, mit der Waffe des Landes, mit dem *Sorry* zurückzuschlagen, das kostenlose Lächeln der schlampigen Teegöttin zu genießen, bis ein plötzliches Brausen, ein Donnern fast, mich aufschreckte. Konnte der Zugverkehr auf dieser merkwürdigen Insel so lebhaft sein? Das Donnern hielt an, artikulierte sich, der vehemente Einsatz zum *Tantum ergo* wurde von *Sacramentum – veneremur cernui* an klar und sauber hörbar, bis zur letzten Silbe ausgesungen klang es über die Westland Row aus der St.-Andreas-Kirche gegenüber, und so, wie die ersten Tassen Tee so gut waren wie die vielen, die ich noch trinken würde – in verlassenen, schmutzigen kleinen Nestern, in Hotels und an Kaminfeuern –, so blieb auch der Eindruck einer überwältigenden Frömmigkeit, wie sie kurz nach dem *Tantum ergo* die Westland Row überschwemmte: so viele Menschen würde man bei uns nur nach der Ostermesse oder nach dem Weihnachtsgottesdienst aus der Kirche kommen sehen.

Acht Uhr morgens war es erst, Sonntag, zu früh noch, den Gastgeber aus dem Schlaf zu wecken: doch der Tee war kalt geworden, im Café roch es nach Hammelfett, die Gäste rafften Kartons und Koffer zusammen, strebten ihren Omnibussen zu. Lustlos blätterte ich im *Irischen Digest,* übersetzte mir stockend einige Anfänge von Artikeln und Kurzgeschichten, bis eine Einzeilenweisheit auf Seite 23 mich aufmerksam machte: ich verstand den Aphorismus lange, bevor ich ihn mir hatte übersetzen können: unübersetzt, nicht in Deutsch gefaßt und doch verstanden, wirkte er fast noch besser als ins Deutsche übertragen: *Die Friedhöfe,* stand da, *liegen voller Menschen, ohne die die Welt nicht leben konnte.*

Diese Weisheit schon schien mir eine Reise nach Dublin wert zu sein, und ich beschloß, sie tief in meinem Herzen zu verschließen, für die Augenblicke, in denen ich mir wichtig vorkommen würde (später erschien sie mir wie ein Schlüssel zu dieser merkwürdigen Mischung aus Leidenschaft und Gleichmut, zu jener wilden Müdigkeit, mit Fanatismus gekoppelten Wurschtigkeit, der ich so oft begegnen sollte).

Kühle, große Villen lagen hinter Rhododendron, hinter Palmen und Oleandergebüsch versteckt, als ich mich entschlossen hatte, trotz so barbarisch früher Zeit den Gastgeber zu wecken; Berge wurden im Hintergrund sichtbar, lange Baumreihen.

Acht Stunden später schon wurde mir von einem deutschen Landsmann kategorisch erklärt: »Hier ist alles schmutzig, alles teuer, und Sie werden nirgendwo eine richtige Karbonade bekommen«, und schon verteidigte ich Irland, obwohl ich erst zehn Stunden im Lande war, zehn Stunden, von denen ich fünf geschlafen, eine gebadet hatte, eine in der Kirche gewesen war, eine mich mit dem Landsmann stritt, der ein halbes Jahr gegen meine zehn Stunden setzte.

Ich verteidigte Irland leidenschaftlich, kämpfte mit Tee, *Tantum ergo,* Joyce und Yeats gegen die Karbonade, die für mich um so gefährlicher war, als ich sie gar nicht kannte (erst als ich längst wieder zu Hause war, mußte ich im *Duden* nachschlagen, um sie zu identifizieren: *Gebratenes Rippenstück* las ich dort), dunkel nur ahnte ich, als ich gegen sie kämpfte, daß es ein Fleischgericht sein müsse – aber mein Kampf war vergebens; wer ins Ausland geht, möchte die Nachteile des eigenen Landes – oh, diese Hetze zu Hause! – zwar gern missen, dessen Karbonaden aber mitnehmen; wahrscheinlich wird man nicht ungestraft in Rom Tee trinken, sowenig wie man ungestraft – es sei denn bei einem Italiener – in Irland Kaffee trinkt.

Ob ich morgen leben werde, weiß ich freilich nicht. Aber daß ich, wenn ich morgen lebe, Tee trinken werde, weiß ich gewiß.
Gotthold Ephraim Lessing

Teeanbau und Teeherstellung

Auf die Geheimniskrämerei der Chinesen ist es zurückzuführen, daß man im Abendland lange Zeit der Ansicht war, grüner – also nicht fermentierter – Tee und ›schwarzer‹ Tee würden von zwei verschiedenen Pflanzen geerntet. Der Engländer Robert Fortune konnte das mit der Autorität eines Mannes, der die Probleme ›vor Ort‹ studiert hatte, richtigstellen. Sein Buch über seinen Aufenthalt in China in den Jahren 1848 bis 1851 ist eine Fundgrube für alle, die mehr über Teeanbau und Teeherstellung in der damaligen Zeit wissen wollen. Wenn dabei immer wieder von Grüntee die Rede ist, kommt dem Leser erst recht zum Bewußtsein, daß dieser im Osten immer eine größere Rolle spielte als der fermentierte schwarze Tee, und daß es auch in Europa lange Zeit so war.

Träger der ostasiatischen Teekultur ist der grüne – unfermentierte – Tee.

Inzwischen aber war eine andere Frage aufgetaucht, die die Fachleute wieder in heftige Meinungsverschiedenheiten verstrickte. In den 30er Jahren des 19. Jahrhunderts hatte man in den tropischen Wäldern von Assam wildwachsende Teepflanzen entdeckt und festgestellt, daß die Eingeborenen um deren Eigenschaften wußten und ihre Blätter verwendeten.

So tauchte plötzlich neben der *Camellia sinensis,* die aus China einzuführen und heimisch zu machen man sich bemühte, diese nun *Camellia assamica* genannte Pflanze auf und mit ihr die Frage, ob man sich nun weiter um Samen und Pflanzen aus China bemühen müsse, gar solle, oder ob man die Lösung der Frage schon im Hause habe.

Die akademische Frage, ob es sich um eine oder zwei Pflanzen handele, ob die eine von der anderen abstamme – ob der chinesische Teestrauch eine kultivierte Form desjenigen aus Assam ist oder der in Assam gefundene gar ein verwilderter Vetter des chinesischen – ist viel diskutiert worden.

Die Praxis zeigte, daß der chinesische Teestrauch wesentlich widerstandsfähiger ist als der aus Assam. Über Jahrtausende der Kultivierung hat er eine Reihe von Besonderheiten entwickelt, die ihn von seinem bis vor kurzer Zeit noch ›wilden‹ Vetter unterscheiden. Als Ausgleich für das ständige Pflücken der Blätter haben die Wurzeln die Funktion der Speicherung von Stärke übernommen, wozu allerdings der Mensch durch Düngung entsprechende Nährstoffe zur Verfügung stellen muß. Chinesische Sträucher bringen aromatischeren Tee und haben kleinere Blätter. All das führte dazu, daß in den damals neuen indischen Teeanbaugebieten zunächst Sträucher aus China bevorzugt wurden.

So sah Robert Fortune die Teegärten in China: »Theepflanzungen. Ansicht im Grüntheebezirk«, aus seinem Reisebericht. 1848–1851

Es war aber nicht von der Hand zu weisen, daß die kräftigere Assampflanze mit ihren größeren Blättern einen wesentlich höheren Ertrag abwarf – sie setzte sich, wie das in solchen Fällen ist, trotz mancherlei Bedenken durch. Züchter wiesen dann durch Kreuzungen den optimalen Weg. *Hybriden* vereinigen die guten Eigenschaften

»Thea viridis«. Ein immergrüner Strauch oder Baum mit kurzgestielten lederartigen Blättern. Die drei Zentimeter großen Blüten stehen einzeln oder in Büscheln bis zu sechs Stück in den Blattachseln. Neun Monate nach der Blüte reifen in dreiflächigen Holzkapseln glattbraune Samenkerne.

Engländer brachten Teesamen zunächst in ihre Heimat und später auch nach Indien, um das chinesische Teemonopol zu brechen.

der chinesischen wie Assam-Pflanzen und werden heute allgemein bevorzugt.

Der Teestrauch ist ein immergrüner Strauch oder Baum mit kurzgestielten, lederartigen Blättern, die einen sägeblattartigen Rand haben. Die Unterseiten der Blätter sowie die Blattknospen sind mit einem Flaum bedeckt, der noch nach der Verarbeitung als seidenartig-silbriger Schimmer sichtbar ist.

Ursprünglich gehörte der Teestrauch zum ›Unterholz‹ des Urwaldes. Deshalb hat man in der Frühzeit der Plantagenwirtschaft in den Teegärten oft ›Schattenbäume‹ gepflanzt, die die Teesträucher vor allzu starker Sonneneinstrahlung sowie vor Wind und Nachtfrösten schützen sollten. Dazu sollten diese Bäume den Vögeln, die lästige Insekten vertilgen, Unterschlupf bieten.

Der Teestrauch selbst wird im Teegarten so groß (oder klein) gehalten, daß das Pflücken der Triebspitzen ohne besondere Mühe möglich ist.

Quer über den Globus zieht sich ein Band von Südostasien über Teile Afrikas bis Südamerika: Der Anbaugürtel des Tees. An den Boden stellt der Teestrauch keine hohen Anforderungen. Er soll tiefgründig locker und gut durchlüftet sein (der Strauch hat eine bis zu 6 Meter lange Pfahlwurzel) und keinesfalls zu stauender Nässe neigen. Humus wird bevorzugt, ein sandiger Boden gemieden. Bei der

Fast alle chinesischen Bilder vom Teeanbau zeigen Berge, denn an deren Hängen wächst der beste Tee.
Links ein Etikett, um 1900
Oben Ausschnitt aus einem Blatt um 1740

Der »Teegürtel« der Erde umfaßt die teeproduzierenden Gebiete (von Ost nach West) Neuguinea, Japan, Taiwan, China, Vietnam, Java, Sumatra, Malaysia, Bangladesh, Indien, Sri Lanka, Iran, UdSSR, Türkei, Kenya, Tansanya, Uganda, Ruanda, Burundi, Mocambique, Zimbabwe, Kamerun, Brasilien, Argentinien, Peru.

Monokultur der Plantagenwirtschaft ist Düngung wichtig und Stickstoff die wesentlichste Komponente.

Anspruchsvoll ist der Teestrauch dagegen, was das Klima betrifft. Um viele Blätter zu produzieren, benötigt er Feuchtigkeit. Je mehr Wasser er bekommt, desto höher ist die Ausbeute. Regenzeiten und Trockenperioden schlagen sich in der Menge – und der Qualität – des Blattgutes nieder. Mindestens so wichtig wie die Feuchtigkeit des Bodens aber ist die der Luft. Künstliche Bewässerung hat sich deshalb nicht bewährt.

Schon in China kamen die besten Tees aus den Bergen, »deren Spitzen in Wolken gehüllt sind«, und an deren Hängen das Wasser, notfalls unterstützt durch fachgerechte Drainage, sich nicht staut.

Mit dem Tee ist es dabei wie mit dem Wein. Die besten Sorten kommen aus Gegenden, in denen die klimatischen Verhältnisse eher problematisch sind und der Anbau mühsam, in denen der Teestrauch eine besonders intensive Pflege verlangt.

In China gibt es eine Überlieferung, wonach man einst Affen dressiert habe, um Tee zu pflücken. Die hätten auch an steilen, felsigen, für den Menschen unzugänglichen Hängen pflücken können. Und dort, an den unzugänglichsten Stellen, habe man den besten Tee geerntet.

In jeder Geschichte steckt ein wahrer Kern. Wir finden ihn, wenn wir die Landesnatur der Teeanbaugebiete betrachten und ihre Erzeugnisse probieren. In den feuchtheißen Ebenen Sumatras und Ostafrikas – um typische Anbaugebiete von ›Massentees‹ zu nennen wachsen kräftige Büsche mit großen fleischigen Blättern und ermöglichen reiche Ernte fast rund um das Jahr, deren Blattgut in die zahlreichen englischen und ostfriesischen Mischungen eingeht, also anonym bleibt. Setzen wir dagegen unseren Fuß in das Hochland Sri Lankas oder besuchen Darjeeling, so finden wir dort Plantagen, deren Tees Weltruf haben und wie Wein unter Angabe des Jahrgangs und des Teegartens, ja unter Angabe der Jahreszeit, in der die Ernte erfolgte, an Kenner verkauft werden, denen das Probieren immer neuer Tees (und es gibt alljährlich neue, die das Klima anders hat werden lassen als dieselbe Sorte des Vorjahrs) ein Abenteuer ist wie dem Weintrinker die Weinprobe.

Nach einer chinesischen Überlieferung wurden Affen dressiert, um an besonders unzugänglichen Stellen Teeblätter zu pflücken, denn: je steiler die Hänge, desto besser soll der Tee sein.

Warum das so ist, läßt sich aus der Geographie und dem Klima eines Teedistrikts wie *Darjeeling* erklären, und alles, was dabei zur Sprache kommt, gilt mehr oder weniger auch für andere Gebirgsregionen, in denen Tee angebaut wird, ob sie nun in Südindien, Sri Lanka, China oder noch andernorts liegen.

Darjeeling liegt in den Ausläufern des Himalaya, zwischen Nepal, Sikkim und Bhutan. Die Teegärten befinden sich alle in einer Bergregion, die unmittelbar aus der Ebene aufsteigt, mit mächtigen Bergketten und tief eingeschnittenen Tälern. Die Jahreszeiten verlaufen dort ähnlich wie im übrigen nördlicheren Indien: Kaltes Wetter – warmes Wetter – Regenzeit. Dazu kommt aber als Besonderheit dieser Landschaft der starke Einfluß des Monsunwindes auf die Luftfeuchtigkeit und damit sowohl auf das Wachstum des Teestrauches als auch auf die Qualität der Blätter.

Es gibt auf der Erde bestimmte Zonen stetig wehender Winde. Die bekanntesten von ihnen sind die *Passat*winde, die in tropischen Gebieten parallel zu den gleichnamigen Meeresströmungen gleichbleibend zum Äquator hin blasen, und zwar ausgehend von den Wendekreisen. Da nun die Rotation der Erde sie abdrängt, wehen diese Passatwinde nördlich des Äquators (also auch in Indien) von Nordwesten nach Südosten, und südlich des Äquators von Südwesten nach Nordosten. Diese leicht eingängige Regel wird allerdings nun, was Darjeeling betrifft, etwas modifiziert. Es erscheint nämlich über Indien und dem Indischen Ozean als zweiter stetiger Wind der Monsun. Er verstärkt einen Sachverhalt, den wir an jeder Küste beobachten können, daß die Luft über dem Land sich im Sommer stärker erhitzt als über dem Wasser und deshalb die zum Land hinstreichenden Winde im Sommer einen größeren Anteil an den Luftbewegungen haben als im Winter. In Indien nun, zwischen dem Meer im Süden und der riesigen Landmasse Innerasiens im Norden, gewinnt dieser Effekt so an Bedeutung, daß er das Gesetz der Passate im Sommer außer kraft setzen kann.

Darjeeling vor dem Himalaya, 1857. Zu den ersten erfolgreichen Teepflanzern Darjeelings (in den 40er Jahren des 19. Jahrhunderts begann man mit der Anlage von Teegärten) gehörten deutsche Missionare.

Diese Monsunwinde haben einen außerordentlichen Einfluß nicht nur auf die Landwirtschaft, sondern auf die gesamte Zivilisation von Gebieten, in denen sie wehen. Sie erleichtern zum Beispiel seit Jahrtausenden die Schiffahrt zwischen Indien und Afrika – im Winter hin, im Sommer zurück – auf gebrechlichsten, einfachen Booten mit primitiven Segeln. Die Monsunwinde waren so die Voraussetzung für

Wichtige Tee-Anbaugebiete

China
- Szechuan 1
- Keemun 2
- Pingsuey 3
- Wenschow 4
- Chingwo 5
- Paklum 6
- Yünnan 7

Nordindien
- Darjeeling 8
- Terai 9
- Dooars 10
- Assam 11
- Cachar 12
- Kangra Valley 13
- Dehra Dun 14

Südindien
- Nilgiri 15
- Anamalai 16
- Travancore 17

Sri Lanka
Dimbula 18
Nuwara Eliya 19
Uva 20
Dickoya 21

Taiwan 22
Japan 23
Vietnam 24
Malaysia 25
Indonesien
Java 26
Sumatra 27

Bangladesh
Chittagong 28
Sylhet 29
Sikkim 30
Bhutan 31
Nepal 32
UdSSR 33

Türkei 34
Iran 35

die frühen und intensiven Kontakte zwischen Indien und der arabischen Welt.

Diese Monsunwinde werden gegen die Gebirgswände des Himalaya gedrückt, müssen in größere Höhe aufsteigen und verlieren damit viel Wasser, so daß es im Sommer eine mit reichlichen Niederschlägen gesegnete Regenzeit gibt. Die Teegebiete sind dann durchweg in Wolken gehüllt, Nebel hängen den ganzen Tag über zwischen den Bergen. Die meisten Teegärten Darjeelings liegen in einer Höhe zwischen 300 und 2000 Meter (die Höhe von 800 bis 2000 Meter über dem Meere wird als optimal für den Teestrauch angesehen). Die Durchschnittstemperatur beträgt zwei Grad mehr als in London. Je nach der Höhenlage ist das Klima subtropisch bis gemäßigt.

Zwischen 1300 und 1500 Meter in der Höhe gibt es eine Klimagrenze, die sich auf die Temperatur, die Sonnenscheindauer und die Luftfeuchtigkeit auswirkt. Tee, der diesseits oder jenseits dieser Grenze wächst, ist von unterschiedlicher Qualität. Dafür gibt es eine Reihe einleuchtender Gründe. Zunächst geht es um die Lichteinstrahlung. Die ist im Bergland intensiver als in der Ebene und man hat herausgefunden, daß gerade die Intensität des Licht ein wesentlicher Faktor für das Aroma des Tees ist. Dann wirkt sich die Temperatur aus. Frost und Schnee, wie sie der Winter in der Höhe bringt, machen dem Teestrauch nichts aus. Gewiß, das Wachstum ist geringer als in der wärmeren Ebene, man kennt hier, wo Stämme und Zweige der Sträucher mit Moos bedeckt sind, klar begrenzte Jahreszeiten und unterscheidet den Tee nach Wachstumsperioden und der sich daraus ergebenden unterschiedlichen Qualität. Ganz allgemein aber ist zu sagen, daß – und hier haben wir wieder die Analogie zum Wein – die Teeblätter, die hier, unter dem Wachstum nicht so günstigen Umständen, reifen, klein, langsamer in ihrer Entwicklung und geringer in der Ausbeute, von unvergleichlich feinerem Aroma sind als die in der Ebene gewachsenen.

Anlage einer Plantage um 1900. Der Urwald muß gerodet und 45 cm tief gepflügt werden.

Fabrikgebäude einer Plantage um 1900

Seit die Engländer den Teestrauch in ihre Kolonien verpflanzten, wird er in Plantagen – in klassischer Monokultur – angebaut. Man nennt diese ›Tee-Gärten‹. Der romantisch klingende Name kann nicht darüber hinwegtäuschen, daß es sich um respektable landwirtschaftliche Betriebe mit angeschlossenen Fabrikanlagen für die Aufbereitung des Pflückgutes handelt. Eine Aufstellung der wichtigsten Teegärten Darjeelings führt 30 Betriebe mit mehr als 250 Hektar auf, die größten liegen bei 400/500 Hektar und einem Jahresertrag von 400 000 bis 600 000 Kilogramm Pflückgut.

Da die gepflückten Blätter sofort verarbeitet werden müssen, gehört zu einem großen Teegarten ein gut funktionierendes Transportsystem, also befahrbare Wege oder – in schwierigem Gelände oft bevorzugt – Seilbahnen.

Sorgen bereiten den Teepflanzern Erosion und die daraus resultierende Gefahr von Bergrutschen. Wo der Urwald gerodet und der Erdboden mit jungen Teesträuchern besetzt wird, ist die Erdoberfläche zunächst schutzlos Sonne, Wind und Regen ausgesetzt, trocknet aus, wird vom Wind davongetragen und vom Wasser davongeschwemmt. Gerade die Abschwemmung ist in bergigem Gelände eine große Gefahr. Der Pflanzer versucht sie zu bannen, indem er die Reihen der Sträucher quer zur Laufrichtung des Wassers setzt, entlang der Höhenlinien, was ›Konturenpflanzung‹ genannt wird. Weitere Hilfsmittel sind die Anlage von Gräben und Terrassen, deren steile Hänge mit bodenbedeckenden Gewächsen bepflanzt sind.

Die für die Anlage eines Teegartens notwendigen Pflanzen hat man lange Zeit hindurch – bis vor wenigen Jahren ausschließlich – auf generativem Wege gewonnen. Das heißt, man hat die Samen besonders geeigneter Pflanzen gesammelt (nicht gepflückt, sondern unter den Sträuchern aufgelesen), um daraus in speziellen Anzuchtgärten Jungpflanzen zu ziehen.

Anlage eines Teegartens. Chinesische Zeichnungen um 1840

Vorbereitung des Bodens

Aussaat

Dieses System hat eine Reihe von Nachteilen. Zunächst werden dabei ganz natürlich ›gute Blüher‹ bevorzugt, die durchweg schlechte Blattproduzenten sind. Dann ist es schwierig, ja fast ausgeschlossen, eine Fremdbestäubung auszuschließen, selbst wenn die ›Samengärten‹ weitab anderer Pflanzungen angelegt sind und die Büsche dort größeren Abstand haben (um die herabgefallenen Samenkapseln besser aufsammeln zu können).

Die Anzucht der Jungpflanzen erfolgt dann in Töpfen oder Plastikbeuteln.

Neu ist das vegetative Verfahren der Vermehrung. Die Möglichkeiten, zu selektieren (gegen den gefürchteten Blister-Blight, gegen Wurzelkrankheiten und Wurzelparasiten) sind größer, hier besteht die Möglichkeit, die Eigenschaften der Mutterpflanze ohne jede Beeinträchtigung auf die Jungpflanzen zu übertragen.

Teegärten in China. Wie seit Jahrtausenden baut man den Tee hinter dem Haus (links), aber auch in modern angelegten Plantagen.
Unten: First flush. Die ›Klone‹ sind an der verschiedenen Färbung kenntlich.

Arbeit im Teegarten. Chinesische Zeichnungen um 1840

Pflege der Jungpflanzen

Die Stecklinge werden aus Trieben ausgesuchter Mutterpflanzen geschnitten, jeweils mit einem Blatt, und werden in Anzuchtbeete oder Plastikbeutel gesetzt. Nach etwa einem halben Jahr, die Pflänzchen haben dann eine Höhe von etwa 20 Zentimeter, werden sie umgesetzt, bleiben weitere anderthalb Jahre, bis die Pflanzen brusthoch sind, auf dem Anzuchtgelände. Dann schneidet man sie auf 15 Zentimeter zurück und bringt sie auf ihren endgültigen Standort draußen im Garten.

Die Vermehrung ist in den letzten Jahrzehnten zu einer Aufgabe der Wissenschaft geworden. Forschungsinstitute spielen dabei eine wichtige Rolle, denn es geht darum, durch Selektion und Kreuzung unempfindliche und zugleich ertragsstarke Teesorten zu entwickeln, den örtlichen Gegebenheiten in den verschiedenen Teeanbaugebieten angepaßt, mit Eigenschaften, die den Erwartungen der Verbraucher entsprechen.

Die Entfernung von Unkraut ist für den Teepflanzer nur so lange eine wichtige Aufgabe, wie die jungen beschnittenen Büsche vereinzelt im vorbereiteten Boden stehen und sich zwischen ihnen Freiflächen ergeben. Ist einmal das Blätterwerk geschlossen, wie es bei allen Bildern von Teepflanzungen zu sehen ist, kann darunter kaum noch etwas gedeihen. Daraus ergibt sich auch, daß die Verwendung von Unkrautbekämpfungsmitteln, die im Kreuzfeuer der Kritik stehen, auf die geschilderte Übergangszeit beschränkt ist. Ältere Bestände kommen normalerweise mit Herbiziden nicht in Berührung. Dazu werden in allen Teeverbrauchsländern – besonders in Deutschland – laufend Analysen durchgeführt, um eventuelle Rückstände von Pflanzenschutzmitteln oder anderen Chemikalien aufzuspüren. Ihr Teelieferant steht mit seinem Namen für die Reinheit und Bekömmlichkeit des Tees.

Düngung ist überall, wo Monokultur betrieben wird, ein großes Problem. Die Pflanzen entziehen dem Boden ganz bestimmte Nährstoffe, er wird einseitig belastet und ermüdet bald. Teepflanzen benötigen in erster Linie Stickstoff. Pro Ernte und Hektar entziehen sie dem Boden etwa 30 Kilogramm. Stickstoffmangel vermindert Trieb- und Blattbildung und dadurch sofort die Erträge. Reichliche Stickstoffdüngung zur richtigen Zeit dagegen vermehrt den Pilzbefall.

Und damit sind wir bei den Krankheiten. Natürlich sind die Verhältnisse in den verschiedenen Teeanbaugebieten, gegeben durch unterschiedliche Boden- und Klimaverhältnisse, nicht annähernd gleich. Aber genau wie bei der Düngung gibt es gewisse überall gültige Grundsätze. ›Hochgezüchtete‹ Teepflanzen sind gegen Krankheiten und Schädlinge anfälliger als ihre wildwachsenden Ahnen. Daran kann auch keine Züchtung, die Resistenz gegen Epidemien zum Ziel hat, etwas ändern. Denn die Pflanze steht in der Plantage in einer Umgebung, die nicht mehr mit ihrem natürlichen Standort zu vergleichen ist. Das natürliche Gleichgewicht wurde gestört, das kostet den Pflanzer bis zu einem Drittel der Erntemenge, so daß damit auch der wirtschaftliche Erfolg infrage steht. Erhöhte Anfälligkeit des Teestrauches ist auch durch die Nutzungsform an sich gegeben. Die Entfernung der jungen Blätter und Triebspitzen schwächt ihn auf die Dauer und macht ihn empfindlich gegen ungünstige Einflüsse aller Art. Und mit chemischen Mitteln, besonders Spritzmitteln, muß äußerst vorsichtig umgegangen werden, denn ein eventueller Rückstand auf den Blättern würde bis in die Tasse ›durchschlagen‹. Flekkenrost, Pilzbefall und Heloptiswanzen sind also Gefahren, die gleichermaßen durch Züchtung wie durch Düngung und Pflege, biologische und – wenn es sein muß – chemische Schädlingsbekämpfung angegangen werden müssen.

Würde man den Teestrauch ungehindert wachsen lassen, so entwickelte er sich bald zu einem zehn bis fünfzehn Meter hohen Baum. Die Pflückerin würde also nur mit einer hohen Leiter die Triebspitzen erreichen können. Durch regelmäßigen Schnitt wird er in einer Form gehalten, die die Ernte praktisch und problemlos macht und zur Bildung neuer Triebe angeregt. Dazu muß allerdings der rechte Zeitpunkt ausgesucht werden, da der Busch Blätter und nicht Blüten produzieren soll. Die hier gezeigten Bilder aus China, Darjeeling und Java demonstrieren den etwa 1,20 Meter hohen flachen bis etwas gewölbten *cutacross* (Nivellierschnitt). Jahr für Jahr wird der neue Schnitt schonend etwas über dem vorjährigen Niveau vorgenommen. Je älter das Holz wird, desto geringer ist der Blattertrag. Wenn der Anteil alter Äste überwiegt, der Busch zu groß ist, wird ein radikaler Rückschnitt (10 bis 40 cm über den Boden) vorgenommen. Wie oft das geschieht, hängt von den klimatischen Verhältnissen ab, ist also von Anbaugebiet zu Anbaugebiet sehr verschieden.

So sah man in England um 1880 Teeanbau und Teeherstellung in Indien. Terrassierte Teegärten, das Rollen – damals noch mit der Hand ausgeführt –, Verpacken und Transport

Der Erfolg bei der Führung eines Teegartens liegt darin, durch gute Jungpflanzen, optimale Pflege und wirksame Düngung möglichst viel Blattgut zu erzeugen und das zum richtigen Zeitpunkt durch geschickte Pflückerinnen pflücken zu lassen. Dabei soll so viel wie möglich gepflückt werden, aber nur so viel, daß die Pflanze nicht geschwächt wird, was sich wieder negativ auf künftige Ernten auswirken würde.

Zwei Regeln hat die Pflückerin dabei zu beachten: *Je feiner das Blatt, desto feiner der Tee* und *Das Pflückgut soll gleichmäßig sein.* Das heißt, es wird nicht wahllos jeder junge Trieb abgepflückt. Die neuen Triebe müssen eine gewisse Größe haben, die Zahl der ›Pflückrunden‹ ist also größer als die Richtzahl, wie oft unter den

Teepflückerin auf Java

Neue Triebe nach der First-Flush-Pflückung

Gleichmäßiges Pflückgut

Zurückgeschnittene Teesträucher

Der Tee ist so gut wie die Pflückerin. Seine Qualität liegt in ihrer Hand. Denn es muß ›ausgesucht‹ gepflückt werden. »Two leaves and a bud« lautet die Regel (Zwei Blätter und eine Spitze).
Sechstausend bis neuntausend solcher ›Schüsse‹ ergeben in Darjeeling ein Kilogramm fertigen Tee, in Assam, bei größerem Blattgut, genügen dreitausend Schüsse. Gepflückt wird je nach Blattanfall. Das hängt von der Jahreszeit und der Witterung ab. In manchen Teeanbaugebieten wird rund um den Kalender, also das ganze Jahr hindurch, gepflückt. Sobald neue Triebe nachgewachsen sind, gibt es eine neue ›Pflückrunde‹. Aber nicht alle Triebspitzen werden geerntet, denn das Pflückgut soll gleichmäßig sein.
Wenn der Teebusch nicht öfter als zehn- bis fünfzehnmal im Jahr neue Triebe treibt, bedeutet das etwa dreißig Pflückrunden.
Versuche, mit Maschinen zu pflücken, waren bisher von wenig Erfolg begleitet.

jeweiligen Klimaverhältnissen ein Teebusch neue Triebe entwickelt. ›Ausgewählt pflücken‹ wird das genannt. Das kann nur eine geschickte Pflückerin, eine Maschine ist dafür ungeeignet. Trotz aller Versuche und Mühen: durch Maschinen gepflückter Tee (es gibt hin und wieder solche Apparate im Flachland, und grusinischer Tee wird oft maschinell gepflückt) ist von minderer Qualität. Wie sehr das ausgewählte Pflücken die Qualität des Tees beeinflußt, mag die nachstehende in Darjeeling aufgestellte Tabelle zeigen:

Blatt	Farbstoffe	Koffein
Spitze	26,5 %	4,7 %
1. Blatt	25,9 %	4,2 %
2. Blatt	20,7 %	3,5 %
3. Blatt	17,1 %	2,9 %

Teepflückerin Ceylon 1886

Die meisten Teeanbaugebiete haben eine ganz bestimmte ›Pflücksaison‹. Die wird durch die Jahreszeiten und die Vegetationsperiode wie bei uns in Europa bestimmt, mit gewissen Abweichungen wie die vom Monsun bestimmte Regenzeit in Indien – jahreszeitlich versetzt, ins Gegenteil verkehrt, jenseits des Äquators. Es gibt unter bestimmten klimatischen Bedingungen die Möglichkeit, das ganze Jahr hindurch Tee zu pflücken. Das ist aber nicht der beste. Alle Gebiete, in denen Spitzentees wachsen, und insbesondere die Bergregionen, haben ausgeprägte Jahreszeiten, eine klar umrissene Pflücksaison und innerhalb dieser Zeiträume, in denen ganz bestimmte typische Tee-

Indische Teeplantage um 1900
Links Auswiegen des Pflückgutes
Rechts Vorbereitungen für den Transport des Tees nach Calcutta

sorten geerntet werden. *First flush* ist die erste Ernte nach der Regenzeit, ein Tee von sehr feinem, zartem Aroma. *Second flush* ist die zweite Pflückung nach der Regenzeit, mit kräftigen Tees, die als die besten geschätzt werden. Schließlich gibt es solche Spezialitäten wie den *Autumnal*, die durchweg recht gute Herbsternte und *Regentee*, das ist in der Regenzeit gepflücktes Blattgut.
Nun ist Eile geboten. Spätestens sechs Stunden nach dem Pflücken soll das Blattgut in der Fabrik sein. Sonst sind Qualitätsmängel unvermeidlich. Während der ›Pflückrunden‹ bedarf es minutiöser Planung, wie der Transport und die Verarbeitungsvorgänge ablaufen sollen. Grob gesagt geht es um sechs Dinge: Das Welken, Rollen, Fermentieren, Feuern oder Rösten, Sortieren und Verpacken.

Welken. Die Zeit, in der die Teeblätter auf runden Bambussieben in die Sonne gestellt wurden, ist lange vorbei. Dann wurden die Gebäude der Teefabriken so angelegt, daß die Luft durch die weitgehend offenen Räume streichen konnte. Dort wurden – und werden in rückständigen Betrieben noch heute – die Blätter auf große Drahtsiebe verteilt. Das macht den Pflanzer abhängig von der jeweiligen Luftfeuchtigkeit und macht die Sache während der Regenzeit besonders schwierig. Heute ist man weitgehend unabhängig. Das Welken erfolgt in offenen Trögen durch darüber streichende Heißluft. Dadurch ist der Prozeß kürzer, das Ergebnis gleichmäßiger. Der Pflanzer kann mehr Einfluß nehmen.

Darauf folgt das *Rollen.* Es wird seit geraumer Zeit von großen, aber recht einfachen Maschinen erledigt. Sie bestehen aus zwei Mes-

singplatten, die sich gegeneinander bewegen. Dabei werden die Zellwände des Blattes zerstört, und es tritt Feuchtigkeit aus. Je nach dem zwischen den Platten bestehenden Druck wird *Blatt-Tee* oder *Broken-Tee* produziert. Außerdem wird das Blattgut beim Rollen erhitzt, so daß die Fermentation bereits beginnt.

Gerollt wird meist mehrmals. Das heißt, bei entsprechender Temperatur wird der Vorgang abgebrochen, das Blattgut kühlt ab, und es erfolgt ein neuer Rollvorgang. Da das Blattgut durch Feuchtigkeit und Hitze Klumpen gebildet hat, geht es durch einen *Ballenbrecher* und wird nach jedem Rollvorgang der Größe entsprechend ausgesiebt. ›Dhools‹ nennt man die meist drei sich daraus ergebenden

»Nachdem die Blätter von den Hügeln ins Haus gebracht sind, werden sie in flache Bambussiebe ausgeschüttet, und, wenn die Sonne nicht zu hell scheint, in freier Luft getrocknet.« Chinesische Darstellung um 1740

Rechts: Teeverarbeitung heute. Welken mit Heißluft und Rollen

21ST DAYS

WEATHER { Wet / DRY / Showery — OUTSIDE SHADE TEMP. MAX° 29.4 C MIN° 23.8 C

FRESH LEAF MANUFACTURE
BALASON – DURMAH T. G.
ROLLING SHEET
TEA MADE

1. % age fr
2. „ of ma
3. „ of Rec
4. Rollers r
5. Dryers
6. Factory
7. Sorting
8. Out put
9. Inlet ten
10. Exhaust

Average Rolling Room Temp } Dry bulb° 67, Wet bulb° 65 } Max. difference – 2

Unpruned Leaf Weight……

Pruned Leaf Weight……

Dryer fuel :- Quality……Type……

Engine fuel :- Quality……Type……

Weight of Ghany-charge 36" roller 140 kgs 46" roller 240 kgs.

Previously by 9925 kgs.
To-day 1571 –"–
Total to-date 11496 –"–
Date 7TH APRIL 1981

NOTE—Tick off Kutcha Siftings Marks Experimental Gunnies × affixing Serial Numbers

GREEN LEAF – 6124 kgs.

Ghanny or Roll Batch No.	Quality of Leaf Charged Kg.	Roller No.	1st Roll 45 Mins IN	1st Roll 45 Mins OUT	Sifting 10	2nd Roll 45 Mins Start	2nd Roll 45 Mins Finish	Sifting 10	3rd Roll Mins IN	3rd Roll Mins OUT	Sifting	Fermented Mins Start	Fermented Mins Finish	Mean Rung Temp.
1.	240	1	7.45	8.30	10	8.40	9.25	10				9.35	10.00	
2.	140	3	8.05	8.50	10	9.00	9.45	10				9.55	10.20	
3.	240	2	8.20	9.05	10	9.15	10.00	10				10.10	10.35	
4.	240	1	8.45	9.30	10	9.40	10.25	10				10.35	10.55	
5.	140	3	9.05	9.50	10	10.00	10.45	10				10.55	11.15	
6.	240	2	9.20	10.05	10	10.15	11.00	10				11.10	11.30	
7.	240	1	9.45	10.30	10	10.40	11.25	10				11.35	11.55	
8.	140	3	10.05	10.50	10	11.00	11.45	10				11.55	12.15	
9.	240	2	10.20	11.05	10	11.15	12.00	10				12.10	12.30	
10.	240	1	10.45	11.30	10	11.40	12.25	10				12.35	12.55	
11.	140	3	11.05	11.50	10	12.00	12.45	10				12.55	13 10	
	2240													

HUMIDITY PERCENTAGE

TIME	DRY	WET.	DIFF.
7.45	65	63	2

Quanten (Aussiebungen), das erste Dhool ergibt den feinsten Tee und die größte Menge.

Nun geht der Tee in den *Fermentations*raum. Er ist sauber wie ein Labor. Dort werden die immer noch blaßgrünen Blätter etwa 10 Zentimeter hoch auf Aluminium-Tabletts ausgebreitet. Als Faustregel gilt, daß sich drei Stunden nach dem Beginn des Rollens die Blätter kupferrot färben und der Fermentationsprozeß abgebrochen werden muß. Im Einzelfall ist das aber sowohl von der Temperatur als auch von der Luftfeuchtigkeit abhängig.

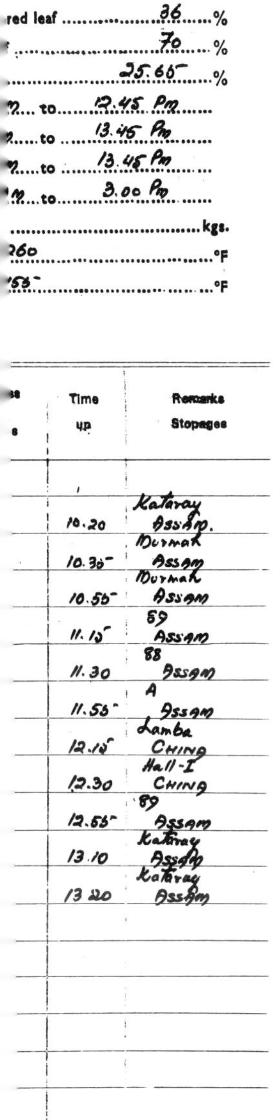

red leaf .... 36 ......%
.... 70 ......%
.... 25.65 ......%
... to ...... 12.45 Pm ......
... to ...... 13.45 Pm ......
... to ...... 13.45 Pm ......
... to ...... 3.00 Pm ......
.... kgs.
260 .... °F
55 .... °F

Time up	Remarks Stopages
10.20	Kataray Assam.
10.30	Durmak Assam
10.50	Durmak Assam
11.15	89 Assam
11.30	88 Assam
11.55	A Assam
12.15	Lamba China
12.30	Hall-I China
12.55	89 Assam
13.10	Kataray Assam
13.20	Kataray Assam

Links Ausschnitt aus dem Tagesberichtsbogen einer Teefabrik. Während des Vormittags wurden in drei Rollern elf Partien je zweimal gerollt, mit einer Abkühlungspause von jeweils 10 Minuten. Danach wurde fermentiert. Man begann mit 25 Minuten und kürzte die Zeit im Laufe des Tages auf zuletzt 15 Minuten, wahrscheinlich wegen zunehmender Temperaturen.
Die Trockner arbeiteten bis 13.45 Uhr, also noch 35 Minuten nach Beendigung der Fermentation.

Für die Sortierungen des Tees sind in Indien folgende Bezeichnungen üblich:
FTGFOP1 = Fine Tippy Golden Flowery Orange Pekoe 1
TGFOP1 = Tippy Golden Flowery Orange Pekoe 1
GFOP1 = Golden Flowery Orange Pekoe 1
FBOP1 = Flowery Broken Orange Pekoe 1
FGBOP = Flowery Golden Broken Orange Pekoe
BOPF = Broken Orange Pekoe Fannings
PD = Pekoe Dust

Spitzentees werden nach wie vor mit der Hand verlesen.

Was geschieht da nun, wo der Tee ›schwarz‹ wird? Es handelt sich um einen Oxydationsprozeß, bei dem unter Beihilfe von Fermenten und Luftsauerstoff Gerbstoffe zu Thearubigen und Theaflavin umgewandelt werden. Dabei bleibt nur etwa ein Viertel der im grünen Blatt vorhandenen freien Gerbstoffe erhalten, was schwarzen Tee weniger bitter macht als grünen. Auch der Gehalt an Koffein (Tein) wird verändert, und die Aromastoffe verändern sich oder werden während des Fermentationsprozesses überhaupt erst gebildet. Wie das aussieht, zeigt die nachfolgende Übersicht:

Bestandteile schwarzen Tees vor und nach der Fermentation

Angabe in Prozent	Wasser	Gerb-stoff	freies Koffein	an Gerbstoff gebundenes Koffein	Gesamt-Koffein
Sofort nach dem Pflücken	75,26	29,70	0,58	3,66	4,24
nach dem Welken	43,64	29,70	1,55	2,68	4,23
nach dem Rollen	38,25	23,17	2,69	1,82	4,51
nach 2½stündiger Fermentation	35,57	17,26	2,72	1,39	4,11
fertiger Tee nach dem Rösten	9,67	12,59	3,20	1,07	4,27

»Wenn die überflüssige Feuchtigkeit verdunstet ist, werden die Blätter in runde Pfannen von Eisen geschüttet und über einem gelinden Feuer der Hitze ausgesetzt.« Chinesische Darstellung um 1740

Rechts: Teeverarbeitung heute. Rösten und Sortieren

Beim grünen Tee ist manches anders

Grüner Tee, das soll an dieser Stelle angemerkt werden, wird nicht fermentiert – deshalb der etwas bittere Geschmack, weil er noch alle Gerbstoffe enthält. Aber auch beim Welken ergeben sich schon Differenzen gegenüber der üblichen Bearbeitung. Das Pflückgut muß möglichst schnell erhitzt werden, um die Enzyme abzutöten. Das geschieht durch kurzes Brühen in kochendem Wasser oder durch Dampf. Danach folgt das übliche Rollen und nach Überspringen des Fermentiervorgangs – Grüntee wird mit denselben Vorrichtungen und Maschinen hergestellt wie schwarzer – das Rösten.

Rösten oder *Feuern* – die Bezeichnung für diesen Arbeitsgang zeigt deutlich, wie früher das fermentierte (beim Grüntee gerollte) Blattgut getrocknet wurde. Dabei verliert es erheblich – bei Grüntee etwa zwei Drittel – an Gewicht. Außerdem wird durch die Erhitzung der Fermentiervorgang unterbrochen. Das Trocknen geschieht heute in Heißlufttrocknern, die mit Öl oder Kohle geheizt werden. Die Teeblätter geraten dort in einen 90 Grad heißen Luftstrom. Der Vorgang dauert etwa 20 Minuten.

Während des Rollens und der Fermentation ausgetretener Zellsaft erstarrt dabei und hinterläßt bei manchen Teesorten einen silbrigen Schimmer in den Blatthärchen. Unsachgemäße Trocknung kann das Aroma des Tees beeinträchtigen.

Es folgt das *Sortieren*. Die Maschinen scheiden durch mechanisch bewegte Siebe die verschiedenen Blattgrößen voneinander (Übersicht Seite 125). Spitzenqualitäten werden auch heute noch manuell kontrolliert.

Die Verpackung soll möglichst rasch geschehen, um das empfindliche Gut nicht weiterem Unbill durch Klima und Luftfeuchtigkeit auszusetzen. Traditionell dient dazu eine Kiste aus Sperrholz, mit Aluminiumfolie und Seidenpapier ausgeschlagen.

Abwiegen und Verpacken des Tees. Chinesische Darstellungen um 1870. Die Kisten wurden prächtig ausgeschmückt, beschriftet, bemalt, später auch mit bunten Etiketten versehen.

Die Zubereitung von Tee

Eigentlich beginnt sie mit dem Einkauf: Tee darf nicht zu lange liegen. Firmen, die auf sich halten, verwenden stets nur Tee, der nicht älter als einige Monate ist, und Teetrinker, die auf sich halten, kaufen nur dort, wo sie auf frische Ware rechnen können. Das ist in den meisten Fällen das Spezialgeschäft, ganz gleich, ob es als Ladenlokal oder Spezialversandgeschäft betrieben wird.

Der Teefreund verfügt über einen Vorrat verschiedener Sorten für unterschiedliche Anlässe, dazu den Lieblingstee gern gesehener Gäste. Dabei achtet er auf die richtige Aufbewahrung, damit sein Schatz nicht an Aroma verliert. Tee soll in luftdicht verschlossenen Behältern aufbewahrt werden. Besonders geeignet sind solche aus Glas und Porzellan, zu akzeptieren auch aus Holz, wenn dieses, wie in Ostasien üblich, innen und außen geruchfrei lackiert ist. Blechdosen können nur empfohlen werden, wenn der Tee darin noch einmal verpackt ist, möglichst in Pergamentpapier. Tee darf nie in der Nachbarschaft stark riechender Lebensmittel oder anderer Sachen aufbewahrt werden.

Doch nun geht es los: Zunächst die Teekanne. Sie soll eine Teekanne und nur eine Teekanne sein – nichts anderes als Tee hat in ihr etwas zu suchen. Schon gar kein Spülmittel. Die Patina, der schwarzbraune Teeansatz, ist dem Geschmack nicht abträglich. Wem Porzellan, Steinzeug oder Glas zu zerbrechlich ist, benutze eine Kanne aus Silber (aber mit Patina!). Unedle Metalle sind ungeeignet, denn mit ihnen geht die Gerbsäure des Tees Verbindungen ein. In jedem Falle soll die Kanne vor dem Aufgießen erhitzt werden, am besten durch Ausschwenken mit heißem Wasser.

Das Wasser ist oft ein Problem. Hartes und gechlortes Wasser machen gerade die besten Tees ungenießbar. Am widerstandsfähigsten sind noch die bekannte englische oder ostfriesische Mischung, Ceylon Broken Orange Pekoe, Earl Grey, Ceylon-Darjeeling-Mischung, Darjeeling Orange Pekoe. Für schlimme Fälle gibt es Filter (Ihr Teehändler berät Sie, Sie brauchen sich nur von Ihrem Wasserwerk den Härtegrad des gelieferten Wassers nennen zu lassen), für nicht ganz so schlimme hilft es schon, das Wasser nicht einmal, sondern zweimal kurz bei geöffnetem Kessel aufwallen zu lassen. Nie aber dürfen Sie das Wasser brodelnd ›totkochen‹; deshalb ist auch der Heißwasserhahn des Boilers für Tee ungeeignet. Für die köstlichsten Spitzentees verwendet man notfalls einmal Selters- oder Regenwasser.

Die Intensität des Aromas und die Stärke des Tees hängen nicht nur von der verwendeten Teemenge, sondern auch von der richtigen Dauer des Ziehens ab. Von der Regel »pro Tasse einen gestrichenen Teelöffel« mag jeder nach Belieben nach oben oder unten abweichen (nicht aus Sparsamkeit: mehr als zwanzig Pfennig kostet eine gute Tasse Tee nicht), länger aber als fünf Minuten sollte der Tee nicht ziehen. Bei ›Broken‹-Mischungen genügen auch vier Minuten, und will man einen besonders anregenden Tee, nimmt man eine etwas größere Menge und läßt den Aufguß nur zwei Minuten ziehen – das Teeblatt hat dann seinen vollen Tein-Gehalt schon abgegeben. Für den Abendtee sollte man – wenn man sonst nicht schlafen kann – wenig Tee nehmen und etwa zehn Minuten ziehen lassen.

Letzte Handlung Ihrer Teezeremonie: Nach dem Ziehen sollte der Tee in eine Servierkanne gegossen werden, die natürlich gleichfalls zuvor erhitzt sein will. Benutzt man eine Teesiebkanne mit herausnehmbarem Einsatz, kann man sich diesen Punkt ersparen. Nicht zu empfehlen ist allerdings das Tee-Ei aus Porzellan oder gar aus Metall: wie ein Käfig hindert es das edle Aroma an der freien Entfaltung.

Das alles gilt für den bei uns normalen schwarzen Tee. Da die Zahl derer steigt, die den grünen Tee probieren und dabei lieben lernen, hier noch ein paar Worte über die Besonderheiten seiner richtigen Zubereitung: Für den Aufguß kann – im Gegensatz zum Schwarztee – kein sprudelnd kochendes Wasser empfohlen werden. Der Grund:

Grüntee hat mehr frische, nicht oxydierte Gerbsäure und ist daher im allgemeinen bitterer. Die Japaner gießen sehr feine Grüntees mit einer Wassertemperatur von nur 50 bis 70 Grad auf und gießen den Tee bereits nach drei Minuten von den Blättern ab. In China gießt man 70 bis 80 Grad heißes Wasser auf und läßt ihn etwa fünf Minuten ziehen (nach persönlichem Geschmack kürzer oder länger).

Für Grüntee also die Empfehlung: anregender Tee – durch mehr Teeblätter; erfrischender Tee – durch nur warmes Wasser und kurze Ziehdauer; ist der Tee zu bitter – wenig Teeblätter und weniger heißes Wasser.

Schließlich muß die Frage nach Zucker und Milch als Zutaten gestellt werden. Süße Milch und »ein wenig Saltz« nahmen die Chinesen in ihren Tee, wie Johan Nieuhof nach seiner China-Reise im 17. Jahrhundert berichtete. Doch die Zeiten haben sich gewandelt. In Ostasien trinkt man den Tee – hauptsächlich grünen – ›ohne alles‹. Die Sitte, ihn mit Milch und Zucker zu würzen, kommt aus England zu uns. Sie ist mit der Verwendung des von den Engländern so geliebten starken schwarzen Tees verbunden, wie sie ihn in Assam und Ceylon anbauten und heute zum großen Teil aus Ostafrika beziehen. Tatsache ist, daß Zucker – in Maßen verwendet – verborgene Duftstoffe und zartes Aroma zur vollen Entfaltung bringt.

Zur ostfriesischen Teestunde gehören Kandis und Sahne. Das ist nicht nur ein geschmackliches, sondern ein optisches wie akustisches Vergnügen: Ein mit Umsicht gekochter Tee wird so in die ›Köpche‹ genannten Tassen gefüllt, daß diese noch die übrigen Zutaten aufnehmen können. Es folgen die ›Klunker‹ genannten Kandisstücke, wozu eine Zange, der ›Kluntjeknieper‹ bereit liegt, und ein Löffel Sahne, die man vorsichtig in den Tee gleiten läßt. Nun tritt eine Wartezeit ein, in der man das Knacken der zerfallenden Kandisstücke – »de Kluntjes kniddern« – hört. Sobald das zu Ende gegangen ist, kann der Tee getrunken werden. Da er nicht umgerührt wurde, hat sich die Sahne am Boden der Tasse abgesetzt und ein paar Wölkchen nach oben geschickt. Die Tasse wird vorsichtig angesetzt und der Tee ›dreistöckig‹ getrunken. Kauend nimmt man die drei Geschmacksrichtungen wahr: das herbe Aroma des Tees, die feinmilde Sahne und den süßen Zucker.

Es gibt Augenblicke im Leben, abscheuliche Augenblicke, wenn man aus einem Unterschlupf hervortritt und um sich blickt, und alles ist schrecklich. Dann sollte man nicht nachgeben! Man sollte nach Hause gehen und sich einen besonders guten Tee leisten.

Katherine Mansfield, »Eine Tasse Tee«

Tee zu jeder Gelegenheit

Tee kann man beinahe immer trinken. Da die Gelegenheiten viele sind und die Teesorten ebenfalls, sollte jeweils mit Sorgfalt der passende Tee ausgewählt werden. Hier ein paar Anregungen dazu.

Ganz allgemein kann gesagt werden, daß morgens – als Anregung – schwere Tees, die nur kurz ziehen, infrage kommen, dagegen in der zweiten Tageshälfte leichtere, wobei man weniger Tee nimmt und diesen länger ziehen läßt.

Wichtig ist auch, ob der Tee allein oder zusammen mit Gebäck oder einer Mahlzeit gereicht wird, denn Teesorten mit feinem Aroma verlieren dann oft so stark, daß man ihren Geschmack neben dem des Essens kaum mehr wahrnimmt. Der Rezept-Anhang zeigt eine kleine Auswahl von Gebäck, das zum Tee paßt. Zu einem kräftigen Abendessen aber sollte man – es klingt paradox, doch das Problem ist dasselbe – zum Frühstückstee greifen.

Morgens: Kräftige ›englische‹ Sorten, ostfriesische Mischungen, dunkle Assam-Tees, Ceylon-Mischungen, English Breakfast Tea, südindische Tees (Anaimudi) und, auf Wunsch, Sahne und Kandis.

Vormittags: Kräftige Darjeelings (Second flush), chinesische Yünnans, Oolongs, südindische Tees, aromatisierte Tees.

Nachmittags: Gute Ceylon-Tees, zum Beispiel aus Nuwara Eliya oder Uva, Darjeelings (Second und First flush), chinesische Keemuns, Kenia, aromatisierte Tees.

Abends: Feine Darjeelings, zarte chinesische Tees (Szechuan, Keemun).

Getränkeverbrauch in der Bundesrepublik Deutschland je Kopf in Liter

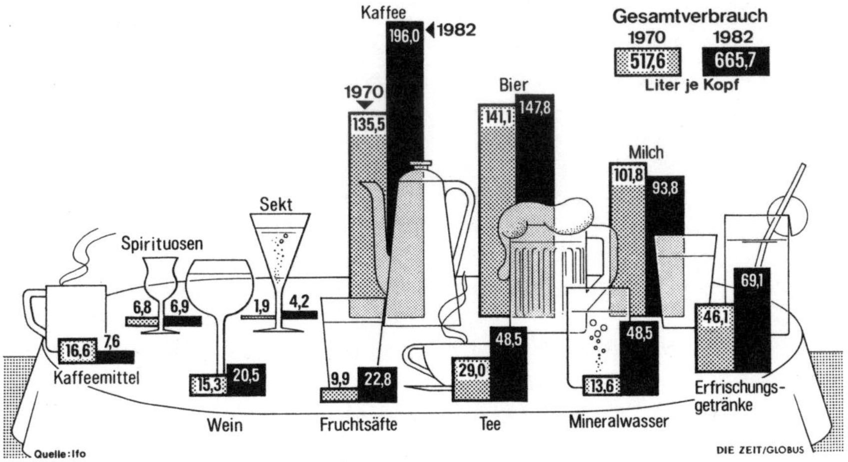

Tee und Gesundheit

Tee wurde ursprünglich als ein Heilmittel angesehen – in China wie auch in Europa. Nachdem seine gesundheitsfördernden Wirkungen lange Zeit unbeachtet blieben, besinnt man sich heute wieder mehr darauf, besonders dem Grüntee werden positive Wirkungen zugeschrieben. Ein zusammenfassendes Gutachten besagt:

Die Qualität handelsüblicher Tees wird weitgehend von Bestandteilen bestimmt, die während der Blattbearbeitung unverändert bleiben, wie Mineralstoffe, Gerbsäure (Depside) und Coffein (Tein), sowie solchen, die mehr oder minder starke Veränderungen erfahren, wie Gerbstoffe, Teeflavine und Teerubigene.

Grüne Tees enthalten stets wenig durch fermentative und nicht fermentative Oxydation aus Catechin und Catechinestern gebildete Produkte. Wäßrige Abgüsse von sorgfältig bereitetem grünen Tee sind daher blaßhellgelb. Grüne Tees werden, wie über den Gerbsäuregehalt gezeigt werden kann, überwiegend aus Blattgut feiner bis feinster Qualität bereitet. In Tee-Getränken machen Mineralstoffe, Gerbstoffe, Teerubigene und Teeflavine sowie Gerbsäure und Coffein mehr als 90 Prozent der wasserlöslichen Substanzen aus.

Tee ist kaliumreich. Kalium aktiviert Enzyme, steigert die Glykolyse, Lipolyse und Gewebsatmung. Teegenuß trägt also zur Versorgung des Körpers mit dem benötigten Kalium bei.

Teeblätter enthalten verhältnismäßig viel Fluor. Mit fünf bis sechs Tassen extraktreicher Teegetränke wird dem Körper etwa 1 Milligramm Fluor in Form von Fluoriden zugeführt. Damit kann zu der für die Kariesprophylaxe erforderlichen Fluoridmenge beigetragen werden.

Grüner Tee verhindert nach Angaben der Literatur durch seine stark harntreibende Wirkung die Bildung von Harnblasen- und Nierensteinen. Bei Rheuma-Erkrankung konnte man aus den gleichen Gründen einen deutlichen Rückgang der Entzündungserscheinungen feststellen. Qualitativ hochwertige grüne Tees – sie haben Gerbsäuremengen von mehr als sieben Prozent – sind nach klinischen Tests bei der Behandlung von Ruhrerkrankungen wirksam und oftmals sogar Antibiotica vorzuziehen. Aus sowjetischen Arbeiten folgt, daß grüner Tee auch bei Hepatitis eine günstige Wirkung zeigt. Grünem Tee wird bei der Behandlung von Arteriosklerose für die Reduzierung erhöhten Blutdrucks Bedeutung zugeschrieben.

Im grünen Tee schwanken die Vitaminmengen in weiten Grenzen. Die unvermeidbaren Unterschiede erklären sich aus der Blatt-Provenienz und der Bearbeitung, zumal insbesondere fermentative Veränderungen selbst bei sorgfältigster Blattverarbeitung nicht völlig ausgeschlossen werden können. Mit fünf Tassen Teegetränk werden bis zu zehn Prozent der notwendigen täglichen Zufuhr von Vitamin B_1 und B_2 erreicht. Das gilt – wenn auch nicht in allen Fällen – ähnlich für Vitamin C.

Besondere Bedeutung hat Coffein für das Tee-Getränk. Tees enthalten zwischen 2 und 3,5 Prozent Coffein. Tee-Getränke aus 1,5 g Tee und 0,2 l Wasser (1 Tasse) weisen bei fünf Minuten Ziehzeit meist zwischen 25 und 50 Milligramm Coffein auf. Coffein wirkt anregend auf das Zentralnervensystem und die Gehirnfunktion. Die anregende Wirkung ist länger, auch durch das im Tee enthaltene Purin »Adenin« schwächer als die des Kaffee-Coffeins.

Tee-Rezepte

Tee mal so – mal so. Teezubereitung in mancherlei Art

Tee englisch

Tee (Englische Mischung), Milch, Zucker

Der Tee wird kräftig aufgegossen. Dann die Teegläser zu einem Fünftel mit ungekochter, nicht zu kalter Milch füllen. Den heißen Tee dazugießen und nach Belieben süßen.

Tee russisch

Tee (Karawanentee), kandierte Früchte oder Konfitüre

In einen kräftigen Teeaufguß werden nach russischer Tradition Früchte oder Konfitüre gegeben, pro Glas 1 TL voll.

Tee friesisch

Tee (Ostfriesische Mischung), Kandiszucker, Sahne

In die Teegläser wird Kandiszucker gelegt, ein kräftiger Abguß darüber gegeben. Anschließend kommt auf jedes Glas ein Löffel Sahne, die nicht untergerührt wird. Nachdem der Kandis nicht mehr knackt, sich also aufgelöst hat, wird der Tee langsam ›dreistöckig‹ getrunken.

Englischer Gewürztee

Es ist englische Tradition, Tee selbst zu aromatisieren, mit Zimtrinde, Gewürznelken und angeriebener Zitronenschale. Die Zutaten werden vermischt und etwa 1 Woche in einer verschlossenen Büchse aufgehoben. Dann ist der Tee verwendungsfähig.

Schwarzer Tee mit Pfefferminze

Es ergibt ein besonderes, erfrischendes Aroma, wenn dem schwarzen oder grünen Tee beim Aufguß etwas Pfefferminztee zugesetzt wird. In islamischen Ländern ist die Sitte verbreitet, dem Tee frische Minze zuzugeben.

Sportler-Tee

Schwarzer Tee, Traubenzucker, Zitrone

Besonders belebend wirkt stark aufgegossener und nur kurz gezogener Tee, der reichlich mit Traubenzucker gesüßt und mit Zitrone abgeschmeckt ist.
Für die heiße Jahreszeit wird Sportler-Tee gekühlt mit Eiswürfeln als Erfrischungsgetränk empfohlen.

Zitronen- oder Orangentee

Diesmal kein aromatisierter Tee.
Normaler Schwarzer Tee wird aufgegossen, in jedes Glas kommt eine Orangen- oder Zitronenscheibe. Mit Zucker nach Geschmack süßen.

Früchtetees

können ganz einfach hergestellt werden, indem stark aufgegossener Tee bis zur Hälfte mit Fruchtsaft vermischt wird. Eine weitere Möglichkeit ist, das Teewasser mit dem Fruchtsaft zu vermischen und so über die Teeblätter zu gießen.

Tee mit Ingwer

Schwarzer Tee, Ingwer, Kandis

Schwarzen Tee kochen, in die Gläser kleingeschnittenen Ingwer und Kandis geben und den heißen Tee darüber schütten.

Tee mit Zimt

Schwarzer Tee, Zimtrinde, Zucker

Vor dem Aufgießen wird auf die Teeblätter ein kleines Stück Zimtrinde gelegt, das dem Tee ein besonderes Aroma verleiht.

Anis-Tee

Einen Abguß von Anissamen (1 Teelöffel Anis auf 1/4 l Wasser) mit der gleichen Menge heißen schwarzen Tee mischen. Auch der Anissamen soll 5 Minuten ziehen. Als Verfeinerung wird empfohlen, das in Tassen gefüllte Getränk mit gehackten Walnüssen zu bestreuen.

Milch-Tee (2 Portionen)

1 TL schwarzer Tee, 1/2 l Milch, 5 EL Kandis, 2 Eigelb

Milch mit Zucker aufkochen und über die Teeblätter gießen. Fünf Minuten ziehen lassen, abgießen. Man muß nicht, sollte aber das Getränk mit den 2 Eigelb verquirlen.

Imker-Tee

Kräftiger schwarzer Tee wird mit Honig gesüßt. Dabei rechnet man mit 1 bis 2 TL pro Glas (soll auch Erkältungen lösen).

Tee nach jugoslawischer Art

Recht leicht aufgebrühter schwarzer Tee wird je zur Hälfte mit herbem Weißwein gemischt und mit Honig und Zitronensaft abgeschmeckt. Landesüblich serviert man ihn in großen Keramiktassen.

Nun etwas Stärkeres . . .

Tee mit Rum – das Patentrezept der Seeleute auf den alten ›Seelenverkäufern‹ – wurde Ausgangspunkt einer langen Reihe von Getränken, in denen Tee mit Alkoholika abgerundet wird. Das mundet besonders im kalten Winter. Heißer Tee ›mit etwas drin‹ wärmt dann Körper und Geist und läßt trotz aller äußerlichen Unbill eine fröhlich-gelöste Stimmung aufkommen.

Eier-Tee (4 Gläser)

1/2 l starker schwarzer Tee, 2 Eigelb, 40 g Zucker, Rum

Aus dem Eigelb und dem Zucker wird eine Creme geschlagen und mit einem guten Schuß Rum ›verbessert‹. Diese dann in den heißen Tee einrühren.

Tee Sherpa

Sherpas, Bewohner der Himalaya-Region, sind als Träger erfolgreicher Bergsteiger-Expeditionen bekannt geworden. So etwas erfordert Kondition. Also:

Schwarzer Tee, Rotwein (Bordeaux), Zukker, Zitronenscheiben

Tee aufgießen, die Gläser zu einem Drittel mit Rotwein füllen, 3 TL Zucker pro Glas dazugeben, mit heißem Tee auffüllen. Mit einer Zitronenscheibe garnieren.

Zwetschgentee

Ganz einfach: In ein Glas leicht gesüßten Tee wird ein guter Schuß Zwetschgenwasser gegeben. Das Rezept kann mit anderen Destillaten vom Arrak und Rum bis zum Weinbrand beliebig abgewandelt werden.

›Guter‹ russischer Tee

Schwarzer Tee, Arrak, Rumkirschen, Zucker

In schwarzen Tee wird ein Schuß Arrak gegeben. Dann nach Belieben in Rum getränkte Kirschen. Mit Zucker süßen.

Tee schottisch

Schwarzer Tee, Whisky, Zucker, Schlagsahne, Muskat

Starken schwarzen Tee zubereiten und zunächst einen guten Schuß Whisky in das Glas geben. Dann Zucker und den Tee dazu. Schließlich eine Haube aus Schlagsahne darauf setzen und etwas geriebene Muskatnuß darüber streuen.

Tee-Clipper (1 Portion)

Aus den Tagen, als der Tee auf Segelschiffen rund ums Kap der Guten Hoffnung gebracht wurde

1 Glas Rum (Größe nach Belieben), 1 Glas starker heißer Tee, Zucker, 1 Zitronenscheibe

Heißen Tee in ein großes feuerfestes Glas füllen, den vorgewärmten Rum dazugeben, nach Geschmack süßen und eine Zitronenscheibe darauf legen.

Steife Brise (reicht für 2 bis 3 Personen, je nach Außentemperatur)

2 Zitronen, 1/8 l Weinbrand, 1/2 l doppelt starker schwarzer Tee (Assam), 1/8 l Rum, 2 EL Honig

Zitronensaft und Weinbrand miteinander mischen. Wenn ungespritzte Zitronen verfügbar sind, wird die Schale abgerieben, dazu gegeben und das Ganze 1 Stunde zum Durchziehen beiseite gestellt. Dann Tee und Rum dazugeben, umrühren, erhitzen und mit Honig süßen.

Tee Nikolaschka
Das richtige Trinken will gekonnt sein und es bedarf sicher einiger Übung. Die aber lohnt sich.

Schwarzer Tee, Weinbrand, Zitronenscheibe, Zucker

In ein größeres Schnapsglas kommt zur Hälfte starker schwarzer Tee, dann wird es mit Weinbrand aufgefüllt. Auf das Glas gehört nun eine Zitronenscheibe und darauf ein Häufchen Zucker.
Beim Trinken wird die Zitronenscheibe im Mund behalten, die Flüssigkeit soll darüber laufen.

Tee-Flip (Milch-Mixgetränk) 1 Portion

1/4 l Milch, 1 EL Zucker, 1 TL Tee (Darjeeling), 1 Eigelb, 1 Gläschen Arrak

Milch zum Kochen bringen, den Zucker darin verrühren, dann vom Feuer nehmen und den Tee hinzugeben. Fünf Minuten ziehen lassen und durch ein Sieb geben. Dann das Eigelb und den Arrak daruntermischen und das Ganze noch einmal erhitzen.

Teeflip, heiß (1 bis 2 Portionen)

2 TL schwarzer Tee, 1/2 l Wasser, 1 Ei, Zukker, 1 Gläschen Arrak, 1 Spritzer Maraschino, Zitrone, Muskatnuß

Tee kochen, 5 Minuten ziehen lassen, abgießen. Das Ei mit dem Zucker, Arrak und Maraschino, etwas Zitronensaft und einer Prise geriebener Muskatnuß schaumig rühren (Handrührgerät!) und mit dem heißen Tee vermischen. Heiß servieren.

Punsch

Diesen Begriff und das Rezept für das inzwischen weit verbreitete Getränk haben englische Matrosen im 17. Jahrhundert aus Ostindien mitgebracht. Es kommt von ›pantsch‹, das hindustanisch ›fünf‹ oder ›fünferlei‹ bedeutet. In diesem Falle Arrak, Zitrone, Gewürz, Zucker und Tee. Inzwischen haben sich die Sitten gelockert. Mancherlei Punsch besteht auch aus Weinbrand (statt Arrak), Wein oder Wasser (statt Tee).
Wichtig ist, daß der Punsch zwar heiß auf den Tisch kommt, aber nicht gekocht wurde. Das würde seinen Wohlgeschmack beeinträchtigen. Er wird gern in vorgewärmten dekorativen Gefäßen serviert und aus ebenfalls vorgewärmten hohen Gläsern getrunken.
Einige der hier beschriebenen Punschgetränke können auch kalt genossen werden.

Einfacher Teepunsch (4–6 Gläser)

1 l starker schwarzer Tee, 1/4 l brauner Rum, Zucker, Zitronenscheiben

Tee und Rum in einen Topf bis kurz vor den Siedepunkt erhitzen, nach Geschmack süßen und in feuerfeste Gläser gießen. Auf jedes Glas eine Zitronenscheibe legen.

Friesenpunsch (6 Gläser)

8 TL schwarzer Tee (Ostfriesische Mischung) 1/2 l Wasser, 1 Flasche Rotwein, 2 Gewürznelken, Zimt, Anis, 2 EL Zucker, Zitronensaft, Orangensaft, Kandiszucker

Einen starken Tee kochen, 5 Minuten ziehen lassen und abgießen. Zusammen mit dem Wein, den Gewürzen und dem Zucker erhitzen, mit dem Zitronen- und Orangensaft abschmecken. Kandiszucker zum Nachsüßen mit servieren.
Wem das Getränk zu schwach ist, der kann es durch Beigabe von – beispielsweise – weißem Rum gehaltvoller machen.

Teepunsch mit Weißwein (4 Gläser)

3 TL schwarzer Tee, 1/4 l Wasser, 1 unbehandelte Zitrone, 1 Flasche Weißwein, 100 g Zucker, etwas Rum

Aus Tee und Wasser einen starken Aufguß bereiten, 5 Minuten ziehen lassen und abseihen. Zusammen mit dem Wein und Zucker sowie dem Saft der Zitrone bis zum Siedepunkt erhitzen, mit Rum abschmecken.

Orangenpunsch (4 Gläser)
Ein Seelenwärmer, der mit seinen Vitaminen sich großer Beliebtheit als Hausmittel gegen Erkältungen erfreut

1/2 l starker schwarzer Tee (Assam), Saft von 1 Zitrone, 1/4 l Orangensaft (möglichst frisch ausgepreßt), 1/8 l Rum, 1 Stange Zimt, etwas Ingwerwurzel, 3 Gewürznelken, 4 EL Zukker, 1 kleines Glas Portwein

Alles in einem Topf unter ständigem Rühren bis zum Siedepunkt erhitzen, durch ein Sieb in ein feuerfestes Gefäß abgießen.

Eierpunsch (4 große Gläser)

4 TL schwarzer Tee (Ceylon), 1/2 l Wasser, 250 g Zucker, 3 Eigelb, 1/3 Flasche Weinbrand

Einen starken schwarzen Tee kochen, ziehen lassen, abgießen. Die Hälfte des Zukkers direkt in den Tee geben, die andere Hälfte mit dem Eigelb und dem Weinbrand schaumig rühren. Dann bei schwacher Hitze unter ständigem Rühren in den Tee geben. Das Ganze weiter erhitzen, bis der Punsch zu steigen beginnt.

Die Menge des Weinbrands sollte auf die Außentemperatur abgestimmt sein. Das Rezept in der vorstehend angegebenen Form ist eine recht wirksame Vorbeugung gegen winterliche Erkältungen.

Krambambuli (heiß oder kalt)
Das Rezept ist für eine größere Gesellschaft geeignet

1 l starker schwarzer Tee, 3 Flaschen Weißwein, Zucker, Zitrone, Arrak

Den Wein mit Zucker (nach Geschmack) zum Kochen bringen, den Tee hinzufügen, mit Zitronensaft und Arrak abschmecken.

Apfelpunsch (6–8 Gläser)

1/2 l starker schwarzer Tee, 1 l Apfelsaft, 1 Orange, 1 Zitrone, 2 TL Zucker, Zimtstange, 2 Nelken, Calvados nach Belieben

Alle Zutaten bis auf den Calvados kommen in einen Topf und werden langsam erhitzt. Von Orange und Zitrone werden, wenn unbehandelte Früchte zu bekommen sind, neben dem Saft auch die Schalen verwendet. Bis zum Siedepunkt erhitzen. Danach kommt Calvados nach Belieben hinzu. Als Daumenregel: 0,1 l auf die oben genannte Menge.

›**Mitternachtstee**‹
gibt Schwung, weiter zu feiern

16 TL schwarzer Tee, 1 l Wasser, 8 Orangen, 2 Zitronen, Zucker, 1/2 l Rum, etwas Arrak

Tee aufgießen, 5 Minuten ziehen lassen. Inzwischen die Orangen und Zitronen auspressen. Saft, Rum und Arrak zum Tee geben, mit Zucker abschmecken und erhitzen.

Japanischer Teepunsch (für eine größere Gesellschaft)

2 TL grüner Tee (Sencha), 1/2 l Wasser, Zukker, 1 Zitrone, 2 Flaschen spritziger Weißwein (Mosel), 1 Flasche Arrak

Tee aufbrühen und 5 Minuten ziehen lassen, abseihen, mit Zucker süßen. Falls unbehan-

delte Zitrone verfügbar, die Schale abreiben und hinzufügen, durchziehen lassen und anschließend durchseihen. Sonst mit Zitronensaft abschmecken. Dann Wein und Arrak zugeben und das Ganze erhitzen (nicht kochen!).
Stilecht soll Japanischer Punsch in einer vorgewärmten Porzellanterrine serviert und aus kleinen Porzellantassen getrunken werden.

Russischer Punsch (6–8 Gläser)

3 TL schwarzer Tee, 1/4 l Wasser, 6 Eier, 1 Flasche Weißwein, 1/2 Flasche Weinbrand, 1 Wasserglas Wodka, 150 g Zucker

Tee aufbrühen, 5 Minuten ziehen lassen, abgießen. Die Eier schaumig rühren. Alles zusammen geben und in einem Wasserbad verrühren oder mit dem Handrührgerät unter leichter Hitze verquirlen, bis die Masse schaumig ist.

Ananaspunsch (für eine größere Gesellschaft)

250 g Ananas in Scheiben, 0,1 l Ananassaft, 0,1 l Madeira, 1/2 l starker Tee, 250 g Zucker, 3 Flaschen Rotwein, Saft von 3 Zitronen, 1/4 l Arrak

Ananasscheiben mit Saft und Madeira zugedeckt etwa 2 Stunden ziehen lassen. Alles Übrige zusammen erhitzen (nicht kochen!), über die Ananasscheiben gießen, umrühren, servieren.

Tee erfrischt an heißen Tagen

Hitze vertreibt Hitze – meint man im Fernen Osten und reicht dem Gast zur Erfrischung heiße Handtücher.
Demzufolge: »Nichts kühlt besser als heißer Tee«, ist als ein Ausspruch des englischen Staatsmannes und Teekenners William Gladstone überliefert.
Daneben sind aber auch Rezepte mit kaltem Tee zu empfehlen – voran der Eistee, mit dem Amerika sich seinen Platz in der Teekultur gesichert hat.

Eistee (6 Gläser)

Das ist ein schockartig gekühlter Tee, den man auf Eiswürfel gießt. Durch diesen ›Kälteschock‹ wird vermieden, daß er längere Zeit steht und entsprechend abgestanden schmeckt. Seine Freunde loben die besonders große Kühlwirkung des Eistees und sein frisches Aroma.

Erfunden wurde er im Jahre 1904 in Amerika, wo man ihn ›Iced-Tea‹ nennt. Dort wurden auf der Weltausstellung in St. Louis an einem glühend heißen Tag Proben von Tee aus Indien angeboten, die niemand haben wollte. Der Verkäufer kam auf die Idee, ihn kalt mit Eisstückchen zu servieren und hatte durchschlagenden Erfolg.

1 l starker heißer Tee (Ceylon oder Südindien), 2–3 Zitronen, Zucker, Eiswürfel

Den Tee 5 Minuten ziehen lassen und abgießen. Den Zitronensaft hinzugeben, mit Zukker abschmecken. Nun in die Gläser etwa zur Hälfte Eiswürfel füllen und den heißen Tee darüber gießen.

Eistee Kuba (6 Gläser)

Eistee wie beim vorhergehenden Rezept herstellen, auf die Eiswürfel aber – bevor der heiße Tee darauf kommt – pro Glas ein Gläschen Rum geben.

Eistee Kuba (Rezept II)

Ananasstücke (pro Portion 1–2 EL), Rum (pro Portion 4 cl), schwarzer Tee, Eiswürfel

Die Ananasstücke sollen 30 Minuten im Rum ziehen. Dann in Gläser geben und mit gekühltem schwarzen Tee auffüllen, einige Eiswürfel dazugeben.

Eistee englisch (etwa 10 Gläser)

Schwarzer Tee, Zitronensaft, Zucker, Eiswürfel

Mit 1 l Wasser einen doppelt starken schwarzen Tee kochen, 5 Minuten ziehen lassen, abgießen, 1 l kaltes Wasser hinzugeben. In Gläser einige Eiswürfel geben und den Tee darüber gießen. Zitronensaft und Zucker dazu reichen. Jeder schmeckt seinen Tee selbst ab.

Dieser Tee kann – im Gegensatz zu dem nach amerikanischem Rezept gekochten – längere Zeit stehen bleiben.

Eistee mit Pfefferminz

Besonders erfrischend ist Eistee, der aus einer Mischung von schwarzem oder grünem Tee und Pfefferminztee besteht. Dabei soll mit Zitronensaft (und Zucker) nicht gespart werden.

Gewürzter Eistee (6 Gläser)

8 TL schwarzer Tee (Ceylon), 2 TL Pfefferminztee, 2 TL Ingwerpulver, 4 Gewürznelken, 1 Stange Zimt, 1 l Wasser, Saft von 3 Zitronen, Eiswürfel; zur Garnierung frische Minze

Den Tee und die Gewürze mit kochendem Wasser übergießen, gut 5 Minuten ziehen lassen, abgießen und abkühlen lassen. Dann den Zitronensaft dazugeben, Eiswürfel in die Gläser verteilen und den Tee darübergießen.
Es sieht gut aus, wenn in jedes Glas zur Garnierung ein oder zwei Zweiglein frische Minze kommen.

Teepunsch kalt (1 Portion)

wenn auch ›gehaltvoll‹, so doch ein fast unübertroffener Muntermacher für heiße Tage

1 kleine Tasse starker schwarzer Tee, 4 cl Zitronensaft, 4 cl Weinbrand, 2 cl Orangenlikör, 2 TL Zuckersirup, 2–3 Eiswürfel
Zum Garnieren verschiedene Früchte, zum Beispiel ½ Pfirsich, 2 Erdbeeren und 2 Cocktailkirschen

Die oben genannten Zutaten – das Eis fein geschabt – in ein großes Glas geben und vermischen. Mit Früchten möglichst bunt garnieren.
Mit Löffel und Trinkhalm servieren.

Tee-Limonaden
sind Mixgetränke von starkem schwarzem Tee und Fruchtsäften. Meist auf Eiswürfeln, nach Geschmack gesüßt. Bei Zitronen-Limonade, wozu relativ viel Zucker benötigt wird, sollte dieser in kochendem Wasser aufgelöst werden:

60 g Zucker, 1 l Wasser, 8 TL schwarzer Tee, 1–2 Zitronen, Eiswürfel

Den Zucker in kochendem Wasser auflösen, das Zuckerwasser über die Teeblätter geben und 5 Minuten ziehen lassen. Abgießen, Zitronensaft dazugeben. Eiswürfel in die Gläser verteilen und den Tee darübergießen. Mit je einer Zitronenscheibe garnieren.

Eistee mit Arrak (4 Portionen)

500 ml Zitroneneis, ½ l abgekühlter schwarzer Tee, 4 TL Arrak

Das Eis in 4 hohe Gläser füllen, den Tee mit dem Arrak vermischen und über das Eis gießen.

Eistee mit Calvados (4 Portionen)

500 ml Apfeleis, ½ l abgekühlter schwarzer Tee (Yünnan), 4 EL Calvados

Das Eis in 4 hohe Gläser füllen, den Tee mit dem Calvados vermischen und über das Eis gießen.

Gebäck zum Tee

Muffins
gibt es zur traditionellen englischen Teestunde. Muffins werden aufgeschnitten und heiß, mit Butter bestrichen, serviert.

15 g Hefe, 1 TL Zucker, 1 Prise Salz, 500 g Mehl, warme Milch

Die Hefe mit dem Zucker verrühren, das Mehl in eine Schüssel sieben und in die Mitte eine Vertiefung drücken. Da hinein die Hefe-Zucker-Mischung geben, etwas warme Milch darüber schütten und ½ Stunde gehen lassen.

Nun alle Zutaten zu einem Teig vermengen und so lange kneten, bis er glatt ist. Dieser Teig soll 3 Stunden an einem warmen Ort aufgehen. Dann daraus Kugeln in gewünschter Größe formen (sie müssen nach der Ausformung wiederum ›gehen‹, bis sie doppelten Umfang erreicht haben). Im Backofen bei mittlerer Hitze zweimal 10 Minuten (zwischendurch umdrehen) backen.

Englische Teebrötchen aus Mürbeteig

200 g Mehl, 10 g Backpulver, 1 EL Butter, saure Milch, 1 Prise Salz

Aus den Zutaten einen Mürbeteig herstellen, wobei soviel saure Milch verwendet wird, daß ein fester Teig entsteht. Nach einer halben Stunde dick ausrollen, Dreiecke schneiden, auf einem leicht bemehlten Blech bei guter Mittelhitze etwa 12 Minuten backen.
Warm mit Butter bestrichen servieren.

Englischer Teekuchen

250 g Butter, 5 Eier, 250 g Zucker, etwas Salz, abgeriebene Schale einer Zitrone, 250 g Mehl, 50 g Speisestärke, Margarine
Für den Guß: 150 g Puderzucker, 3 EL Zitronensaft
Zum Garnieren: 50 g Zitronat

Butter schaumig schlagen, Eier und Zucker nach und nach dazurühren. Zitronenschale und Mehl (löffelweise) sowie Speisestärke unterrühren. Eine 26 cm lange Kastenform mit Margarine einfetten. Teig einfüllen, 75 Minuten bei 180 Grad backen (untere Schiene). Abgekühlten Kuchen stürzen.
Puderzucker und Zitronensaft miteinander verrühren und als Guß über den Kuchen geben. Fein gehacktes Zitronat darüberstreuen.

Englische Teeplätzchen

150 g Butter, 80 g Zucker, 1 TL gemahlene Muskatblüte, Salz, 2 Eier, 325 g Mehl, 1 1/2 TL Backpulver, 1/8 l Milch, 75 g Korinthen, Margarine, Puderzucker zum Bestäuben

Butter und Zucker schaumig rühren, die Gewürze und die aufgeschlagenen Eier unterrühren. Das mit dem Backpulver gemischte Mehl abwechselnd mit der Milch in den Teig rühren. Dann die Korinthen waschen, gut abtrocknen, untermengen.
Auf ein leicht gefettetes Backblech werden kleine Häufchen (Teelöffel!) gesetzt. In vorgeheiztem Ofen bei 180 Grad 15 Minuten backen (mittlere Schiene).

Teegebäck

4 Eiweiß, 130 g Puderzucker, 80 g Mehl, 1/2 Zitrone (unbehandelt!), Butter
Das Eiweiß mit dem Puderzucker schaumig schlagen, Mehl und die abgeriebene Zitronenschale beifügen. Nach einer halben Stunde mit dem Spritzbeutel auf ein gebuttertes Blech kleine Plätzchen setzen und bei mittlerer Hitze backen.

Tee-Dessert

Ostfriesische Teecreme

2 TL schwarzen Tee, 1/2 Tasse Wasser, 1 Tasse Milch, 3 EL Zucker, 1 Ei, 1 1/2 EL Stärkemehl, Rum, Zitrone

Tee aufbrühen, ziehen lassen und abseihen. Die Milch mit dem Zucker aufkochen. Das Eigelb mit dem Stärkemehl verquirlen, mit dem abgekühlten Tee in die kochende Milch geben. Das Ganze noch einmal aufkochen lassen. Das Eiweiß steif schlagen und unterziehen, die Creme mit Rum und Zitrone abschmecken.

Teegelee

1 l starker schwarzer Tee, Zucker, 15 Blatt weiße Gelatine, Sahne zum Garnieren

Tee aufbrühen, ziehen lassen, abgießen, süßen. Die Gelatine einweichen und in dem heißen Tee auflösen. Portionsförmchen mit kaltem Wasser ausspülen und füllen. Kalt stellen. Nach dem Erstarren stürzen. Das Gelee mit Schlagsahne verzieren.

Tee von A bis Z

Die nachstehenden Stichwörter geben Auskunft über Einzelfragen, die im Rahmen der vorangegangenen Kapitel nicht behandelt werden konnten. Darüber hinaus erläutern und ergänzen sie diese Texte und führen durch Hinweise zu wichtigen Textpassagen.

Ästhetische Tees nannte man in der Biedermeierzeit die Zusammenkünfte in literarischen Salons in Berlin und andernorts.
Karl August Varnhagen von Ense, Ehemann der Rahel Varnhagen, erinnerte sich in seinen »Denkwürdigkeiten«:
»Die hellblauen Zimmer waren geräumig, mit freier Aussicht die gerade Straße hinauf, rückwärts auf hohe Gartenbäume, ganz einfach ohne Kostbarkeit. Ein paar Bildnisse hingen an der Wand, zwei Büsten, Prinz Louis Ferdinand und Schleiermacher, standen zwischen Blumentöpfen, von Gerät schien nur das Notwendigste vorhanden, aber das Ganze machte dennoch einen eleganten Eindruck, oder vielmehr die Anordnung war so gefällig und bequem, daß sie jenes Behagen hervorrief, das durch die höchste Eleganz bewirkt werden soll und bei den größten Mitteln doch so oft verfehlt wird. Auf dem Fortepiano lagen einige Bücher: ein Band von Saint-Martin und die Gedichte Uhlands, ein französischer Roman und Fichtes Staatslehre ruhten friedlich beisammen.
Durch eine Neuigkeit kam das Gespräch auf Politik, und nun entstand ein heißer Kampf über den gefährlichen Vorwurf, ob ein Fürst den Eid halten müsse, den er seinem Volke geleistet. Der lebhaft rasche Disput war wie ein improvisiertes Schauspiel, nur einige Male warf Frau von Varnhagen leichte Zwischenworte hinein, um das Gespräch in gutem Gange zu halten. Sie klärte die schwülen Lüfte durch rasche Blitze eines leichten Humors, der ihr so eigen war und dessen Überraschendes ich nicht besser bezeichnen kann, als daß ich es einen angenehmen Schreck nenne, aus Staunen und Behagen gemischt.«
Dies hatte die Leichtigkeit, das Unverkrampfte, das man jeder Teerunde wünscht. »Gesprächige Freunde, Gleichgesinnte, herein!« – diese Goethesche Aufforderung hat die Teenachmittage und Teeabende der Rahel immer neu belebt. Anderswo kam in den literarischen Teesalons auch Langeweile auf, Rahel Varnhagens Bruder, Robert Levin, hat sich über stümpernde Virtuosen bei klimpernden Tassen mokiert: »Es werden die Zimmer stets heißer und enger/Und immer und immer die Weile länger.« Siehe Seite 78

Afrika. Die jungen Teeländer dieses Kontinents sind in den letzten Jahrzehnten ein wesentlicher Faktor im internationalen Teehandel geworden. Die Pflanzungen sind durch englische Initiativen entstanden, man produziert also in erster Linie ›englisch‹, für Mischungen englischer und, um es auf unsere Verhältnisse zu übertragen, ostfriesischer Art. Volle Tees, die dunkel in der Tasse stehen, mit viel *Gerbstoffen,* weil sie mit Milch getrunken werden sollen. Der Fachmann spricht von Massenware, nur in *Kenya* sind im Hochland Qualitäten zu finden, die auch als *Gartentee* in den Handel kommen. Die Teeanbauländer sind Burundi, Kamerun, *Kenya, Malawi,* Mozambique, Rhodesien (Zimbabwe), Rwanda, Tanzania, Uganda.

à l'anglaise. Siehe Seite 78

Alkoholismus. Siehe Seite 39

Almeida, Luis d' (um 1525–1583), portugiesischer Arzt, Jesuitenpater in Japan, gründete Krankenhäuser, schildert erstmals eine Teezeremonie. Siehe Seite 19

Anamalai. Teedistrikt in *Südindien* (Karte Seite 110/111). Zu Füßen des höchsten Berges Südindiens wachsen kräftige Tees mit viel *Gerbsäure,* mit sauberer und kräftiger Tasse. Im Herbst und Winter, also außerhalb der Hauptvegetationsperiode, werden aromatische Tees geerntet. Im Frühjahr und Sommer kräftigere Tees, die gern für Mischungen verwendet werden.

Anhwei (Anhui). Chinesische Provinz im Osten, am Unterlauf des Jangtsekiang. Umfaßt auch das *Keemun*-Gebiet

Argentinien. Seit einigen Jahren wird auch in diesem südamerikanischen Land mit modernen Methoden und deshalb entsprechend preiswert ein gleichbleibender Teetyp produziert, der von den international arbeitenden Großpackern für ihre Mischungen gern verwendet wird.
Die Produktion betrug 1980 34 000 Tonnen Tee auf gut 4 000 Hektar.

»Ariel« (Teeklipper). Siehe Seite 54

Aromatisierter (parfümierter) Tee. Das ist keine Erfindung der Neuzeit. In China hat er eine mehr als zweitausendjährige Tradition (da die Chinesen Tee ohne Milch und ohne Zucker trinken, ist auch heute noch ihr Verbrauch an aromatischen und aromatisierten Tees hoch). Am liebsten trinkt man in China Tee mit Rosen- oder Jasminblättern, ebenfalls in der chinesischen Tradition steht der *Rauchtee.* Araber mischen ihren Tee gern mit frischer Minze. Aromatisiert werden *schwarzer* wie *grüner Tee.* Ein Teil der heute vielfältigen Geschmacksrichtungen werden in Europa erzeugt, wie Vanille, Lavendel und der berühmte von den Engländern im viktorianischen Zeitalter eingeführte *Earl Grey.*
Auf dem europäischen Markt unterscheidet man drei Hauptgruppen aromatisierter Tees: FRUCHTTEE mit Fruchtstücken, Schalen oder Ölen, zum Beispiel der schon genannte Earl Grey mit dem Bergamotte-Öl, BLÜTENTEE mit Blüten oder Blättern, wie Rosentee, *Jasmintee,* Hibiscustee, GEWÜRZTEE mit echten Gewürzen, die meist fein zerkleinert sind, wie Ingwertee, *Vanilletee.*
Wie man Jasmintee in China aromatisiert, dafür gibt es ein überliefertes Rezept: Der fertig ›geröstete‹, aber noch warme Tee wird etwa 5 cm hoch in eine Kiste geschüttet. Darauf streut man eine Handvoll Blüten, darüber Tee, darüber Blüten, Tee, Blüten und so fort, bis die Kiste gefüllt ist. Die oberste Schicht soll aus Tee bestehen und das Verhältnis der Blüten zum Tee 3 zu 100 sein. Die Kiste wird dann verschlossen, nach 24 Stunden zwei Stunden lang erhitzt, bis die Blütenblätter trocken sind. Sie können dann ausgesiebt werden.

Assam. Teedistrikt in *Nordindien* beiderseits des Brahmaputra. Größtes zusammenhängendes Teeanbaugebiet der Welt.
Die Hochebene mit fruchtbarem Urwaldboden erhält viel vom Monsunwind herbeigetragene Feuchtigkeit.
Assamtee ist allgemein schwer und würzig, dunkel in der Tasse (und wird gern mit leichteren Teesorten aus jungen Teeländern ›gestreckt‹). Er ist Hauptbestandteil der klassischen englischen und ostfriesischen Mischung, die auf hartes Wasser abgestellt sind und mit Milch und Zucker konsumiert werden. Seit dem Erscheinen der jungen Teeländer – insbesondere aus Afrika – auf dem internationalen Markt wurde er dort aber größtenteils durch billigere Sorten verdrängt. Weniger kräftig, aber vollblumig, ist allein der im Mai und Juni in Assam geerntete *First flush.*
Die ältesten Teegärten in Assam wurden 1832/33 durch englische Handelsgesellschaften angelegt. Erster Assam-Tee wurde 1839 in London zur Auktion gegeben.
Assam erzeugt (1981) auf etwa 170 000 Hektar 272 000 Tonnen Tee, das sind 48 Prozent der Produktion Indiens, 15 Prozent der Weltproduktion.

Assam Company. Mit ihr begann das indische Teegeschäft. Siehe Seite 11

Assampflanzen. Aus *Assam* stammende Teebüsche. Siehe Seite 105

Ausbeute. Man rechnet, daß 100 Kilogramm frische Teeblätter etwa 23 Kilogramm Tee ergeben, gleich ob grün oder schwarz.

Australier sind starke Teetrinker. Hier schlägt das Erbe des britischen Mutterlandes durch. Pro-Kopf-Verbrauch (allerdings abnehmend) 1,570 Kilogramm pro Jahr (zum Vergleich: Großbritannien 3,140 kg, Bundesrepublik Deutschland 0,220 kg). Lieferanten sind in erster Linie *Indonesien,* dann Sri Lanka. *(Ceylon)*

Autumnal nennt man in *Darjeeling* und *Assam* den im Herbst geernteten Tee. Er wird in den wenigen Wochen nach dem sommerlichen Monsunregen und vor Beginn des Winters, also vor dem Ende der Vegetationsperiode geerntet.
Die Qualität des ›Herbsttees‹ ist von Jahr zu Jahr sehr unterschiedlich, je nach dem Witterungsverlauf. Durch das Beenden des jährlichen Wachstums enthalten die Blätter nur wenig *Gerbsäure.* Das feine Aroma kann sich also voll entwickeln, besonders dann, wenn der Herbst viel Sonnenschein bringt.

Baldaeus, Philo. Siehe Seite 38

Bancha. *Grüner* ›Alltagstee‹ der Japaner (soweit sie sich noch nicht auf Billigsorten aus *Taiwan* und *China* orientiert haben).
Einmalig im Teehandel: Von den gleichen Teesträuchern werden drei Teesorten geerntet. Im Frühjahr der *Gyokuro,* zur Haupterntezeit der Bancha, im Herbst der Sencha.

Bangladesh. Das Land exportiert im Gegensatz zum großen Nachbarn nur geringe Mengen Tee. Bei Ähnlichkeit mit den Gewächsen aus *Assam* und Sri Lanka *(Ceylon)* ist die Qualität doch wesentlich geringer.
Die Erzeugung betrug 1981 41 000 Tonnen, von denen 29 000 Tonnen exportiert wurden (die Hälfte nach Pakistan) auf gut 40 000 Hektar Anbaufläche.

Bannockburn. Etwa 120 Jahre alter kleinerer Teegarten der ersten Kategorie (140 Hektar) nördlich der Stadt *Darjeeling.* Relativ kleine Ernten hochwertiger *Blatt-Tees* (75 Prozent), 90 Prozent *China-Pflanzen*

Bedford, Herzogin von. Siehe Seite 78

Bentinck, Lord William (Henry Cavendish, 1774–1839), britischer Generalgouverneur in Indien von 1828–1835, verbot Witwenverbrennungen, sorgte für die Einführung des Teeanbaus in *Assam.* Siehe Seite 10

Bestandteile des Tees sind Aromastoffe, *Tein* (Coffein), *Gerbsäuren,* Chlorophyll, Fluor, Mineralstoffe, Vitamine. Siehe *Tee und Gesundheit,* Seite 132

Bhutan. Ein von der Umwelt beinahe abgeschlossenes Königreich im Himalaya, östlich von *Darjeeling* gelegen. Bis vor wenigen Jahren war das Land Fremden verschlossen, nun gestattet es wenigen Reisegruppen den Besuch. Es verharrt in mittelalterlichen Zuständen. Tee wird für den Eigenbedarf in kleineren Gärten angebaut. Export ist selten, Tee aus Bhutan, meist von geringer Qualität, ist also als eine Rarität zu betrachten.

Blatt-Tee. Die größeren *Sortierungen* FTGFOP 1, TGFOP 1 und GFOP 1, oder in der nüchternen englischen Terminologie:
Flowery Orange Pekoe = FOP
Orange Pekoe = OP
Blatt-Tees können länger ziehen als die feineren *Broken-Tees.*

Blend, Blending. Englische Bezeichnung für *Mischung*

Bodhidarma, sagenhafter buddhistischer Heiliger. Siehe Seite 13

Bohea wurde früher aller *schwarzer Tee* aus *China* genannt. Ursprünglich Bezeichnung eines Teedistriktes des Landes.

Bontekoe, Cornelius (eig. Cornelis Decker, 1647–1685), holländischer Chirurg und Naturmediziner. In seiner Vaterstadt wurde er von Ärzten und Apothekern heftig angegriffen, praktizierte aber so erfolgreich, daß der

Kurfürst von Brandenburg ihn zu seinem Leibarzt und zum Professor an der Universität Frankfurt/Oder berief. 1678 erschien das »Tractat van het excellenste kruyd thee«, dann auch »Gebruik en misbruik van de thee«. Er soll täglich 200 Tassen Tee getrunken haben und verordnete seinen Patienten den Genuß von 10 bis 50 Tassen täglich – der Gesundheit halber. Am Sturz von einer Treppe starb Bontekoe schon mit 38 Jahren.

BOP. Abkürzung für den Sortierungsgrad *Broken Orange Pekoe*

BOPF. Abkürzung für die in Indien übliche Bezeichnung *Broken Orange Pekoe Fannings*

Boston Tea Party. Ausgangspunkt des amerikanischen Unabhängigkeitskrieges. Siehe Seite 48

Boswell, James, englischer Rechtsanwalt und Schriftsteller, Freund *Samuel Johnsons* (1740–1795). Siehe Seite 43

BP. Abkürzung für den Sortierungsgrad *Broken Pekoe*

BPS. Abkürzung für den Sortierungsgrad *Broken Pekoe Souchong*

Braganza, Katharina von, soll schon begeisterte Teetrinkerin gewesen sein, als sie 1661 aus Portugal nach England kam, um König Charles II. zu heiraten. Ihr wird ein hoher Einfluß bei der Durchsetzung des Tees in England zugeschrieben. Siehe Seite 35

Brasilien. Wie in allen tropischen und suptropischen Gebieten mit hoher Bevölkerung sind auch in Brasilien im Laufe der Jahrzehnte verschiedentliche Versuche unternommen worden, Tee anzubauen, schon allein um der steigenden Zahl der Unterbeschäftigten Arbeit zu verschaffen.
An geeignetem Land fehlt es nicht, vom 18. Breitengrad bis zum 27. östlich des Rio Paraná 500 bis 1000 Kilometer bis zur Küste des Atlantischen Ozeans. Nur das Know how der Plantagenanlage und der Fabrikation fehlte und die fleißigen und geschickten Finger der Inderinnen und Chinesinnen, um der Monokultur des Kaffees in Brasilien Einhalt zu gebieten. Besonders japanischen Pflanzern in Paraná gelang es im Laufe der letzten zehn Jahrzehnte, eine Tee-Industrie aufzubauen.
Man hat sich auf die Herstellung von geringen *BOP* und *Fannings* für die internationalen Großpacker konzentriert, also Mengentees mit Gerbsäure und gutem Aussehen. Die Produktion ist auf fast 10 000 Tonnen jährlich gestiegen, von denen die Hälfte im Lande verbraucht wird.

Bread and Butter Teas. Englische Bezeichnung für *Regentees* geringer Qualität

Broken. Tees, bei denen das Blatt beim Rollen zerkleinert wurde. Durch die Zerstörung der Pflanzenzellen kann eine besonders starke Oxydation stattfinden. Broken-Tees sind deshalb ergiebiger als *Blatt-Tees,* ziehen schneller und haben eine dunklere Färbung. Sie stellen den größten Teil der Produktion, was auf die Vorliebe der Engländer zurückzuführen ist, Tee mit Milch und Zucker zu trinken.

Broken Orange Pekoe (BOP). Bei herkömmlicher Verarbeitung der Hauptsortierungsgrad der Kurzblatt-Tees *(Broken)*

Broken Orange Pekoe Fannings (BOPF). Indische Bezeichnung für *Fannings.* Siehe auch Stichwort *Sortierung*

Broken Pekoe (BP). Sortierungsgrad für Broken-Tee. Bei der Herstellung nach dem CTC-Verfahren der Hauptsortierungsgrad. Siehe Stichwörter *Broken, CTC-Verfahren, Pekoe, Sortierung*

Broken Pekoe Souchong (BPS). Sortierung aus dem gröbsten Blattgut, das durch den Zerkleinerer ging oder geschnitten wurde, da es nicht im Roller die gewünschte Größe erhielt. Dünner Aufguß. Siehe *Sortierung*

Britisch-Ostindische Kompanie. British East India Company, auch John Company genannt. Siehe Seite 8, 44

Bruce, Robert, Amateurbotaniker und Offizier, entdeckte den ›Teebaum‹ in Assam. Siehe Seite 9

Cachar. Dieser Distrikt in Nordindien liegt zwischen dem heutigen *Bangladesh* und dem Nagaland – dem Gebiet der Kopfjäger an der Grenze Burmas. Gestartet wurde in diesem hügeligen Gebiet mit tropischem Klima der Teeanbau schon vor 1860. In den alten Kolonialzeiten scheint es ein gutes Geschäft gewesen zu sein, eine Plantage anzulegen und diese möglichst vor dem ersten Ertrag an der Londoner Börse zu verkaufen. Es gab zu Beginn des indischen Teebooms genug Dumme, die für ein Stück Land, das teils Urwald, teils mit kleinen Teebüschen bepflanzt war, genug Geld bezahlten, um den Kolonisten ein sorgenfreies Leben zu ermöglichen. Heute sind in Cachar etwa 30 000 Hektar mit Tee bepflanzt. 113 Plantagen insgesamt bringen knapp 30 000 Tonnen Tee auf den Markt. Der erzeugte Tee ist von mittlerer Qualität, die Tasse ist kräftig.

Cha-Ching siehe *Tscha-King*

Caddy. Behälter zur Aufbewahrung von Tee. Früher in England üblich, heute ein begehrtes Sammelobjekt, da die Kästen mit viel Aufwand und Kunstfertigkeit hergestellt wurden. Ein Caddy enthält meist je einen Metallbehälter für *grünen* und *schwarzen Tee* sowie Löffel und Schale zur Herstellung einer eigenen Mischung. Siehe auch Stichwort *Lipton.* Die Schlüssel zum Caddy wurden am Bund der Hausfrau verwahrt, um die Dienstboten ob der darin befindlichen Köstlichkeiten nicht in Versuchung zu führen.

Calcutta. Zentrum des internationalen Teehandels. In Calcuttas Botanischem Garten wurden erstmals Versuche zur Aufzucht von Teesamen außerhalb *Chinas* unternommen, von hier aus nahm die indische Plantagenwirtschaft ihren Anfang. Siehe Seite 7

Camellia assamica und sinensis. Botanischer Name des Teestrauches (auch Thea), der zur Familie der Kamelien gehört (in der Ordnung der Parietalen). Siehe Seite 9

Cardamom-Tea, d. h. mit Cardamon *aromatisierter Tee,* wird hauptsächlich in Nordindien getrunken

Carpini, Giovanni del (um 1200–1252), Franziskaner, gründete als erster Niederlassungen seines Ordens in Deutschland, reiste schon im Jahr 1245 in die Mongolei. Siehe Seite 16

Castleton. Teegarten im Süden *Darjeelings.* Gehört mit 151 Hektar zu den kleineren Betrieben. Die Plantage wird noch nach althergebrachter Weise geführt, verwendet wenig Düngemittel und hat demzufolge kleine Ernten, die zwar keine kräftige, saftige Tasse haben, aber ein feines Aroma. Überwiegend *China-Pflanzen.* Als *Second flush* oft absolute Klasse.

Ceylon (Sri Lanka). Es soll hier – ohne jeden politischen Hintergedanken – bei dem Namen bleiben, den die Insel als englische Kolonie trug, denn Ceylontee ist ein Begriff, der nicht von heute auf morgen gegen einen neuen ausgetauscht werden kann.

Als England die Insel 1803 übernahm, war dort Kaffeeanbau dominierend. Er war von mohammedanischen Händlern eingeführt worden. Nun wurde er von englischen Siedlern vervollkommnet. Um 1870 vernichtete dann ein Schädling, die Pilzkrankheit Hemelia vastatrix, die Kulturen fast restlos. Die Pflanzer sahen sich nach neuen Erwerbsquellen um und fanden die Chinarinde, die wiederum in so großem Umfang angebaut wurde, daß die Preise ins Bodenlose fielen. Da stellte man fest, daß der Schotte James Taylor schon seit Jahren eine seinen Kollegen bisher unerklärliche ›Diversifikation‹ betrieben und unter anderem auch Versuche mit Tee unternommen hatte, so daß er zum Vater des Teeanbaus in Ceylon wurde.

Aus der Kaffee-Insel ist eine Tee-Insel geworden, deren Ausfuhr heute nach *Indien*

und vor *China* die zweitgrößte ist. Auf knapp 250 000 Hektar Anbaufläche werden 210 000 Tonnen Tee erzeugt (1981). Das ist mehr als 11 Prozent der Weltproduktion. Hauptabnehmer sind die Golf-Staaten, Pakistan, Ägypten, Großbritannien, der Irak und die *Vereinigten Staaten von Amerika.*
Unter den vielen Ceylontees dominieren solche mit kräftiger Farbe und kräftigem Geschmack. Darüber hinaus ist nach den verschiedenen Anbaugebieten und nach der Jahreszeit, in der die Ernte erfolgte, zu unterscheiden, denn Ceylon liegt im Gebiet der Monsunwinde und hat ausgeprägte Jahreszeiten, in denen das Pflückgut unterschiedliches Aroma hat. Die Teeanbaugebiete liegen in Höhe zwischen 300 und 2500 Meter.
Die wichtigsten Anbaugebiete sind *Uva* (im Osten), *Dimbula* (im Westen) und *Nuwara Eliya* im zentralen Hochland. Dagegen fallen die Qualitäten aus dem Gebiet um die Stadt Kandy ab.

chanoyu, die japanische Teezeremonie. Siehe Seite 60

Charlton, Andrew. Konkurrierte mit *Robert Bruce* um das Recht an der Entdeckung der *Camellia assamica.* Siehe Seite 9

China. Heimat der Teekultur. Seit die Engländer in *Indien* und auf *Ceylon* Teeplantagen anlegten (und später auch in Ostafrika), gibt es das chinesische Monopol nicht mehr. Vielmehr erstaunt, daß China unter den Tee-Exporteuren hinter Indien und Ceylon heute auf Platz 3 liegt.
Nach neuesten verfügbaren Zahlen produziert die Volksrepublik China auf 340 000 Hektar Anbaufläche 290 000 Tonnen Tee. Das sind rund 16 Prozent der Welternte. Exportiert wird allerdings nur wenig mehr als ein Drittel, 106 000 Tonnen.
Der chinesische Tee zeichnet sich ganz allgemein durch sein feines Aroma aus. In China trinkt man bevorzugt *Grüntee.* Der Tee wird meist ohne Zucker und Milch genossen, deshalb sind aromatische und *aromatisierte* Tees beliebt.

Chinapflanzen. Aus *China* stammende Teebüsche. Siehe Seite 105

Chittagong. Teeanbaugebiet und Hafen in *Bangladesh*

Chop nennt man die Tee-Ernte. First chop: die erste Lieferung nach Beginn der Vegetationsperiode.

Chung Hao. Chinesischer *Grüntee,* eine außergewöhnliche Qualität, die nur selten und in kleinen Mengen exportiert wird. ›Kaiserlicher‹ Tee, der mit Jasminblüten *aromatisiert* ist

Chun mee. Chinesische Teesorte: leicht bitterer *Grüntee*

Cinnamon-Tee. *Schwarzer Tee* mit dem Aroma von Madagaskar-Zimt

Cisaruni. Spritzig-fruchtiger *Schwarztee* aus Java *(Indonesien)*

Clean. Englische Bezeichnung für ein ›sauberes‹ Aroma des Tees ohne jeden Beigeschmack

Coarse plucking siehe *Pflückung*

Cochin. Alte Teehandels- und Auktionsstadt in *Südindien*

Coffein siehe *Tein*

Co-Hong. Chinesische Kaufleute in Kanton. Siehe Seite 29

Colombo, Cristoforo, gen. Columbus (1451–1506), italienischer Seefahrer, entdeckte Amerika und starb in der Überzeugung, Ostasien erreicht zu haben. Siehe Seite 18

Covilhão, Pedro, de (um 1447– um 1521), portugiesischer Indienfahrer. Siehe Seite 18

CTC-Tee. Wird nach einer neuen Methode mit hohem Mechanisierungsgrad hergestellt.

Die Abkürzung bedeutet: Crushing-Tearing-Curling. Die frischen Blätter werden vor dem Rollen von Walzen, die mit Dornen besetzt sind, zerrissen. Dadurch werden die Zellen gründlicher und schneller zerstört als bei der orthodoxen Teeherstellung. Nun wird nur einmal gerollt. Die Oxydation ist stärker, der Tee wird dadurch ergiebiger, zieht schneller und hat eine intensivere Färbung. CTC-Tees gibt es nur in *Broken*-Sortierungen.

Cutter zerschneidet grobe Teeblätter nach dem Aussieben der feinen Sortierungen. Siehe Stichwort *Sortierung*

»Cutty Sark« (Teeklipper). Siehe Seite 55

D. Abkürzung für *Dust.* Siehe auch *Sortierung*

Darjeeling. Teedistrikt im Norden *Indiens* in den Vorbergen des Himalaya (Karte Seite 110/111). Hier werden Spitzenqualitäten erzeugt, Fachleute bezeichnen ›Darjeeling‹ als die besten Tees überhaupt, ihres lieblichen Aromas wegen.
Die besonders günstigen Voraussetzungen für Teeanbau sind durch die Höhenlage und die durch den Monsun erzeugten klimatischen Verhältnisse bedingt (vgl. Seite 108).
Der Ort Darjeeling war seines gesunden Klimas wegen Erholungsort (›Hillstation‹) der englischen Militärs und Beamten in Indien. Bis 1816 hatte es zu Sikkim gehört. In den 40er Jahren des 19. Jahrhunderts begann man den Teeanbau mit aus China importiertem Pflanzgut. Zu den ersten Pflanzern gehörten deutsche Missionare der Goßner-Mission.
Mit dem Anschluß des Berglandes an das indische Straßen- und Eisenbahnnetz (Darjeeling-Bahn) wurde Darjeeling schnell eines der wichtigsten Anbaugebiete für Tee:
1860 39 Gärten, 10 000 Acres
(1 Acre = 4 046,85 m^2)
433 000 pound Tee
(1 pound = 453,5 g)
1870 56 Gärten, 11 000 Acres
1 700 000 pound Tee
1874 113 Gärten, 18 888 Acres
3 928 000 pound Tee.
Heute ist Darjeeling mit 18 000 Hektar Anbaufläche und 12 000 Tonnen Tee von den Massentee erzeugenden Anbaugebieten längst überrundet worden. Aber Darjeeling-Tee ist in jedem Falle etwas Besonderes. Nicht nur das Klima, auch die Tradition von Managern und Arbeitern, die besondere Sorgfalt bei Anbau und Verarbeitung heben ihn aus der Masse des Angebots heraus.
Tee aus Darjeeling wird oft unvermischt als *Gartentee* angeboten. Er ist empfindlich gegen hartes Wasser; sein blumiges Aroma kann er darin nur schwer entfalten.
Wichtige Gärten, die in diesem Lexikon gesondert erwähnt werden:
Bannockburn, Castleton, Gielle, Lingia, Makaibari, Risheehat, Steinthal, Teesta Valley, Tukdah, Tukvar.
Die Gärten sind nach der Qualität ihrer Produkte in drei Kategorien eingestuft.

Deckelbecher. Altüberkommene Form, in *China* noch heute gebräuchlich. Praktisch zum Aufgießen kleiner Mengen. Man legt zum Trinken den Deckel schräg auf und schlürft den Tee von den Blättern. Der Dekkel verhindert auch allzuschnelle Abkühlung des Tees. Nach chinesischer Tradition wird Wasser nachgegossen, bis die Teeblätter ausgelaugt sind.

Deshima. Portugiesischer, später holländischer Handelsstützpunkt in Japan (Nagasaki). Siehe Seite 32

Deutschland. Es gab in Deutschland schon seit dem 17. Jahrhundert ein sehr starkes ›Teegefälle‹, das allerdings wie überall in der Welt nivelliert wird. Tradition hat Tee in erster Linie in *Ostfriesland,* wo man sich den niederländischen und englischen Teebräuchen angeschlossen hat. Von der Nordseeküste bis in die Alpenregion – abfallend nach Süden – wurde früher fast ausschließlich China-Tee eingeführt. Durch den Einfluß der Besatzungsmächte und Hilfslieferungen setzte sich nach dem Zweiten Weltkrieg deutlich die englisch/amerikanische

Geschmacksrichtung (wie bei Zigaretten) im ganzen Westen Deutschlands durch. Man konsumierte also weitgehend ›Englische Mischung‹ mit höherem Gerbsäuregehalt, ließ dabei allerdings die Milch fort. Diese Entwicklung scheint rückläufig zu sein. Der westdeutsche Verbraucher macht mehr als je zuvor von einem differenzierten Angebot Gebrauch.
In der DDR wurde der Teekonsum durch das Beispiel der sowjetischen Besatzungsmacht und durch die Tatsache, daß Tee leichter und in besseren Qualitäten zu beschaffen war als Kaffee, beeinflußt.

Diaz, Bartolomeo (um 1450–1500), Portugiese, umsegelte als erster die Südspitze Afrikas, die er CABO TORMENTOSO, stürmisches Kap, nannte (= Kap der Guten Hoffnung). Siehe Seite 18

Dickoya. Teedistrikt in Sri Lanka *(Ceylon), Dimbula* benachbart. Mit ähnlichen Anbauverhältnissen und vergleichbarer Produktion

Dimbula. Teedistrikt auf *Ceylon* (Sri Lanka). Die besten Tees gibt es während der Trockenperiode, die hier an der Westküste der Insel im Winter ist. Tee aus Dimbula und dem benachbarten Distrikt Dickoya ist stark aromatisch, kräftig und herb.

Dust (deutsch = Staub). Kleinste Aussiebung bei der *Sortierung* des Tees. Teebeutel-Qualität, sehr ergiebig

Earl Grey. Schwarzer Tee, der mit Bergamotteöl *aromatisiert* ist. Das Öl wird aus der Schale der Bergamotte, einer sauren Citrusfrucht, gepreßt. Erfindung der Engländer im viktorianischen Zeitalter

Early morning tea. Das ist die Tasse Tee, die ein traditionsbewußter Engländer jeden Morgen, möglichst vor dem Aufstehen, trinkt. Da sich nicht jeder einen Butler leisten kann, bietet der Handel Tee-Automaten an, die wecken, am Abend eingefülltes Wasser erhitzen und aufgießen und nach Wunsch das Radio anschalten. Early morning tea wurde den Gästen besserer Hotels nicht nur auf den britischen Inseln, sondern auch in den Dominion-Ländern bis vor wenigen Jahren beim Wecken serviert. Heute nur noch in glücklichen Ausnahmefällen. Siehe Seite 81

Earthy. Erdiger Beigeschmack des Tees

East India Company, eigentlich British East India Company, gegründet 1600, übte lange das Monopol für den Teehandel mit *China* aus. Siehe Seite 8, 44

Eisai, japanischer Mönch (1141–1215). Siehe Seite 71

Eison, japanischer Mönch. Siehe Seite 71

Eistee. Keine Teesorte, sondern eine in den *USA* erfundene Zubereitung. Wer im Sommer zur Erfrischung kühlen Tee trinken will, soll extra starken Tee auf Eiswürfel gießen, ihn, wie der Fachmann sagt, ›schocken‹. So ist er gleich zum Genuß bereit. Wichtiger aber ist, daß so geschockter Tee im Gegensatz zu den auf natürlichem Wege abgekühlter Abguß nicht schal schmeckt.

Elevenses. Teepause am Vormittag, um 11 Uhr. Sie gehört zu den Pausen, die das Leben in England gemütlich machen, nach Ansicht der Ökonomen aber die britische Wirtschaft ruinieren.

England. Hier gehört der Tee zum täglichen Leben wie in keinem anderen Land Europas. Engländer, mit den Iren Weltmeister im Teetrinken, verbrauchen – auch Säuglinge und Greise eingerechnet – durchschnittlich 3,14 Kilogramm Tee im Jahr.
Sie bevorzugen kräftige herbe Sorten, da Milch und Zucker unverzichtbare Zutaten sind. Englische Mischungen sind deshalb ursprünglich und in gehobenen Preisklassen noch immer Kompositionen aus *Assam-* und *Ceylontees,* die Engländer selbst haben sich beim Einkauf weitgehend auf die jungen Teeländer in Afrika orientiert. Von den jährlich eingeführten rund 180 000 Tonnen

stammt etwa die Hälfte aus Afrika, nur noch ein Drittel aus Indien.
Den Engländern haben wir es zu verdanken, daß der Tee heute über fast alle Erdteile verbreitet ist. Sie wollten nicht auf das politisch unstabile China angewiesen sein und bemühten sich deshalb um Teeanbau in ihren Kolonien, wobei sie die Plantagentechnik einführten.
Das viktorianische Zeitalter kannte die Muße der ›Teatime‹ und des ›five o'clock teas‹. Das Zeitalter des Wettbewerbs brachte das Ende des altmodischen, provinziellen Teashops und Großhändlers mit vielen Teesorten, die zum jeweiligen Wasser paßten, und des kleinen Krämerlädchens, wo man Tee im Hinterraum mischte und packte. Nach jahrzehntelangen Wettbewerbskämpfen beherrschen heute vier bis fünf Großfirmen den englischen Markt. Getrunken wird letztlich eine Standardsorte mit folgenden Eigenschaften: billig, kräftig, schnell Extrakt ergebend. Die feinen Tees aus *Darjeeling, Assam, China, Ceylon* gehen in alle Welt – nur kaum nach England.
Für den englischen Markt werden Kleinblattmischungen nach modernsten Erkenntnissen angebaut und verarbeitet. Sie kommen aus *Kenya,* Tanzania, Malawi, Mozambique und anderen nicht traditionellen Teeländern. Man hat keine Zeit und ist bequem, daher setzt sich der Teebeutel auch immer mehr durch. Tee schmeckt jedoch in England nicht schlecht. Der Aufguß wird mit Sorgfalt gemacht, was wichtig ist, und die frische, englische Milch tut ein übriges.

Erkältungskrankheiten werden erfolgreich mit Tee bekämpft. Ein bewährtes Hausmittel ist ein kräftiger Tee-Aufguß mit Honig und heißer Milch. Fünf Tassen am Tag mit je drei Eßlöffeln Milch und einem Eßlöffel Honig soll der Patient zu sich nehmen.

Erträge des Teestrauches sind je nach dem Klima sehr unterschiedlich. In Höhenlagen wächst Tee nur langsam, hat zum Ausgleich dazu aber mehr und feineres Aroma.
Als Beispiele die Zahlen aus drei indischen Teedistrikten/Ernte 1980

Darjeeling	633 kg pro Hektar
Terai	1 458 kg pro Hektar
Dooars	1 694 kg pro Hektar.

In Darjeeling werden sechstausend ›Schüsse‹ (beim *First flush* neuntausend!) für ein Kilo fertigen Tee benötigt, in Assam nur dreitausend. Ein Teebusch erbringt zwischen 40 und 200 Gramm Tee pro Jahr bei etwa fünffacher Pflückmenge.

Eskimos gehören zu den größten Teetrinkern unserer Erde.

Estates nennt man in Sri Lanka *(Ceylon)* die Teeplantagen.

Färbung des Tees ist kein Merkmal der Qualität, sagt auch nichts über seine ›Stärke‹, das heißt den Anteil von Geschmacksstoffen, *Gerbsäure* und *Tein* aus. Sie hängt vielmehr vom Grad der Oxydation beim *Fermentieren* ab. So färben Tees kleinerer Sortierungen – wie *Broken, Fannings* und *Dust* – intensiver als Blatt-Tees, sie färben auch schneller, ohne deshalb mehr Geschmacksstoffe abzugeben. Künstliche, gesundheitsgefährdende Färbung war früher für grünen Tee an der Tagesordnung (man färbte in China nur den Tee für den Export), findet heute aber nicht mehr statt.

Fannings. Tees, die aus kleinen Blatt-Teilen bestehen. Zweitkleinste *Sortierung.* Diese Aussiebung wird in erster Linie für den Aufgußbeutel verwendet. Die kleinen Teile geben dem Wasser eine große Angriffsfläche, der Tee ist ergiebig und zieht schnell.

FBOP 1. Abkürzung für die in Indien übliche Bezeichnung *Flowery Broken Orange Pekoe 1.* Ohne die Ziffer 1 international gebräuchlich. Siehe *Sortierung*

Fermentation. Arbeitsgang bei der Teeherstellung, unterscheidet *schwarzen* von *grünem Tee.* Siehe Seite 124

FGBOP. Abkürzung für die Indien übliche Bezeichnung *Flowery Golden Broken Orange Pekoe.* Siehe *Sortierung*

Fine plucking siehe *Pflückung*

Fine Tippy Golden Flowery Orange Pekoe 1 (FTGFOP 1). In Indien übliche Bezeichnung für die erste Qualität der Sortierung. Mit einem hohen Anteil feinster Knospen (Spitzen) mit geringem Gerbsäuregehalt. Siehe *Sortierung*

Firing (Feuern) ist der englische Fachausdruck für das Trocknen der Teeblätter nach der *Fermentation.* Siehe Seite 128

First chop siehe *Chop*

First flush. Ein Begriff, der aus *Nordindien* kommt. Er bezeichnet die erste Pflückung des Tees nach dem Monsun-Regen. Die besten Qualitäten kommen per Luftfracht nach Europa.
Im April beginnt an den Abhängen des Himalaya die Ernte. Die ersten Tees, für die nur die zarten hellgrünen Blattspitzen gepflückt werden, zeichnen sich durch besonders blumiges und spritziges Aroma aus.
Durch das langsame Wachstum zu Beginn der Vegetationsperiode und die intensive Sonneneinstrahlung während dieser Zeit bekommen die ›First flushs‹ ein Höchstmaß von frischem *Flavour,* das dem Tee durch extra schnellen Transport erhalten bleiben soll. ›First flushs‹ gießen hell ab, haben aber eine unvergleichbare Frische und einen köstlichen Geschmack.

Five o'clock tea siehe *Tea time.* Teepause am Nachmittag

Flavour. Bezeichnung für angenehm entfaltetes Aroma, besonders bei *Hochlandtees*

Flowery. Die Bezeichnung besagt, daß es sich um einen hochwertigen Tee handelt: Das jüngste Blatt der geernteten Triebe war ›im Aufblühen‹.

Flowery Broken Orange Pekoe 1 (FBOP 1). Erste *Sortierung* des Broken-Tees nach der in Indien üblichen Bezeichnung. Ohne die Ziffer 1 international gebräuchliche Bezeichnung für feine Aussiebung nach modernen Verfahren hergestellten Tees.

Flowery Golden Broken Orange Pekoe (FGBOP). Indische Bezeichung für eine *Sortierung* von Broken-Tee.

Flowery Orange Pekoe (FOP). Englische Bezeichnung für groben Blattgrad einer Produktion. Mit dünner Tasse. Siehe *Sortierung*

Fluor, das den Zahnschmelz härtet, ist in kleinen Mengen im Tee enthalten. Siehe *Tee und Gesundheit,* Seite 132

Foochow. Tee-Verladehafen in der südchinesischen Provinz Fukien. Abgangsort der Tee-Klipper nach dem Opiumkrieg. Siehe Seite 53

FOP. Abkürzung für *Flowery Orange Pekoe*

Formosa siehe *Taiwan*

Forrest, Denys, englischer Tee-Schriftsteller. Siehe Seite 48

Friesen, ganz allgemein, gelten als tüchtige Teetrinker. Also auch West- und Nordfriesen. Das muß vermerkt werden, da im deutschen Sprachgebrauch immer wieder und fast ausschließlich Ostfriesen mit dem Tee in Verbindung gebracht werden (Ostfriesische Mischung, Ostfriesische Rose uam.).

Frühstückstee. Unter diesem Namen werden kräftige, meist gegen hartes Wasser unempfindliche Teemischungen angeboten. *Ceylon-* und *Assamtees* oder ähnliche Produkte junger Teeländer bilden die Grundlage.

FTGFOP 1. Abkürzung für die in Indien übliche Bezeichnung *Fine Tippy Golden Flowery Orange Pekoe 1.*

Fukien. Alte chinesische Provinz um *Foochow.* Im Gebirge wachsen Tees von besonderem Flavour und speziellem Geschmack. Gute *Oolongs*

Futschou siehe *Foochow*

Gama, Vasco da (1469–1524), portugiesischer Indienfahrer und erster Vizekönig Indiens. Siehe Seite 18

Garway, Thomas (auch Garraway), Teehändler in London, schon bevor die portugiesische Prinzessin Katharina von Braganza den Tee an der Themse in Mode brachte. Wie fremd damals der Tee den Briten noch war, beweist das Flugblatt des Mister Garway, das – in einem einzigen Exemplar erhalten – ausführlich den »Anbau, die Eigenschaften und die Vorzüge des Teeblatts« schildert.
Garways Kaffeehaus, in dem er seit etwa 1657 auch Tee ausschenkte, lag an der Exchange Alley. Nicht weit davon etablierte sich 1658 ein anderer Tee-Ausschank im Kaffeehaus »Sultaness Head« an der Royal Exchange, wie durch eine knappe Anzeige in der Wochenzeitschrift »Mercurius Politicus« überliefert ist. Siehe Seite 35

Gartentee werden Teesorten genannt, die aus einem bestimmten Garten stammen und unter Angabe der Herkunft angeboten werden. Unverfälschte Natur also, bei der man Boden und Klima durchschmecken kann. Gartentees, die im Bergland (z. B. *Darjeeling)* geerntet wurden, geben dem Teefreund eine unendliche Skala von Geschmackserlebnissen nach Standort, Jahrgang und Jahreszeit der Pflückung.

Gerbsäure (Tannin). Wesentlicher Bestandteil des Tees. Knospen und Blattspitzen enthalten weniger, die folgenden Blätter mehr Gerbsäure. Durch Fermentation wird ihr Charakter verändert – schwarzer Tee hat also einen höheren Anteil an oxydierten Gerbsäuren und weniger nicht oxydierte Gerbsäure als grüner. Wegen des bitteren Geschmacks wird der Anteil der nicht oxydierten Gerbsäure möglichst gering gehalten bzw. herabgesetzt. Jedoch empfiehlt der Mediziner stark gerbsäurehaltigen, also grünen Tee wegen seiner beruhigenden Wirkung auf Magen und Darm. Siehe Seite 132

GFOP 1. Abkürzung für die in Indien übliche Bezeichnung *Golden Flowery Orange Pekoe 1*

Gielle. Teegarten im Osten *Darjeelings.* 224 Hektar. Hochwertige *Blatt-Tees,* vorwiegend von *Chinapflanzen.*

Ginger-Tee. *Schwarztee* mit einem Aroma von Ingwer. Bei guten Tees durch Stücke getrockneten Ingwers erzeugt

Goethe, Johann Wolfgang von (1749–1832). Siehe Seite 79

Gladstone, William Ewart, englischer Politiker (1809–1898). Siehe Seite 79

Golden als Zusatz im Namen eines Tees besagt, daß helle Spitzen mit geringem *Gerbsäuregehalt* darin sind.

Golden Flowery Orange Pekoe 1 (GFOP 1). Indische Bezeichnung für die dritte *Sortierung* von Blatt-Tee.

Goldspitzen siehe *Tippy*

Grof. Holländische Bezeichnung für ›groben‹ Tee, zum Beispiel *BOP.* In *Indonesien* üblich, als Überbleibsel aus der Kolonialzeit

Grüntee oder grüner Tee ist nicht *fermentierter* Tee. Er hat noch alle *Gerbstoffe* und ist deshalb herber als *schwarzer Tee.*
Zur Herstellung siehe Seite 128.
Aller Tee war ursprünglich Grüntee, in Ostasien *(China, Japan, Taiwan)* wird auch heute noch hauptsächlich grüner Tee getrunken. Bei uns kommt er wieder in Mode. Grüner Tee verlangt weiches Wasser, damit er sein feines Aroma voll entfalten kann. Er soll nicht mit kochendem, sondern nur mit heißem Wasser aufgegossen werden, und verschiedene Sorten sollen nur kurze Zeit ziehen. (Siehe Seite 129)
Grünem Tee werden besondere Wirkungen zugeschrieben. (Siehe Seite 132)
Bestimmte mohammedanische Sekten schreiben ihren Mitgliedern ausdrücklich

den Genuß grünen statt schwarzen Tees vor, weil ihnen die Religion den Verzehr aller fermentierten Nahrungsmittel verbietet.

Auch in Europa wurde zunächst grüner Tee bevorzugt. Er galt als der feinere. So kaufte man in England grünen Tee für die Herrschaften, schwarzen für das Personal. Die Kampagnen gegen den Tee, der angeblich gesundheitsschädlich wäre, richteten sich in erster Linie gegen den grünen Tee und taten ihm tatsächlich schweren Abbruch, so daß es in England gar keinen grünen Tee mehr gibt. Tatsächlich wurde früher grüner Tee mit Farbstoffen behandelt, damit der Aufguß eine angenehme Färbung bekäme. Robert Fortune berichtet darüber nach seiner China-Reise 1848 bis 1851:

»Der Aufseher über die Arbeiter leitete die Färbung des Thees selbst. Er nahm ein Stück Berliner Blau, warf es in ein Gefäß von Porzellan, das dem Mörser eines Chemikers nicht unähnlich war, und zerstiess es in demselben zu einem feinen Pulver. Zu gleicher Zeit wurde eine Quantität Gyps gebracht und in dem Kohlenfeuer, über dem der Thee röstete, gebrannt. Dies geschah, um es weich zu machen, damit es leichter zu feinem Staube zerstossen werden konnte, ebenso wie das Berliner Blau. Nachdem man das Gyps nach einiger Zeit aus dem Feuer genommen hatte, konnte es leicht zerbröckeln und in dem Mörser zu Pulver gestossen werden. Beide Substanzen wurden dann, nachdem sie auf diese Weise vorbereitet waren, zu vier Theilen Gyps und drei Theilen Berliner Blau untereinander gemischt und gaben ein hellblaues Pulver, welches dann zum Gebrauche fertig war.

Dieser Farbestoff wurde während des letzten Prozesses des Röstens an den Thee gebracht. Ungefähr fünf Minuten bevor der Thee aus den Pfannen genommen wurde – die Zeit wurde nach einem brennenden Josstöckchen bestimmt –, nahm der Aufseher einen kleinen Löffel von Porzellan und streute damit etwas von diesem Farbstoffe über die Blätter in jeder Pfanne. Die Arbeiter rührten die Blätter schnell mit beiden Händen um, damit sich die Farbe gleichmässig vertheilte.

Bei diesem Theile der Operation wurden die Hände der Arbeiter ganz blau. Unwillkürlich drängte sich mir der Gedanke auf, dass, wenn Liebhaber des grünen Thees bei dieser Operation zugegen wären, sich ihr Geschmack sicher ändern, und – man erlaube mir hinzuzusetzen – sich bessern würde. Es scheint vollkommen lächerlich, dass ein civilisirtes Volk diese gefärbten Thees denen vorzieht, welche die natürliche grüne Farbe haben. Kein Wunder, dass die Chinesen die Bewohner des Westens für ein Volk von ›Barbaren‹ halten.

Ein englischer Herr in Shanghai fragte einmal im Gespräch mit einigen Chinesen aus der Grüntheegegend, zu welchem Zwecke sie den Thee färbten und ob er nicht besser wäre, wenn dieser Prozess nicht damit vorgenommen würde. Sie gaben zu, dass der Thee bei weitem besser sei, wenn er ohne Beimischung oben genannter Ingredienzen bereitet würde, und dass sie selbst nie gefärbten Thee tränken, bemerkten aber sehr richtig, da die Fremden eine Mischung von Berliner Blau und Gyps in ihrem Thee vorzuziehen scheinen, die demselben ein gleichmässiges und hübsches Ansehen gebe, und diese Ingredienzen wohlfeil genug seien, so hätten die Chinesen keinen Grund, weshalb sie diese nicht anwenden sollten, namentlich da solche Thees immer höher im Preis ständen! Ich gab mir Mühe, genaue Kenntnisse über die Quantität des Farbestoffs zu erlangen, welcher bei der Färbung der grünen Theesorten angewendet wird, zwar nicht um anderen, weder zu Hause noch anderswo, in der Kunst den Thee zu färben behülflich sein zu können, sondern einfach um den Liebhabern des grünen Thees in England, und namentlich in den Vereinigten Staaten in Amerika, zu zeigen, welche Quantität von Berliner Blau und Gyps sie im Laufe eines Jahres einschlürfen. Auf 14½ Pfd. Thee kamen 8 Mace 2½·Candareen Farbestoff, oder etwas mehr als eine Unze. In je hundert Pfund gefärbten grünen Thees der in England oder Amerika consumirt wird, trinkt der Consument mehr als ein halbes Pfund Berliner Blau und Gyps! Und doch, sagt man den Trinkern dieses gefärbten Thees, dass die Chinesen Katzen, Hunde und Ratten essen, so schlagen sie ihre Hände über dem Kopf zusammen und bedauern die armen Bewohner des himmlischen Reichs!«

Grusinien siehe *UdSSR*

Gunpowder. *Grüner Tee* aus chinesischer Produktion. Kugelförmig gerollt, erhielt deshalb vor langer Zeit von englischen Händlern seinen Namen, der ›Schießpulver‹ bedeutet. Gunpowder hat eine milde, helle Tasse.

Gurgeln mit Tee wird als Hausmittel bei Angina empfohlen.

Gyokuro. ›Echte‹ japanische *Grüntee*sorte (da einfache Tees aus Indien und Taiwan nach Japan exportiert werden, ist darauf hinzuweisen). Wächst im Bezirk Shizuoka an den Hängen des Fudschijama. Gyokuro ist der bei der ersten Ernte, Anfang Mai, gepflückte Tee, feinster Spitzentee, der für besondere Anlässe reserviert bleibt.

Hammitzsch, Horst (geb. 1909), Japanologe und Autor u. a. des Buches »Cha-dô. Der Tee-Weg«, einer vorzüglichen Einführung in den Geist der japanischen Lehre vom Tee. Siehe Seite 66

Handelskompanien wurden von den europäischen Staaten seit dem 16. Jahrhundert mit Monopolen und anderen Privilegien gefördert. So konnten die Ostindischen Kompanien nicht nur ihre Schiffe bewaffnen, sondern auch in den damals entdeckten überseeischen Gebieten befestigte Niederlassungen einrichten, Münz- und Gerichtshoheit und damit alle Funktionen eines eigenen Staates ausüben.
Die Mitglieder betrieben das Geschäft anfangs auf eigene Rechnung, später mit Kapitaleinlagen, entsprechend denen die Gewinne verteilt wurden, ähnlich wie in einer modernen Aktiengesellschaft.
Die wichtigste aller Handelskompanien wurde die Britisch-Ostindische Kompanie (East India Company, 1600–1833). Die Holländisch-Ostindische Kompanie wurde 1602 gegründet, Frankreich folgte mit ähnlichen Gründungen erst 1664, Österreich 1731, Preußen gründete nach einer Afrikanischen Kompanie erst 1745 auch eine Asiatische Kompanie.

Hanway, Jonas (bei Forrest *William),* englischer Schriftsteller, veröffentlichte 1756 einen polemischen »Essay on Tea«. Siehe Seite 41

Hearn, Lafcadio (1850–1904). Griechisch-irischer Herkunft, Journalist und Schriftsteller und ein ›Entdecker Japans‹.
Siehe Seite 82, 92

Heine, Heinrich (1797–1856), widmete den »ästhetischen Tees« einen spöttischen Vierzeiler. Siehe Seite 71

Herbsttee siehe *Autumnal*

Herrentee. Bezeichnung für bestimmte hochwertige Tees aus *Indien* und *Ceylon* (Sri Lanka). Ist besonders kräftig und steht dunkel in der Tasse.

Highgrown. *Ceylon*tee aus den Hochlagen über 1300 Meter

High Range. Teedistrikt in *Südindien.* Dieser Tee steht den überdurchschnittlichen Schwarztees aus *Nilgiri* kaum nach.

High tea. Der Tee am Abend ist gewöhnlich der Höhepunkt englischen Familienlebens. Man trifft sich nach Arbeit und Schule am Familientisch – die einzige Stunde, in der die Familie vollständig beisammen ist. Dazu gibt es einen Imbiß oder eine Mahlzeit.

Hochland. Sammelbezeichnung für die Teedistrikte in den Gebirgen *Ceylons* (Sri Lankas). Also *Dickoya, Dimbula, Nuwara Eliya* und *Uva.* Wie überall in Bergregionen Tee besonderer Qualität, aromatisch

Holländisch-Ostindische Kompanie siehe *Handelskompanien*

Horniman, John, Inhaber eines Lebensmittelladens auf der Insel Wight, soll als erster die Idee gehabt haben, Tee in Packungen abzufüllen und diesen als ›Markenartikel‹ gleichbleibender Qualität zu verkaufen. Er wurde damit Vorläufer so berühmter Marketing-Pioniere wie *Lipton* und Densham.

Hybriden. Kreuzungen aus China- und Assampflanzen. Siehe Seite 105

Hyson. Diese hoch geschätzte *Grüntee*art kommt ursprünglich aus Kingnan, aus der Nähe der Städte Hien Ning und Moognen. Dort soll nach der chinesischen Überlieferung der erste Tee geerntet worden sein. Man habe, so heißt es, die wilden Büsche aus den Bergen in die Ebene – an die Ränder der Felder – verpflanzt und gedüngt.
In der Sung-Zeit (10.–12. Jh.) nannte man den hier geernteten Tee ›Singlo‹, nach einem Hügel oder Berg, an dem der Tee wuchs. Und ein Kräuterbuch aus dem Jahre 1688 berichtet, seine Farbe sei bläulich-grün, und er sei von sehr spritzigem Flavour. »Man sagt, daß Singlo auch mit Chulanblüten getrocknet wird, was das Aroma erhöht. Jedoch ist dieses Aroma nicht so gut wie natürliches.«
Zu seinem heutigen Namen kam der Tee, weil ein Teehändler während der Herrschaft von Cang Hee (K'ang-hsi, 1661–1722) die beiden Schriftzeichen ›Hee‹ und ›Chun‹ als Firmenzeichen wählte. Bald danach wurde jeder Tee dieser Art als Hyson bezeichnet, ganz gleich, ob er vom Berg Singlo kam oder aus einer anderen Gegend.

Ihsing-Ton. Benannt nach der gleichnamigen Stadt. Feuerfeste Keramik aus China. Teedosen und Teegeschirr, oft mit feinen Reliefs und bemalt, seit Jahrhunderten bekannt und auch heute im Handel.
Die Produktion erfolgt noch manuell. Die knapp tausend Arbeiter formen kaum 10 000 Stücke am Tag, was dem einzelnen Stück Individualität und Wert verleiht. Die besondere Tonerde, die in Tiefen bis zu 600 Meter gefunden wird, hat die Eigenschaft, schon an der Luft zu trocknen. Ihsing-Ton hat einen besonders feinen Scherben. Die Keramik wird braun ohne Glasur und mit Glasur angeboten. Siehe auch *Seladon.*

Indien. Größter Teeproduzent. Doch kann man nicht vom indischen Tee sprechen, da die Voraussetzungen in den einzelnen Teedistrikten sehr unterschiedlich sind. Demzufolge auch die Produkte (Karte Seite 110/111). Die ersten Teepflanzen kamen nach vorausgegangenen fehlgeschlagenen Versuchen mit Samen aus China nach Indien. Im Jahre 1900 produzierte man 89 000 Tonnen Tee und exportierte davon 87 000 Tonnen. Die heutige Produktion besteht zum größten Teil aus *schwarzem* Tee, zum geringeren aus *Grüntee.* Dieser wird in erster Linie für *Japan* hergestellt, das geringere Sorten zur Ergänzung der eigenen Produktion aufkauft, sowie für die islamischen Staaten von Pakistan bis Nordafrika. Bestimmten mohammedanischen Sekten ist der Verzehr aller fermentierten Nahrungsmittel verboten. Größte Abnehmer sind (in der Reihenfolge der Aufzählung) die *UdSSR,* Großbritannien, Ägypten, die arabischen Golf-Staaten, Polen, der Sudan und der *Iran.*
Man unterscheidet grob *Nordindien* und *Südindien* wie folgt:

Anbaugebiet	Anbaufläche Hektar	Produktion Tonnen
Nordindien	303 500	438 100
davon		
Assam	167 800	271 600
Cachar	31 700	30 000
Darjeeling	18 400	11 800
Terai	11 500	18 000
Dooars	61 600	100 100
Südindien	75 000	122 600
Indien gesamt	378 500	560 700

Der Export betrug 1981 245 600 Tonnen.

Der Erfolg Indiens auf dem internationalen Markt ist darauf zurückzuführen, daß man auf den speziell englischen Geschmack, die Forderung nach kräftigem Schwarztee für hartes Wasser, einging.

Indonesien. Tee wird auf Java (seit 1826) und Sumatra angebaut. Es wird ganzjährig

gepflückt, doch sind die Verhältnisse auf den beiden Inseln unterschiedlich. Java hat im Winter Regenzeit, und wenn diese endet (jenseits des Äquators im August/September), wird der beste Tee gepflückt. Sumatra, direkt unter dem Äquator, hat ein ausgeglicheneres Klima, so daß die Jahreszeit kaum eine Rolle spielt.
Indonesien-Tees sind stark und dunkel in der Art der *Assam*-Tees und werden gern mit diesen gemischt. Es werden gut 86 000 Tonnen Tee jährlich produziert (1981), von denen 71 000 zum Export kommen. Hauptabnehmerländer sind die *USA* (14 500 Tonnen), Pakistan (12 600 Tonnen), Ägypten (10 800 Tonnen).

Infusion. Fachausdruck für den Aufguß. Siehe *Teeprüfung*

Irak. Mit mehr als zwei Kilogramm pro Kopf und Jahr gehört der Irak zu den größten Teeverbrauchern. Man trinkt überwiegend Tee aus Sri Lanka *(Ceylon).*

Iran. Der Teeanbau erfolgt ausschließlich für den Eigenbedarf; der Menge und Qualität nach ist er für den internationalen Handel nicht von Interesse. Soweit er hier und da angeboten und von Teefreunden auch gekauft wird, geschieht das nur aus Neugierde. Nach letzten verfügbaren Zahlen werden mit 30 000 Hektar Anbaufläche etwa 20 000 Tonnen Tee hergestellt. Da der Eigenverbrauch doppelt so hoch ist (etwa ein Kilogramm pro Kopf und Jahr), werden weitere rund 20 000 Tonnen importiert, zur Hälfte jeweils aus *Indien* und Sri Lanka *(Ceylon).*

Iren, das ist kaum bekannt, sind noch vor den Engländern Weltmeister im Teetrinken. Die letzten erreichbaren Zahlen: Irland pro Kopf und Jahr 3,44 Kilogramm, Großbritannien und Nordirland 3,14 Kilogramm pro Kopf und Jahr. Siehe auch Seite 102

Jahreszeiten haben in bestimmten Teeanbaugebieten einen großen Einfluß auf die Qualität des Tees, nämlich in solchen, in denen das Klima während des Jahres größeren Änderungen unterworfen ist. Typisch dafür sind die Bergregionen *Nordindiens* mit ihren Monsunregen. Man spricht dort von den zu Beginn der Vegetationsperiode gepflückten *First flush* und *Second flush,* von Herbsttee *(Autumnal)* und *Regentee.*

Japan. Der Tee kam aus *China* zwischen dem 6. und dem 8. Jahrhundert ins Land, im Gepäck buddhistischer Mönche. Ein Volksgetränk wurde er erst im 14. Jahrhundert. Die erste wissenschaftliche Beschreibung des Tees stammt nicht aus China, sondern aus Japan, von dem Deutschen Engelbrecht Kaempfer aus Lemgo (1651–1716), der das damals Ausländern sonst nicht zugängliche Land beschrieb. Die Tee-Zeremonie (siehe Seite 60) war zu diesem Zeitpunkt schon seit Jahrhunderten Bestandteil japanischer Kultur.
Ursprünglich nur als Produzent grünen Tees bekannt, stellt Japan seit der Öffnung des Landes im Jahre 1854 auch schwarzen Tee her. Zunächst nur für die Ausfuhr, seit dem Zweiten Weltkrieg, parallel mit der Übernahme westlicher – in erster Linie US-amerikanischer – Lebensformen, auch für den eigenen Bedarf. Obwohl der Kaffee im Vormarsch ist, verbraucht man doch noch pro Kopf und Jahr etwa 1 Kilogramm Tee (zum Vergleich: Bundesrepublik Deutschland 220 Gramm). Auf gut 60 000 Hektar werden (mit hohem Hektar-Ertrag) rund 100 000 Tonnen Tee erzeugt. Da der Eigenverbrauch höher liegt und geringe Mengen von Spezialitäten exportiert werden, tritt Japan sowohl für billigere Grünteesorten als auch für Schwarztee in *Taiwan, China* und Sri Lanka *(Ceylon)* als Käufer auf.
Die Jugend bereitet Tee mit dem Aufgußbeutel, die Tee-Zeremonie ist von einem religiösen zu einem gesellschaftlichen Ereignis geworden.

Jasmintee, mit Jasminblüten *aromatisierter grüner* oder leicht *fermentierter* Tee, wird überall in China getrunken. Man liebt diesen Geschmack, weil in China Tee ohne Milch und Zucker getrunken wird. Siehe auch *Chung Hao* und *Scented Poochong*

Java siehe *Indonesien*

John Company. Scherzhafte Bezeichnung für die britische East India Company (*Britisch-Ostindische Kompanie)*

Johnson, Samuel (1709–1784), englischer Schriftsteller, berichtete, daß er zwanzig bis dreißig Tassen Tee täglich trank. In seiner berühmten Erwiderung auf *Hanways* Polemik gegen den Tee charakterisierte sich als einen »eingefleischten und unverfrorenen Teetrinker, der zwanzig Jahre lang seine Mahlzeiten nur mit dem Aufguß dieses faszinierenden Blattes verdünnt hat; dessen Kessel kaum Zeit hat, abzukühlen; der sich mit Tee den Abend angenehm macht, sich mit Tee um Mitternacht tröstet und mit Tee den Morgen begrüßt.« Siehe Seite 43

Jugendstil. Siehe Seite 87

Kaempfer, Engelbrecht. Siehe Stichwort *Japan* und Seite 33

Kaffeehaus, Coffee House, in London schon im Jahre 1652 dokumentiert. Der Name wurde beibehalten, auch als die Engländer dem Tee den Vorzug vor Kaffee gaben. Um 1700 soll es nach zeitgenössischen Berichten die phantastische Zahl von 3 000 Kaffeehäusern gegeben haben.

Kaltwettertee wird besonders hoch geschätzt. Er kommt aus Anbaugebieten, in denen das ganze Jahr hindurch gepflückt wird, zum Beispiel *Ceylon* und *Südindien.* Auch dort gibt es den Wechsel der Jahreszeiten, jedoch in der Nähe des Äquators nur mit geringeren Auswirkungen auf das Wachstum als in den gemäßigten Zonen.
Während des Winters (Januar, Februar) wird also Tee geerntet, der langsam gewachsen und deshalb von besonders intensivem Aroma ist.

Kanada. Ihre Verbundenheit zu England drücken Kanadier auch durch hohen Tee-Konsum aus. Man verbraucht 830 Gramm pro Kopf und Jahr (zum Vergleich: England 3,14 kg, die USA 350 g, Bundesrepublik Deutschland 220 g). Hauptlieferanten sind Sri Lanka *(Ceylon)* und Ostafrika, bedeutend ist auch die Menge, die über den traditionellen Teehandelsplatz London geht.

Kanton. Südchinesische Hafenstadt. Hier wickelte sich bis weit in das 19. Jahrhundert der gesamte chinesische Außenhandel ab. Chinesischer Tee war also nur über Kanton zu bekommen.
Heute ist die Situation wieder ähnlich. Auf der Kanton-Messe wird praktisch der gesamte chinesische Tee-Export abgewickelt.

Karawanentee. Der Name signalisiert beste Qualität. Als er eingeführt wurde, ließ – allgemein zugegeben und bedauert – der mit dem Schiff aus Ostasien nach Europa transportierte Tee an Qualität zu wünschen übrig. Die hölzernen Schiffsrümpfe mit ihren ungelüfteten Laderäumen waren feucht und voll dumpfer Luft. Das übertrug sich auf den Tee, der in London in bedauernswertem Zustand ankam. Auch die Regel der Segelschiffskapitäne, unten in den Rumpf zuerst als Ballast chinesisches Porzellan zu laden, dann Tee minderer Sorten und ganz obenauf die besten Sorten, konnte das Übel nicht beseitigen, war man doch Monate um Monate auf dem Meer. Diesen Widrigkeiten war der Tee, der auf dem Rücken von Kamelen (und anderen Tragtieren) von China durch Innerasien transportiert wurde, nicht ausgesetzt. Dafür war er – dem Aufwand gemäß – teurer. Karawanentee wurde ›über Rußland‹ gehandelt. Siehe auch *Rußland, UdSSR* und Seite 58

Karibik. *Aromatisierter Tee* dieser Geschmacksrichtung enthält Maracuja- und Mandelaroma.

Kassiablüten. Blüten vom chinesischen Zimtbaum. Werden zum *Aromatisieren* des *Kueihua* verwendet

Kayu Aro. Größte Teeplantage der Welt auf Sumatra *(Indonesien).* 2 250 Hektar, Jahresproduktion 4 500 Tonnen Tee

Keemun. Früher war der Keemunbezirk reiner *Grüntee*lieferant von guten Qualitäten. Erst seit Mitte des letzten Jahrhunderts wurde von Hankau aus die Herstellung des *schwarzen Tees* in der Provinz Anhwei entwickelt. Sehr schnell entdeckten neben den vornehmen Kreisen in Peking die Engländer, daß der aus Keemun stammende Tee besondere Qualitäten hat und der ideale Tee zum Frühstück ist.
In den letzten Jahrzehnten ist der Teeanbau und die Herstellung im Keemungebiet noch auffallend verbessert worden, die erste Pflückung der noch kleinen Triebe im Frühjahr wird mit außerordentlicher Akkuratesse durchgeführt. Es gibt wohl kaum einen anderen Tee auf der Welt, der eine derart gleichmäßige Blattgröße hat. Nicht einmal die ersten Pflückungen der Plantagen in Darjeeling, die noch reine oder fast reine Chinapflanzen haben, erreichen die Feinheit des Keemun-Blattes.
Keemun Chuen Ch'a ist der besonders weich-delikate Frühlingstee.
Echter Keemun aus Anhwei war im vorigen Jahrhundert der feinste Tee, der ›Darjeeling‹ Chinas. Er wurde vom Kaiserhof bevorzugt und daher oft als *Imperial* bezeichnet. Er wird auch heute von Kennern wegen seines Aromas und der besonderen Weichheit und Zartheit seines Aufgußes gern getrunken.
Keemun hat wenig Gerbsäure und Tein und ist daher für Magenempfindliche sehr bekömmlich. Man trinke ihn am besten ohne Sahne oder Zucker, so kommt die zarte Feinheit dieses Tees am besten zur Wirkung.

Kenya. Unter den jungen Teeländern Afrikas ist Kenia führend; Tee aus Kenya hat in England, dem größten Markt für Tee, steigende Bedeutung.
Das hat zwei Gründe: Da die Plantagen erst in den letzten Jahrzehnten angelegt wurden, konnten modernste Erkenntnisse verwertet werden. Das bedeutet wissenschaftlich ausgewähltes Pflanzenmaterial (ein auf englische Wünsche zugeschnittenes Erzeugnis mit hohem Gerbstoffgehalt, da der Engländer seinen Tee mit Milch trinkt) und höchstentwickelte Technik der Herstellung. Zweitens haben Teepflanzer in Kenya den Vorteil, daß ihre Pflanzungen in nächster Nähe des Äquators auf einer Hochebene liegen. Darum ist das ganze Jahr hindurch eine fast gleichmäßige Ernte möglich, und damit sind die Produktionskosten nur etwa halb so hoch wie in Indien.
Auf knapp 80 000 Hektar Anbaufläche werden 90 000 Tonnen Tee erzeugt.
Neben kräftigen Massentees für die Englische Mischung und Ostfriesische Mischung liefert Kenya auch aromareiche *Gartentees.*

Kinder können, ja sollen Tee trinken, da er Vitamin B enthält. Allerdings sollte Tee für Kinder nur halb so stark sein wie der für Erwachsene.

Klipper. Siehe Seite 52

Klone. Gruppen von erbgleichen Einzelwesen, die durch vegetative Vermehrung aus einem Einzelwesen hervorgegangen sind. Siehe auch Seite 116

Konfuzius (eig. Kung-[fu-]tse, um 551 – um 479 v. Chr.), wandernder Philosoph. Siehe Seite 13

Kublai Khan (1215–1294), mongolischer Groß-Khan. Siehe Seite 15

Kueihua. Chinesischer *Oolong,* der mit den Blüten des chinesischen Zimtbaumes (Kassiablüten) *aromatisiert* wurde

Kurzblatt-Tee. Deutsch für *Broken*

Kwangsi. Provinz in Südchina. Tee-Anbaugebiet

›**Labradortee**‹. Siehe Seite 47

Lavendel-Tee. Mit Lavendel (getrockneten Blüten oder Öl) *aromatisierter Tee,* eine Spezialität Frankreichs

Leadenhall Street. Straße in London, Sitz der *East India Company.* Siehe Seite 45

Leibniz, Gottfried Wilhelm (1646–1716), Philosoph, Mathematiker, Rechtsgelehrter, Politiker, Theologe, Physiker, Geschichts- und Sprachforscher, war an geistigem Austausch mit China interessiert, plante die Berufung chinesischer Gelehrter nach Europa.

Linné, Carl von (1707–1778), schwedischer Arzt und Botaniker, benannte die chinesische Teepflanze als *Camellia Thea,* verwandt mit der Kamelie – die auch *Thea japonica* heißt. Wie so oft in der Teegeschichte, ist auch hier ein Jesuit im Spiel: Die *Camellia* hat ihren Namen von dem Jesuiten Camelli. Siehe Seite 9

Liselotte von der Pfalz (1652–1722), Schwägerin Ludwigs XIV., die durch ihre ungeschminkte Schilderung des Hoflebens in Versailles in die Geschichte einging, lernte den Tee dort kennen und schrieb: »Thee kombt mir vor wie Heu und Mist, mon Dieu, wie kann sowas Bitteres und Stinkendes erfreuen?«

Lingia. Teegarten erster Kategorie im Westen *Darjeelings,* an der Grenze zu Nepal. 134 Hektar, 98 Prozent *Chinapflanzen.* Ein Spitzengarten mit vergleichsweise geringer Erntemenge.

Lipton, Thomas (Tommy), Gründer einer Teehandels-Dynastie. Schon als junger Einzelhändler mit Lebensmitteln hatte er den Wert der Reklame erkannt. 1888 entdeckte er den Tee zur Erweiterung seines Warensortiments. Thomas Lipton brachte die noch neue Methode, Mischungen abzupacken und unter dem Namen des Importeurs als ›Markenartikel‹ zu verkaufen, zum Durchbruch. Vorher hatte man Tee wie Salz und Zucker aus einem großen Gebinde beim Einzelhändler in der Tüte abgewogen, und Kenner stellten sich ihre eigene Mischung zu Hause her. Fortan konnte der Kunde mit einer gleichbleibenden Qualität rechnen. Siehe auch Stichwort *Horniman.*

Lok-on-Tee. Chinesischer *Schwarztee* aus der Provinz Yünnan, mit eigenartigem Geschmack. Man schreibt ihm besondere Wirkungen zu: Er soll fette Speisen leichter verdaulich machen und für eine schlanke Linie sorgen. Lok-on-Tee wird gepreßt im runden Bambuskörbchen angeboten.

London. Siehe Seite 35

Lotus-Tee. Mit Lotusblüten *aromatisierter* feiner chinesischer *Schwarztee.*

Low grown. *Ceylon*tee aus den niedrigen Höhenlagen (vom Meeresspiegel bis 650 Meter).

Lu Shan Wu. Einer der traditionellen chinesischen *Grüntees* aus den Bergregionen um Nanchang in der Provinz Kwangsi. Gröberer *Blatt-Tee.* Die besten Blätter kommen von den oft mit Wolken verhangenen Bergspitzen. Ausreichende Feuchtigkeit, fruchtbarer Boden und in der Höhe intensive Sonnenbestrahlung sind die Voraussetzungen für hervorragende Qualität. Smaragdgrüner Aufguß.

Lu-Yu (740–804), chinesischer Dichter und Apostel des Tees, schrieb um 780 das klassische Teebuch »Tscha-King«. Siehe Seite 13

Macao. Chinesischer Handelsplatz. Siehe Seite 26

Magellan, eigentlich Magalhães, Fernão (um 1480–1521), portugiesischer Seefahrer. Siehe Seite 18

Makaibari. Teegarten im Süden *Darjeelings.* Kategorie 2, mit 273 Hektar. Der Garten in Darjeeling mit den meisten Neuanpflanzungen wissenschaftlich gezüchteter *Hybriden.*

Malabar. Bekannter Teegarten auf Java *(Indonesien).*

Malawi. Eines der jungen ostafrikanischen Teeländer, bekannt für Massentees im Stile der *Ceylon*-Tees. Auf rund 18 000 Hektar werden etwa 15 000 Tonnen Tee jährlich erzeugt.

Die koloniale Vergangenheit ist auch ein Stück Teegeschichte. 1878 experimentierte Mr. Duncan, ein Gärtner der schottischen Mission, in Malawi ergebnislos mit dem Anbau von Tee aus Samen des Botanischen Gartens Edinburgh. Aus einem zweiten, ebenfalls erfolglos verlaufenen Versuch steht heute noch auf dem Gelände der Mission in Blanbyre ein Teebusch. Erst etwa zwanzig Jahre später konnte ein Pflanzer aus Ceylon die ersten Plantagen anlegen (die Bodenbeschaffenheit im Mulanje-Gebiet ähnelt der auf *Ceylon).*

Malaysia. Hier wird rund um den Kalender Tee gepflückt. Vorwiegend auf Kleinplantagen, die von Chinesen angelegt sind und bewirtschaftet werden. Meist handelt es sich um Massenware – mild und leicht, billig –, die in Mischungen verwendet und gern zur Preisreduzierung teurer *Assam*tees benutzt wird.
Der meiste Tee wird im Lande getrunken. Auf knapp 3 000 Hektar Anbaufläche werden 3 000 Tonnen Tee im Jahresdurchschnitt erzeugt.

Maracuja-Tee wird mit der lieblichen Passionsfrucht *aromatisiert.*

Markentee. Mischungen, die unter dem Namen eines Importeurs oder Händlers, mit der Angabe eines Herkunftsgebietes oder mit einer Phantasiebezeichung in den Handel kommen. Durch Mischung verschiedener Tees wird eine immer gleichbleibende Geschmacksrichtung garantiert.
Im Gegensatz dazu sind ›unverblendete‹ *Gartentees* in jedem Jahr und sogar in den verschiedenen Jahreszeiten anders.

Matcha. Japanischer *Grüntee,* pulverisiert. Wird für die japanische *Teezeremonie* verwendet

Maugham, William Somerset (1874–1965), englischer Schriftsteller. Siehe Seite 81

Melange. Holländische Bezeichnung für *Mischung*

Midgrown. *Ceylon*tee aus mittleren Höhenlagen (650 bis 1300 Meter)

Mincing Lane. Straße in der Londoner City, in der sich nach 1833 der Teehandel konzentrierte. Die alte Mincing Lane ging in den Bombennächten des Zweiten Weltkrieges unter. Heute liegen die Teelagerhäuser und die Geschäftsgebäude der Teepacker nicht mehr im Stadtinnern.
Seit den Tagen der *East India Company* war aller Tee zwischen London Bridge und Tower Bridge entladen und eingelagert, versteigert und bearbeitet worden, in einem Kreis von zwei Meilen Radius um *Leadenhall Street* und die Mincing Lane mit dem ›Plantation House‹, in dem die öffentlichen Versteigerungen stattfanden.

Mischungen sind tatsächlich die einzige Möglichkeit, geschmacklich gleichbleibenden Tee über einen längeren Zeitraum anzubieten, da Qualität und Aroma des Tees vieler Anbaugebiete je nach Klima des Jahres wie beim Wein immer unterschiedlich sind, auch wenn vom gleichen Standort, ja vom gleichen Strauch gepflückt wird.
Mit der Mischung hat der Handel auch die Möglichkeit, auf die Vorlieben besonderer Verbrauchergruppen einzugehen und die besonderen örtlichen Verhältnisse (z. B. hartes Wasser) zu berücksichtigen.
Zur Mischung gehört zuerst die *Teeprüfung* durch den *Tea taster.*

Montmartre. *Aromatisierter Tee* mit ›grünem‹ Apfelgeschmack und einem Aroma von Anis

Mudis. Stadt im südindischen Teedistrikt *Anamalai.* Rund um den Ort liegen eine Reihe von Plantagen, die den Namen Mudi im Namen tragen, zum Beispiel ›Thoni Mudi‹. Es handelt sich um größere, gut geführte Betriebe, die kräftigere Tees gehobener Qualität erzeugen.

Muffins. Kleine Kuchen aus Hefeteig, die in *England* gern zum Tee gereicht werden. Siehe Rezeptteil

Nagasaki. Siehe Seite 19, 33

Nepal. An den Hängen des Himalaya wird mit Hilfe der indischen Regierung und der UNESCO Tee angebaut, um der Bevölkerung Arbeit zu geben und die Wohlfahrt des Landes zu heben. Vorerst sind die Mengen so gering, daß ein Export kaum infrage kommt. Die Höhenlage läßt aromareiche Tees in der Art des *Darjeelings* entstehen, die mit dessen Qualität allerdings noch nicht zu vergleichen sind.

Neuguinea. Eines der jungen Teeländer, die Kurzblatt-Tees mit kräftiger Tasse, geeignet für englische Mischungen, anbauen. Der jungfräuliche Boden im Hochland läßt bei idealen klimatischen Bedingungen Tee von beachtenswerter Qualität reifen.

New York. Siehe Seite 45

Nieuhof, Johan (oder Neuhof), Chinareisender, Autor der viel gelesenen und viel übersetzten »Gesandtschaft der Ost-Indischen Gesellschaft... an den Tartarischen Cham«, Amsterdam 1669. Siehe Seite 26

Nilgiri. Teedistrikt in *Südindien.* Bergland und Hochebene. Die Teegärten ziehen sich bis auf eine Höhe von 2000 Meter.
Nilgiritee ist meist fein-spritzig. Besonders geschätzt wird der in den Monaten Januar bis März geerntete *Kaltwettertee.*

Nonsuch. Leistungsfähiger Teegarten in *Südindien.* An besonders begünstigter Stelle in den *Nilgiri*-Bergen, nördlich von *Cochin,* durch Fruchtbarkeit des Bodens, Feuchtigkeit und Wärme für den Teeanbau gut geeignet. Die Tees dieser Region sind braun im Blatt, zart in der Tasse, aber mit viel Aroma.

Nordindien. Zusammenfassende Bezeichnung für eine ganze Reihe von Teeanbaugebieten. Die wichtigsten sind *Darjeeling, Assam, Dooars, Terai.*
Insgesamt umfaßt das Gebiet etwa 300 000 Hektar Anbaufläche, auf denen rund 440 000 Tonnen Tee produziert werden (1981), das ist etwa ein Viertel der Weltproduktion.
Die Qualitäten sind höchst unterschiedlich, was am Beispiel Darjeeling und Assam zu belegen ist, so daß man von einem nordindischen oder gar indischen Teetyp nicht sprechen kann. Siehe auch Stichwort *Indien*

Nurelia. Abweichender Name für den Teedistrikt *Nuwara-Eliya* in Sri Lanka *(Ceylon)*

Nuwara-Eliya. Teedistrikt im Hochland von *Ceylon* (Sri Lanka), der Name bedeutet ›Über den Wolken‹. Bekannt für seine ausgezeichneten Qualitäten

OF. Abkürzung für *Orange Fannings*

Off grades ist der englische Ausdruck für Blattgrade, die außerhalb des üblichen liegen. Siehe *Blatt-Tee* und *Sortierung*

Okakura, Kakuzo (1862–1913), Sohn einer Samurai-Familie. Nach Studien der chinesischen und der englischen Sprache und Kultur wurde Okakura Sekretär des Erziehungsministers, reiste mit einer Kommission zum Studium der westlichen Kunst nach Europa und kam zur Einsicht, daß Japan auf dem Punkt war, die eigenen Werte aufzugeben und zu opfern. Mitgründer der Nippon Bijutsu-in zur Erneuerung japanischer Malerei, Lack- und Metallkunst. Auf Kakuzo Okakuras Initiative wurden zahlreiche japanische Kunstdenkmäler zum ›Staatsschatz‹ erklärt.
Von seinen Büchern (»Die Ideale des Ostens«, »Das Erwachen Japans«) ist das 1906 erschienene »Buch vom Tee« am weitesten in aller Welt verbreitet, ein Zeugnis fernöstlicher Lebenskunst, das bis heute nichts von seiner Frische, Zartheit und Tiefe verloren hat. Siehe Seite 7, 91

Oolong. Halb *fermentierter* Tee, meist aus *China* oder *Taiwan.* Man empfiehlt ihn für den Nachmittag.

OP. Abkürzung für *Orange Pekoe*

Opium. Siehe Seite 31

Orange in der Bezeichnung eines Tees hat nichts mit Apfelsinen, also mit *aromatisiertem* Tee, zu tun. Vielmehr geht es hier um das Haus Oranien, das niederländische Königshaus. Orange ist also mit ›königlicher Tee‹ zu übersetzen.
Orange Pekoe ist eine Qualität aus dünnen gedrehten Blattrippen mit hohem Anteil an aromatischen Ölen und wenig *Gerbsäure. Siehe Sortierung*

Orange Fannings. Sortierungsgrad, Qualität für Teebeutel. Siehe auch *Fannings, Orange, Sortierung*

Orange Pekoe (OP). Englische Bezeichnung für die zweite Güteklasse des Tees. Siehe auch *Orange und Sortierung*

Orchid Tea. Ein *aromatisierter* feiner *Schwarztee* mit Orchideen-Blüten von der Aglaia Odorata. Herb-würziger Geschmack. Wird auch Spiced Tea genannt.

Ostfriesen haben von allen deutschen Stämmen das beste Verhältnis zum Tee. Sie lernten das Getränk frühzeitig von ihren Nachbarn, den Holländern, kennen und schätzen. Die von ihnen bevorzugte ›Ostfriesische Mischung‹ besteht ursprünglich aus kräftigen *Assam*-Tees, denen hartes Wasser nichts anhaben kann. Mehr und mehr setzt sich aber auch dort Tee aus den jungen – insbesondere ostafrikanischen – Teeländern durch. Zur ostfriesischen Teestunde gehören Sahne mit dem oft reich verzierten silbernen Sahnelöffel und grober Kandis, der mit dem ›Kluntjeknieper‹ in die Tasse gebracht wird. Da man die Sahne vom Löffel gleiten läßt und nicht umrührt, wird, sobald das Knakken des Kandis verklungen ist, der Tee vorsichtig ›dreistöckig‹ getrunken. Siehe Seite 59

Ostindische Kompanien. Siehe *Handelskompanien*

P. Abkürzung für Pekoe. Siehe auch *Sortierung*

Panfired bedeutet, daß der Tee nach alter Art in der Pfanne auf dem Feuer geröstet wurde. Siehe auch *Teeherstellung*

Parfümierter Tee. Siehe *Aromatisierter Tee*

PD. Abkürzung für den Sortierungsgrad *Pekoe Dust*

Peach Tea. *Oolong* und *schwarzer Tee aromatisiert* mit dem Geruch und Geschmack von Pfirsich

Pekko. Man spricht auch von Pekko-Blüten, meint aber damit keine Blüte im botanischen Sinne, sondern die allerjüngsten Sprößlinge der Teepflanze, deren weißschimmernder Flaum auch nach der Bearbeitung dem Tee eine weiße bis silbergraue Farbe gibt. ›Pakko‹, daher soll der Ausdruck abgeleitet sein, heißt ›weiße Daunen‹. Manchmal wird diese Teeart auch Milchhaar genannt.
Der Tee wird frühmorgens gepflückt und muß bis zehn Uhr vormittags in der Fabrik sein, wo die Triebe zwei Stunden lang in der Sonne trocknen. Dieser Tee wird nicht fermentiert, ist aber durch die zarten Triebspitzen und ihren geringen Gehalt an Gerbstoffen auch ohne Fermentationsprozeß nicht bitter.

Pekoe. Blattgrad, im ursprünglichen Sinne der Bezeichnung ›das dritte Blatt‹, also eine Pflückung der Triebspitze mit drei Blättern. ›Einfache‹ Tees. Siehe *Sortierung*

Pekoe Dust. Kleinster Sortierungsgrad. Siehe auch *Sortierung* und *Dust*

Pekoe Fannings. Kleiner Sortierungsgrad (zweitkleinster nach Dust). Siehe auch *Sortierung* und *Fannings*

Pekoe Souchong (PS). Gröbste Blattsortierung, früher viertes bis sechstes Blatt. Dünner Abguß mit viel Gerbsäure. Siehe auch *Sortierung*

Persien siehe *Iran*

Peru. Es werden jährlich etwa 170 Tonnen Tee erzeugt. 70 Prozent davon im Gebiet von Cuzco, dem Quallabambatal. Die Teeproduktion liegt im Wesentlichen bei drei Genossenschaftszentralen, die nach der Agrarreform von 1968 die Privatbetriebe übernahmen. Die Ernte erfolgt ganzjährig. In der sommerlichen Trockenheit sind die Erträge geringer. Es wird vorwiegend *BOP* angeboten.

PF. Abkürzung für *Pekoe Fannings.*

Pflückmaschine. Experten sind einig, daß gleichmäßiges Pflückgut als Grundlage eines hochwertigen Tees allein mit der Hand gepflückt werden kann. Trotzdem finden für Massentees Pflückmaschinen Verwendung. In der *UdSSR* wurde die Pflückmaschine ›Sakartwelo‹ entwickelt, die über eine Reihe von Teebüschen hinwegfährt und dabei alle über ein bestimmtes Profil herausgewachsenen Triebe erntet.

Pflückung. Es ist für den Tee wichtig, wie groß die jungen Triebe gepflückt werden. Je feiner die Pflückung, je kleiner also die gepflückte Triebspitze, desto höher ist die Qualität des Tees.
Die alte Regel lautet »Two leaves and the bud« (Zwei Blätter und die Knospe). Das ergibt eine gute Standardqualität. Erstklassige Tees enthalten oft nur die Knospe und ein Blatt (besonders feine Chinatees nur die Blattspitze). Mehr als zwei Blatt und Spitze wird als grobe Pflückung bezeichnet. Man spricht von fine plucking (feine Pflückung) und coarse plucking (grobe Pflückung).

Pi Lo Chun. *Grüntee* aus China, feiner *Blatt-Tee.* Schon während der Sung-Dynastie wird dieser Tee unter den Geschenken an den Kaiser aufgeführt. Später in der Tsing-Dynastie gab Kaiser K'ang-hsi diesem Tee den Ehrennamen Pi Lo Chun, der drei Eigenschaften nennt: Die silbrig grüne Farbe der nur wenige Tage alten Triebe, die Spiralform des Blattes und das Frühjahr als Erntezeit, das der Grund ist für Zartheit und Aromafülle. Pi Lo Chun wird in den pittoresken Bergen der Provinz Kwangsu angebaut.

Pineapple-Tee. Mit Ananas *aromatisierter* Tee

Pingsuey. Chinesischer Tee ›für alle Tage‹ aus dem Hauptanbaugebiet am Jangtsekiang. Im Geschmack angenehm kräftig, dabei nicht zu bitter.

Plantagenkistchen werden Gebinde genannt, in denen der Tee vom Teegarten ohne Umpacken zum Verbraucher gelangt.

Polo, Marco (1254–1324), gab nach über zwanzigjährigem Aufenthalt in Fernost seinen Zeitgenossen einen erregenden Bericht über China unter der mongolischen Herrschaft *Kublai Khans,* teilte darin aber (fast) nichts über Tee mit. Siehe Seite 16

Polypot nennt man die Plastikbeutel, in denen aus Samen oder Stecklingen junge Teesträucher gezogen werden.

PS. Abkürzung von *Pekoe Souchong*

Pückler, Hermann, Fürst von Pückler-Muskau (1785–1871), Garten- und Lebenskünstler. Siehe Seite 81

Pu Erh Beeng Cha. Gepreßter chinesischer Schwarztee, von dem man seit tausend Jahren glaubt, daß er schlank mache und die Verdauung schwerer Speisen besonders gut fördere.
Der Pu-Erh-Tee wird in Süd-Yünnan hergestellt, wo bereits seit 1700 Jahren Tee wächst. Pu-Erh ist eine Stadt, wo dieser Tee produziert wird. In den wilden Wäldern dieses Gebietes findet man Teebäume, der größte bekannte steht im Nanyu-Forst im Menghai-Gebirge und wird von den Einwohnern ›Königsteebaum‹ genannt. Er ist etwa 800 Jahre alt.

Quing. Grünliche Glasur, siehe *Seladon*

Ramusio, Giovanni Battista (1485–1557), italienischer Gelehrter und Reisender, berichtete 1559 erstmals für europäische Leser ausführlich über Tee. Siehe Seite 23

Rauchtee. Chinesischer Tee, der durch Verwendung besonders harzreicher Hölzer beim Rösten einen rauchartigen Geschmack erhält. Siehe auch *Aromatisierter Tee*

Regentee. In *Nordindien* die während der Monsunregen, also in den Monaten August bis Oktober, geernteten Tees. Oft etwas ›langweilig‹ mit dünner Tasse. Auf den Regentee folgt der Herbsttee *(Autumnal).*

Reine Sorten. Ungemischte Tees von einer Plantage oder aus einem Anbaugebiet

Reischauer, Edwin O., amerikanischer Gelehrter und Diplomat. Siehe Seite 61

Ricci, Matteo (1552–1610). Jesuit, Missionar in China. Siehe Seite 26

Rikyû, Sen (1522–1591), japanischer Teemeister. Siehe Seite 72

Rilke, Rainer Maria (1875–1926). Siehe Seite 81

Risheehat. Teegarten östlich Darjeeling, der auf die Familie des deutschen Missionars Stölke, einem der Väter des Teeanbaus in *Darjeeling,* zurückgeht. Erste Kategorie, 323 Hektar. Im Vergleich niedrige Erntemengen und 70 Prozent *Blatt-Tees,* was auf erstklassige Qualitäten schließen läßt.

Rösten nennt man das Trocknen des Blattgutes als Abschluß der Bearbeitung. Da das früher in Pfannen auf offenem Feuer erfolgte, hat sich diese Bezeichnung wie auch der Ausdruck ›Feuern‹ erhalten. Siehe Seite 128

Rollen. Arbeitsvorgang bei der *Teeherstellung.* Siehe Seite 121

Russischer Tee. So bezeichnete man lange Zeit Tee, der aus Ostasien auf den Rücken von Tragtieren, also auf dem Landweg durch Innerasien transportiert wurde und Mitteleuropa über russische Zwischenhändler erreichte. Russische Mischung wurde zu einem Qualitätsbegriff (sie wird auch heute noch angeboten) für eine aromareiche kräftige Mischung ost- und südasiatischer Tees, von europäischen Teekennern komponiert. Siehe auch *Karawanentee* und *UdSSR*

Ruggieri, Michele (1543–1607), Rechtsgelehrter, Jesuit, Missionar in China seit 1583, schrieb einen ins Chinesische übersetzten Katechismus. Siehe Seite 26

Rußland. Vor Beginn des modernen Teeanbaus in den südlichen Republiken der heutige UdSSR (1884) hatte das alte Rußland eine lange Tee-Tradition, aufbauend auf den Lieferungen aus China, die Rußland auf dem Landwege nach Mittel- und Westeuropa durchquerten. Russische Teetradition ist untrennbar verbunden mit dem *Samowar* und dem Straßenhändler. Man trinkt Tee gern mit etwas Konfitüre dazu.

Samowar. Kessel, in dem das Teewasser erhitzt wird, Rußlands wichtigster Beitrag zur Teekultur. Ein Symbol von Geborgenheit und geselligem Teegenuß. Beheizt wird ein Samowar mit Holzkohle, der Ausguß ist mit einem Zapfhahn verschließbar. Auf den Mittelschacht kann eine Kanne mit Tee-Extrakt gestellt werden. In der *UdSSR,* der *Türkei* und im *Iran* wird der Samowar heute noch viel verwendet.

Scented Poochong. Kaum *fermentierter* chinesischer Tee, der bei der Trocknung durch Jasminblüten sein besonderes Aroma erhält

Schattentee. Wird nur in *Japan* erzeugt. Die Pflanzen befinden sich unter einem Sonnenschutz (aus Bambus). Dadurch entsteht ein besonders feines Aroma.

Schwarzer Tee, Schwarztee. *Fermentierter* Tee. Gegenüber dem grünen, nicht fermentiertem Tee hat sich der schwarze Tee bei den Teetrinkern in den meisten Ländern der Welt durchgesetzt, außer in Ostasien. Siehe auch *Grüntee*

Sechung Oolong. Ein chinesischer *halbfermentierter* Tee aus dem Distrikt Amoy. Der

Sechung Oolong hat natürliches – nicht zugesetztes – pfirsichartiges Aroma.

Second flush. Zweite Pflückung einer Ernteperiode. Kommt nach dem Frühjahrstee *(First flush)*. Die Teebüsche stehen während des Höhepunktes der Vegetationsperiode in Saft und Kraft, sie bilden Aroma und Gerbsäure in Fülle, so daß der Second flush eine ideale Kombination der positiven Eigenschaften des Tees darstellt. Dabei unterscheiden sich die Tees nach Standort und Erntezeit. Ein Abstand der Pflückung von nur einer Woche kann dem Tee aus demselben Garten schon ein abweichendes Aroma geben.

Seeyok ist ein kleiner Teegarten im Osten *Darjeelings,* direkt an der Grenze zu *Nepal.* Die Einheimischen nennen ihn Soyake Kaman. Die Teebüsche auf den 154 Hektar bestehen zu 80 Prozent aus reinen *Chinapflanzen* und zu 20 Prozent aus *Assampflanzen.* Ein neues Management verbesserte die Qualität der Tees in den letzten Jahren beachtlich, so daß dieser Garten mit seinen guten und kräftigen *Second flush-Tees* in Calcutta Aufmerksamkeit erregte.

Seladon ist eine jadeähnliche grüne Glasur, mit der Porzellane seit der Sung-Dynastie (um das Jahr 1000) in China, später auch in Japan und Korea, überzogen wurden. Der Name soll von der Figur des Céladon im Schäferroman von H. D. Urfé stammen. Eine andere Erklärung: Die Bezeichnung geht auf eine Verstümmelung des Namens ›Saladin‹, des ägyptischen Sultans zurück, der 1171 vierzig Stücke in diesem Farbton dem Sultan von Damaskus schenkte. In China bezeichnet man die Glasur seit der Tang-Zeit als Quing.

Sencha. Japanischer *Grüntee,* der im Bezirk Shizuoka an den Hängen des Fudschijama wächst. Herbsttee. Siehe auch *Bancha*

Shen-nung, chinesischer Kaiser sagenhafter Überlieferung, der von 2737–2697 v. Chr. geherrscht haben soll. Die frühe Neigung zum Tee in China wird nachdrücklich bezeugt von der Tatsache, daß Shen-nung, der ›Vater des Ackerbaus‹, als großer Freund des Tees gilt und ihm bereits ein klassisches Tee-Bekenntnis zugeschrieben wird: »Tee weckt den guten Geist und weise Gedanken. Er erfrischt das Gemüt. Bist du niedergeschlagen, so wird Tee dich ermutigen.« Siehe Seite 13

Shizuoka. Schwarztee aus Japan, kräftig im Aufguß, mit einer eigenartigen Geschmacksnuance, die ihn insbesondere vom chinesischen Tee unterscheidet. Aus dem gleichnamigen Bezirk am Fudschijama, dem heiligen Berg der Japaner.

Shukô, Murata (1432–1502), Zen-Prister. Siehe Seite 71

Silhead. Teeanbaugebiet in *Nordindien*

Sortierung. Nach dem Feuern (Trocknen) der Teeblätter erfolgt maschinell über Rüttelsiebe eine Sortierung nach der Größe. Dabei werden *Blattgrade* und *Broken*-Grade unterschieden.
Die heute in Indien üblichen Bezeichnungen lauten:

BLATTGRADE

1 Fine Tippy Golden Flowery Orange Pekoe 1 (FTGFOP 1)
2 Tippy Golden Flowery Orange Pekoe 1 (TGFOP 1)
3 Golden Flowery Orange Pekoe 1 (GFOP 1)

BROKENGRADE

4 Flowery Broken Orange Pekoe 1 (FBOP 1)
5 Flowery Golden Broken Orange Pekoe (FGBOP)
6 Broken Orange Pekoe Fannings (BOPF)
7 Pekoe Dust (PD)

Obwohl dabei Begriffe verwendet werden, die in ihrem Ursprung auf bestimmte Qualitäten hinweisen *(Flowery, Golden, Orange, Tippy)*, geht es hier ausschließlich um Größensortierungen, die mit der Qualität der Teeblätter nichts zu tun haben, auch keine Rückschlüsse zulassen.

Dasselbe gilt für die überkommene englische, in Indien entstandene Skala:
BLATTGRADE
1 Flowery Orange Pekoe (FOP)
2 Orange Pekoe (OP)
3 Pekoe (P)
4 Pekoe Souchong (PS)
BROKENGRADE
5 Broken Orange Pekoe (BOP)
6 Broken Pekoe (BP)
7 Pekoe Fannings (PF)
8 Dust (D).
Neun Sortierungsgrade dagegen enthält eine Skala, die sich nach modernen Produktionsmethoden ausrichtet. Hier werden die Grade 1 bis 5 ausgesiebt, und das größere Blattgut geht in Schneidemaschinen. Nach dem Schneiden werden dann die Grade 6 bis 9 gesiebt. 1 ist die feinste Aussiebung.
1 Orange Fannings (OF)
2 Flowery Broken Orange Pekoe (FBOP)
3 Broken Orange Pekoe (BOP)
4 Orange Pekoe und Flowery Orange Pekoe (OP, FOP)
5 Pekoe (P)
6 Dust geschnitten (D)
7 Pekoe Fannings geschnitten (PF)
8 Broken Pekoe geschnitten (BP)
9 Broken Pekoe Souchong geschnitten (BPS)
Das *CTC-Verfahren* kennt nur Brokengrade und eine dreifache Sortierung:
1 Broken Pekoe (BP)
2 Pekoe Fannings (PF)
3 Pekoe Dust (PD),
wobei 1 der gröbste, 3 der feinste Grad ist.

Souchong siehe *Pekoe Souchong*

Spiced Tea siehe *Orchid Tea*

Spring tea. Frühlings-Tee, erste Pflückung in Gebieten, in denen nicht im ganzen Jahr gepflückt wird. Leichteres, blumiges Aroma gegenüber den später gepflückten Tees.

Sri Lanka siehe *Ceylon*

Stamp Act (Gesetz über Teeverbrauchssteuer). Siehe Seite 46

Steinthal. Kleiner Teegarten in *Darjeeling,* der vor mehr als hundert Jahren vom deutschen Missionar Stölcke angelegt wurde. Produziert meist hochwertige *Blatt-Tees.*

Südamerika. Fast überall im Teegürtel der Erde wird heute Tee angebaut. In Südamerika liegen die Teeanbauländer *Argentinien, Brasilien* und *Peru.*

Südindien. Zusammenfassende Bezeichnung für drei Teegebiete
Anaimudi: Kräftige Tees mit relativ viel Gerbsäure,
Nilgiri: Tees mit feinem *Flavour,* das dem von *Nuwara-Eliya (Ceylon)* sehr ähnelt,
Travancore: Tees mit Flavour und Tasse, mehr Gerbsäure.
Teeanbau seit mehr als hundert Jahren. Die Plantagen am Rande der ›Western Ghats‹, des Gebirgssockels Südindiens, wurden nach 1870 unter großen Mühen angelegt. In Höhen von 1300 bis 2000 Meter wurde der Urwald gerodet. Der Anaimudi ist mit 2652 Meter der höchste indische Berg südlich des Himalaya.
Südindien umfaßt etwa 75 000 Hektar Teegärten mit einer Produktion von rund 120 000 Tonnen Tee jährlich (sieben Prozent der Welternte). Siehe auch *Indien.*

sukiya (Teeraum). Siehe Seite 64

Su-Lan-Tee. Eine Mischung aus chinesischem *Oolong* und *Schwarztee,* mit den getrockneten Blüten des Sü-ho-hsiang (Styrakazeen = Bäume und Sträucher aus der Ordnung der Ebenholzartigen) aromatisiert. Ein angenehm-fremdartiger Geschmack.

Sumatra siehe *Indonesien*

Sun-Moon. *Schwarztee,* der an den Ufern des gleichnamigen Sees auf *Taiwan* wächst. Seit einigen Jahren wird er von Fachleuten aus dem Keemungebiet vom Festland angebaut. Da sowohl die Teepflanzen als auch Boden und Klima anders sind als dort, schmeckt der Tee kräftiger, hat allerdings auch nicht das besonders feine Aroma des *Keemun.*

Sunny Islands. *Aromatisierter Tee* mit Pfirsich-Mango-Zitronen-Aroma

Szechuan. Chinesische Provinz. Fruchtbares, dicht besiedeltes Bergland an der Grenze zu Tibet. Es werden zarte und blumige Schwarztees mit wenig *Gerbsäure* hergestellt.

»Taeping« (Teeklipper). Siehe Seite 54

Taiwan. Die Insel pflegt die chinesische Tradition des Teeanbaus. Allerdings werden meist billige Sorten für den Export nach *Japan* und in die *Vereinigten Staaten von Amerika* hergestellt. Der beste Tee kommt aus dem Zentralhochland (Pei/Pu und Maà/Li). Zu erwähnen ist auch der Schwarztee vom *Sun-Moon*-See sowie *Oolong*.

Tannin siehe *Gerbsäure*

Tarry Lapsang Souchong. Unvermischter *Rauchtee*. Der Name wurde in *China* geprägt. Tees gleichen Namens sind auch aus *Taiwan* auf dem Markt.

Tea. Englische Bezeichnung für Tee aus dem Teestrauch, in neuester Zeit auch für andere, zum Beispiel Kräutertees. Wird hier benutzt, wenn es sich um international übliche Bezeichnungen handelt.

Tea blender heißt in England der die *Mischung* zusammenstellende *tea taster*.

Tea garden. Dieser Ausdruck hat eine doppelte Bedeutung: 1. Teeplantagen erhalten im Englischen diese Bezeichnung, auch dann, wenn es sich um ein Hunderte von Hektar großes Areal handelt. 2. Teegärten kamen in England – besonders London – nach Einführung des Tees in Mode. Die meisten mußten – da in Randbezirken mit aufgelockerter Bebauung gelegen – der wachsenden Großstadt weichen. Teegärten hatten dieselbe, uns heute mit romantischer Sehnsucht erfüllende Funktion wie der Kaffeegarten in Berlin. Sie waren sommerliche Kommunikationsstätten, Ausflugsziel für die Familie.
Die britische Tradition der Teegärten wurde auch mit nach ›Neu-England‹ genommen. Der Standort des ›Tea Water Pump Garden‹ bei New York war durch eine Quelle mit besonders gutem Wasser bestimmt.

Tea Races. Die Wettfahrten der Klipper mit dem Tee der neuen Ernte von Ostasien nach England. Siehe Seite 53

Tea shop nannte man in England ein Geschäft, in dem man neben dem abgepackten Tee auch aufgebrühten erhalten konnte, wie in einem Kaffeehaus. Dazu wurden kleine Gerichte angeboten.

Tea taster. Teeprüfer, der auch *Mischungen* zusammenstellt. Siehe *Teeprüfung*

Tea time, die Teepause, ist englische Tradition und wird auch in Zeiten der Not eingehalten. Man reicht Gebäck (zum Beispiel *Muffins)* oder einen leichten Imbiß.
Genau so oft wie wegen angeblich gesundheitsgefährdenden Wirkungen wurde der Teegenuß wegen der Teepausen angegriffen. Ein Lordkanzler wetterte gegen die »Demoralisierung der arbeitenden Bevölkerung« und wollte den Teegenuß (und die Teepausen) per Gesetz auf die »höheren Gesellschaftskreise« beschränkt wissen.

Teeanbau siehe Seite 105

Teeauktion siehe *Teehandel*

Teeflavine (Theaflavine). Polyphenolische Verbindungen, die allgemein unter dem Sammelbegriff *Gerbstoffe* mit erfaßt werden. Die Teeflavine machen etwa 1 Prozent des schwarzen Tees aus (bei rund 30 Prozent Gerbstoffen in der Trockensubstanz). Sie erzeugen die leuchtend glänzende Farbe des Teeaufgusses und tragen zur Stärke des Getränks bei.

Teegarten siehe *Tea garden*

Teehäuser in den Parks der Könige und Fürsten Europas erschienen in der Folge der

China-Begeisterung des Barock. Schöne Beispiele sind das Teezimmer in der Pagodenburg des Schlosses Nymphenburg (München) sowie das Chinesische Teehaus Friedrichs des Großen in Sanssouci.
In China und Japan spielen die Teehäuser die Rolle unserer Kaffeehäuser als Treffpunkt und Teil des gesellschaftlichen Lebens. Sie haben allerdings nicht immer den besten Ruf.

Teegeschirr. Darüber schrieb *Lu-Yu* in seinem Teebuch: »Das Geschirr aus Yüzhou und Yuezhou ist olivgrün und harmoniert mit der Farbe des Tees besonders gut; er sieht klar und strahlend darin aus«. Dieser chinesische Dichter hatte schon vor mehr als tausend Jahren erkannt, wie wichtig außer dem richtigen Wasser auch das richtige Teegeschirr zum vollen Teegenuß ist.
Die Entwicklung der keramischen Industrie Chinas ist eng verbunden mit dem Siegeszug des Tees, angefangen von primitiver Tonware über glasierte Keramik bis hin zum feinen Porzellan. *Seladon* erschien während der T'ang-Zeit (618–907).
Damals wurde der Tee Volksgetränk. Teehäuser entstanden in den Städten. Unmengen von Teeschalen und kleinen Kannen für die Gäste wurden hergestellt. Unter der Sung-Dynastie (961–1127) wurde es Mode, Teegeschirr in gleichartigen Muster oder Dekor herzustellen. Die Schalen wurden kleiner, da man glaubte, daß der Wohlgeschmack des Getränks in großen nicht voll zur Geltung käme. Nach Europa kamen chinesische Keramiken (unter diesen Sammelnamen versteht man auch Porzellan) in größeren Mengen im 16. Jahrhundert. Später wurden in europäischem Auftrag auch eigens Teegeschirre in China angefertigt. Chintechen war die Hauptstadt des Porzellans. Seine blau-weißen Waren wurden wegen der Qualität der Scherben und der Feinheit der Glasur von allen Teetrinkern geschätzt.
Die Ming-Dynastie (1368–1644) bevorzugte zunächst die rein weiße Schale. Chintechen entwickelte daneben das mehrfarbige Porzellan. Immer aber war in China das Teegeschirr aus *Ihsing* beliebt, aus purpurbraunem Ton, der hart gebrannt wird und die Dichte des Porzellans erreicht. Unglasiertes Ihsing hat ganz feine Poren, die es für den Teeaufguß besonders geeignet machen und das *Flavour* des Tees halten. Teekannen aus Ihsing sind feuerfest. Siehe Stichwort *Ihsing*

Teehandel. Seit den Tagen der East Indian Company haben sich die Verhältnisse gewandelt: Man muß als Teehändler dabei sein. Und deshalb ist die Zahl der international agierenden Händler auf einen überschaubaren Kreis begrenzt. In Deutschland unterscheidet man zwischen den Großpakkern, die selbst an Ort und Stelle einkaufen, und den Importeuren, die bevorraten und lagern und dann von ihrem Lager an kleinere Teepacker verkaufen.
Drehscheibe des internationalen Teehandels ist Calcutta geworden.
Jede Woche findet dort eine Auktion statt, es werden die teuersten Tees der Welt verkauft.
Bei den Auktionen stehen sich, wie schon seit Generationen in London, Verkaufsmakler der Plantagen und Einkaufsmakler der Käufer gegenüber. Schon Wochen vor der Versteigerung müssen die betreffenden Tees zur Verfügung stehen. Beeidigte Lagerhausfirmen lassen aus einer größeren Zahl von Kisten Muster ziehen. Diese Muster gehen mit dem Auktionskatalog in die ganze Welt, und aus dem Katalog sind Kistenzahl, Blattgrad, Plantage, Erntewoche, Verkäufer, Makler und alle Details ersichtlich. Die sogenannte Valuation, die Preisbewertung des Verkäufers, gibt lediglich einen Anhalt, ist jedenfalls nicht verbindlich für den endgültigen Preis.
Seit einiger Zeit finden in Indien auch kleinere Auktionen näher bei den Produktionsgebieten statt. In Siliguri im Norden werden *Darjeeling*- und *Dooars*-Tees gehandelt, in Gauhati die *Assam*-Produktion, in *Cochin* und Coonoor die *südindischen* Tees. Wichtigste Käufer sind dort die englischen Großfirmen und daneben einige neu ins Geschäft getretene indische Firmen, die für den eigenen indischen Markt ordern.

Die Londoner Auktion, neben China der zweite historisch bedeutende Handelsplatz für Tee, hat nicht mehr ihren alten führenden Rang. Durch Handelsrestriktionen haben die Länder der Dritten Welt es durchgesetzt, daß ihre Plantagen – früher in vielen Fällen im Besitz britischer Staatsbürger – ihre Tees im Ursprungsland auf den Markt bringen. *London* hat nur für afrikanische Tees noch eine gewisse Bedeutung. Konsequent haben die großen britischen Teekäufer wie Brooke Bond, *Lipton,* Typhoo ihre Einkaufsniederlassungen in den Ursprungsländern des Tees beträchtlich verstärkt.
China: Export-Corporationen in *Kanton* und Shanghai vermarkten die Produktion der großen Teeanbaugebiete am Jangtsekiang. Ihnen und den Corporationen in Amoy und *Foochow,* die *Oolong, Grün-* und *Jasmintee* handeln, obliegt die Qualitätsüberwachung für den Export. Das Angebot umfaßt standardisierte und mit Qualitätsnummern bezeichnete Sorten, die über viele Jahre gleichmäßig geliefert werden. Unter alten Namen werden nur einige Spezialitäten, insbesondere *Grüntees* angeboten. *Kanton* mit seiner jährlich zweimal stattfindenden Messe ist der wichtigste Handelsplatz –, und Voraussetzung für erfolgreiche Geschäfte sind langjährige Kontakte zu den chinesischen Verkäufern, wie vor hundert Jahren.
Man nennt dem chinesischen Partner seine Wünsche, was Standardnummern, Preise, Abladungszeiten und andere Details betrifft. Einige Tage später antwortet die chinesische Corporation, und nun hat man – anders als im normalen internationalen Handel – zu akzeptieren oder auf das Geschäft zu verzichten. In den letzten Jahren wurden auch wieder außerhalb der Messe besonders gute ›Lots‹ angeboten, und zwar den ›good old friends‹, im Chinahandel eingeführten und erfahrenen Importfirmen. Von chinesischer Seite wird Kundenpflege im alten Stil geübt, Sympathie ist wichtig. Verkaufsgespräche ziehen sich mit chinesischer Höflichkeit über Stunden hin, es wird eine Tasse Jasmintee nach der anderen getrunken und Zigarette um Zigarette geraucht. Erfreulich für europäische Teehändler: es wird absolut mustergetreu und sorgfältig geliefert, und das ist keineswegs in allen Herstellungsländern üblich. Und Reklamationen sind unbekannt.
Regionale Auktionen gibt es auch in *Sri Lanka, Indonesien* – einmal wöchentlich in Djakarta – und für afrikanischen Tee in Mombasa *(Kenya).*
Erfahrene und eingeführte Firmen können in einem gewissen Rahmen auch von Bremen oder Hamburg aus einkaufen. Der Tee-Einkäufer kennt aus seiner Erfahrung die besten Teeproduktionszeiten der einzelnen Distrikte. Entsprechend gibt er seinen überseeischen Vertretern den aktuellen Bedarf an und bekommt daraufhin jede Woche Hunderte von Mustern aus den verschiedenen Anbaugebieten und Auktionsplätzen auf den Probentisch. Diese Muster müssen durchprobiert werden, und danach wird der Gebotspreis für die nächste Auktion festgesetz. Erfahrungsgemäß bebietet man etwa zehnmal soviel Tees, wie man benötigt, um den geringsten Preis für einen guten Tee zu zahlen. Per Fernschreiber kommt wenige Stunden nach der Auktion das Ergebnis. Der *›Tea taster‹,* der Teekoster, weiß dann, mit welchen Geboten er Erfolg gehabt hat, und kann je nach seinem Bedarf die Gebote für die folgende Woche ausrichten.
Etwa zwei Wochen nach der Auktion gehen die ›Ausfallmuster‹ ein, die nach dem Kauf von beeidigten Lagerhaltern aus der Partie gezogen wurden. Sie werden mit dem Kaufmuster verglichen und noch einmal bewertet. Es wird festgelegt, für welche Kunden diese Qualität in Frage kommt und für welche Mischungen sie brauchbar ist. Nach wieder sechs bis zwölf Wochen trifft der Tee in Deutschland ein. Nach der Prüfung, ob beim Seetransport Schäden vorgekommen sind, wird der Tee aus dem Hafenschuppen zu Lager genommen und entweder im Original weiterverkauft oder in Mischungen verwandt.

Teeherstellung siehe Seite 121
Wie man die Teeblätter vor der Einführung von Maschinen bearbeitete, darüber berichtete am Beispiel grünen Tees ein alter chinesischer Teehändler so:

Die grünen Blätter werden zum ersten Male zwischen dem 20. April und 5. Mai und dann noch einmal zum Sommeranfang gepflückt. Je schneller der Tee nach dem Pflücken geröstet wird, desto besser ist er, denn Sonne und Luft beeinträchtigen das Flavour. Da man nicht alle Blätter gleichzeitig rösten kann, stellt man einen Teil von ihnen auf flache Bambustabletts oder streut sie im Schatten auf gekachelte Fußböden. Die frischen Blätter dürfen auf keinen Fall gelb werden.

Bei der Bearbeitung von Grüntee werden viele Hände gebraucht, für das Rösten, Rollen und das darauf folgende Sieben und Verpacken. Frauen bereiten den Tee für das Rösten vor, suchen Stengel und Fremdteile heraus.

Das Rösten verlangt einen erfahrenen Mann. Es wird der Hyson Kuo, eine Art großer Wok (Pfanne) benutzt, mit etwa 16 Zoll Durchmesser und einer Tiefe von etwa 10 Zoll. Der Kuo wird mit einem Feuer aus trockenem Holz zur Rotglut gebracht, dann gibt man ein halbes Pfund Teeblätter hinein. Eine Dampfwolke steigt auf, die Blätter krachen. Der Mann am Röster rührt mit jeweils einer Hand um. Wegen der enormen Hitze muß er die Hände oft wechseln. Oft wirft er die Blätter einige Zoll hoch, um Klumpenbildung zu vermeiden und damit der Dampf besser entweichen kann. Nach einiger Zeit, wenn die Hitze zu groß wird, nimmt der Röster die Blätter aus dem Kuo und wirft sie in einen bereitstehenden Korb. Dann werden sie gerollt und möglichst schnell wieder geröstet, diesmal allerdings über einem nicht so heißen Kohlenfeuer. Beim dritten Rösten, mehr einem Trocknen, wird das Feuer weiter zurückgenommen.

Teeprüfung erfolgt durch den Handel vor dem Einkauf größerer Mengen und als Voraussetzung zur Herstellung einer Mischung. Der Teeprüfer *(tea taster)* riecht zunächst an dem trockenen Tee und zerreibt ihn zwischen Daumen und Zeigefinger. Dabei sind die Größe des Blattes, seine Farbe, Glanz und Glätte, der Anteil an Stengel- und Rippenteilchen sowie Bruch und Rollung der Blätter Kriterien für die Beurteilung. Danach wird ein konzentrierter Aufguß hergestellt. Teemenge sowie die Menge des Wassers müssen zum Vergleich der einzelnen Proben genau gleich sein. Ebenso der Zeitraum, den der einzelne Aufguß (Infusion) zieht. Das Verkosten erfolgt ohne irgendwelche Zusätze wie Zucker. Der tea taster schluckt den Tee nicht, sondern spuckt die Probe nach der sensorischen Prüfung aus. Schließlich erfolgt eine Begutachtung der gebrühten Teeblätter nach Farbe und Geruch.

Teerubigene (Thearubigene). Pigmente, die den Tee braun färben. Polyphenolische Verbindungen, die den *Gerbstoffen* zugerechnet werden

Teesta Valley. Teegarten im Osten *Darjeelings,* oberhalb des Teesta-Flusses gelegen mit zauberhaftem Blick auf *Bhutan* und *China.* Einer der bekanntesten Namen in Darjeeling, die Qualität ist in den letzten Jahren wieder auf den früheren Stand gestiegen. Sorgfältig zurückgeschnittene Büsche bringen viel Aroma und Kraft in die Tasse. 300 Hektar, vorwiegend werden *Blatt-Tees* aus Chinapflanzen erzeugt.

Teeverbrauch. Die moderne Zivilisation hat etwas Nivellierendes. Noch 1950 rechnete man in England mit einem Verbrauch von 9 Pfund Tee pro Kopf und Jahr, in Deutschland mit 180 Gramm (Friesland 3 Pfund). Die neuesten Zahlen ergeben ein verändertes Bild:

	pro Kopf kg/Jahr	insgesamt Tonnen
Irland	3,44	11 600
Großbritannien	3,14	176 120
Neuseeland	2,13	6 610
Irak	2,07	23 780
Türkei	2,04	90 410
Australien	1,57	22 680
Sri Lanka	1,50	21 270
Tunesien	1,46	9 050
Iran	1,05	34 610
Jordanien	1,02	3 050
Japan	0,97	112 860

Afghanistan	0,91	15 510
Kanada	0,83	19 710
Pakistan	0,78	62 530
Ägypten	0,77	30 740
Niederlande	0,64	8 960
UdSSR	0,60	157 130
Polen	0,53	18 520
Indien	0,52	337 750
USA	0,35	77 100
Bundesrepublik Deutschland	0,22	13 500

Die Teestatistik hat wie viele andere Statistiken insofern ein Loch, als *China* fehlt. Ersichtlich aber ist, daß Großerzeuger wie Indien und *Sri Lanka* auch Großverbraucher sind (für China gilt das noch mehr). Erzeugerländer wie *UdSSR, Japan* und *Iran* müssen kräftig zukaufen.

Teezeremonie, japanische, siehe Seite 60

Teeziegel siehe *Ziegeltee*

Tein. Wesentlicher Bestandteil des Tees, dem Coffein im Kaffee entsprechend. Der Anteil beträgt je nach Sorte 1,5 bis 4 Prozent. Eine Tasse Tee enthält demnach 0,01 bis 0,05 g Tein. Im Gegensatz zur schockartigen Wirkung des Coffein (0,1 g pro Tasse) schont das Tein das Herz und wird auch langsamer abgebaut. Zusammen mit dem Vitamin B_1 (Nervenvitamin) beeinflußt das Tein Nerven und Gehirn günstig, fördert die Konzentrations- und Reaktionsfähigkeit. Tee wirkt anregender, wenn man ihn nur kurz ziehen läßt, da das Tein beim Aufguß zuerst frei wird. Empfohlen werden 2½ bis 3½ Minuten. Siehe auch *Tee und Gesundheit,* Seite 132

Terai. Teedistrikt in *Nordindien,* fruchtbares Hügelland zu Füßen der Berge von *Darjeeling.* 300 bis 800 m hoch. Der Urwald wurde schon im 19. Jahrhundert zur Anlage von Teegärten gerodet.
Der lehmige Boden bringt in den nicht so regenreichen und kühleren Monaten März bis Mai eine Teequalität, die mit den tiefer liegenden Gärten Darjeelings vergleichbar ist. Überhaupt muß erwähnt werden, daß die Grenze zwischen Darjeeling und dem Terai im Teehandel nicht eindeutig festliegt, so daß einige Terai-Tees auch als Darjeeling verkauft werden.
Im übrigen sind die Terai-Tees billiger als ›Darjeelings‹ und eignen sich hervorragend zum Mischen mit diesen.
Die Anbaufläche des Terais beträgt rund 11 000 Hektar in 46 Teegärten. Die durchschnittliche Erntemenge liegt bei 1 500 Kilogramm pro Hektar. Das ist das Zweieinhalbfache der Ernte im Bergland Darjeeling. Wenn der Preis auch geringer ist, so sorgt doch die größere Menge dafür, daß es den Teepflanzern im Terai besser geht als jenen in Darjeeling.

TGFOP 1. Abkürzung für die in Indien übliche Bezeichnung *Tippy Golden Flowery Orange Pekoe 1*

Thé. Französische Bezeichnung für Tee, wird heute noch gern für bestimmte Mischungen im Handel verwendet, zum Beispiel Thé Lavande für *Lavendel-Tee.*

Thea. Thea assamica und Thea sinensis wird der Teestrauch auch genannt. Wir bezeichnen ihn als *Camellia assamica* bzw. *sinensis.*

Tibet ist seit altersher Abnehmer chinesischen Tees. Man benutzt *Ziegeltee,* der mit einer Reibe vorbereitet wird. Nach altem Rezept wird Yakbutter (Yak = ein Hochlandrind) im Tee aufgelöst.

Tien Yi-heng, chinesischer Gelehrter, sagte: Man trinkt Tee, damit man den Lärm der Welt vergißt.

Tin Kuan Yin. Feinster *Sechung Oolong*

Tippy im Namen eines Tees weist auf einen hohen Anteil von ›Tips‹, das sind junge Blattspitzen mit wenig Gerbsäure, hin. Es handelt sich also um einen mild-aromatischen Tee, der auf traditionelle Weise hergestellt wurde.
Bei modernen Verfahren bilden sich die weißen Spitzen nicht.

Tippy Golden Flowery Orange Pekoe 1 (TGFOP 1). Indische Bezeichnung für die zweite Sortierung von Blatt-Tee. Siehe Stichwort *Sortierung*

Townsend, Charles, amerikanischer Konsul in Japan. Siehe Seite 33

Transport. Bis ins 19. Jahrhundert dauerte der Transport von Tee aus Ostasien nach Europa mehrere Monate, sogar ein Jahr und länger, wenn überwintert wurde. Das galt ganz gleich, ob der Tee über See kam oder auf dem Rücken von Tragtieren durch die Wüsten und über die Gebirge Asiens. Den Ausschlag zum alleinigen Transport über See gab die Fertigstellung des Suez-Kanals und die Konstruktion von Eisenschiffen, die eine schnellere und schonendere Beförderung zuließen.
Heute ist der normale Weg der per Container und Schiff, ob aus Asien, Afrika oder Südamerika. Kostbare Tees und Tees der neuen Ernte werden allerdings auch per Luftfracht befördert, als Beispiel der *First flush* aus Darjeeling. Siehe auch *Karawanentee, Tea Races.*

Trocknen (Feuern, Rösten). Arbeitsgang bei der *Teeherstellung.* Siehe Seite 128

Tscha-King, das klassische Teebuch der Chinesen, geschrieben von dem Dichter *Lu-Yu* um 780. Siehe Seite 13

Tsch'eng-huang-ti (später: Schi-huang-ti, gestorben 210 v. Chr.), chinesischer Einiger des Reiches und Reformkaiser, dessen Name in keiner Geschichte des Tees, aber auch in keiner des Steuerrechts fehlen darf. Im Jahre 221 v. Chr. legte er seinen Untertanen eine Teesteuer auf: dies gilt als die früheste gesicherte Nachricht über den Tee. Siehe Seite 12

Türkei. In der Türkei wird seit dem Jahre 1924 Tee angebaut. Damals begann man mit Samen aus Georgien. Derzeit werden etwa 50 000 Hektar bebaut. Der Ertrag liegt bei jährlich 90 000 Tonnen Tee. Das Anbaugebiet zieht sich von der Grenze der UdSSR über fast 500 Kilometer parallel zur Küste. Dabei werden Höhen bis zu 1000 Meter erreicht.
Der türkische Tee ist schwarz im Blatt und hat einen schwachen Abguß. International wird er zum *Blenden* mit charaktervollen, teuren Sorten verwendet, geht zum Teil aber auch unvermischt an Teetrinker, die seine besonderen Eigenschaften schätzen.

Tukdah. Teegarten nordöstlich der Stadt *Darjeeling.* Erste Kategorie. Er wurde vor etwa 120 Jahren zusammen mit den Gärten Bannockburn, Ging und Phoobsering von der britischen ›Darjeeling Tea Company‹ angelegt. 253 Hektar, von denen zu mehr als drei Vierteln *Blatt-Tees* geerntet werden.

Tukvar, einer der größten Teegärten in *Darjeeling* (436 Hektar) war schon immer durch Aufgeschlossenheit technischen Neuerungen gegenüber bekannt. 1872 kaufte man dort den ersten Dampfkessel für einen nordindischen Teegarten und leitete damit die Mechanisierung der Teebearbeitung ein. Da es weder eine Straße in unserem Sinne gab noch eine Eisenbahn, war der Transport mit unendlichen Mühen verbunden. Eine für Ochsenkarren geeignete Straße wurde erst 1869 fertiggestellt, die Darjeelingbahn verkehrt seit 1881/1885.

Tungsha. Chinesische Musterplantage auf der Insel Hainan. Hier sollen Erfahrungen für die Umwandlung chinesischer Kleinwirtschaften in moderne Teeplantagen gesammelt werden.

Twining. Führendes britisches Teehandelshaus. Thomas Twining etablierte sich etwa 1705 als Inhaber von Toms Coffee House in Devereux Court, Strand, London.

UdSSR. Tee wird in Grusinien angebaut. Die Südhänge des Kaukasus tragen über 90 Prozent der Ernte der UdSSR. Es ist das am weitesten im Norden gelegene Teeanbaugebiet der Welt. Angebaut werden besonders ertragreiche und widerstandsfähige

Sorten, die auch stärkere Fröste (bis minus 13 Grad Celsius) vertragen.
In der UdSSR werden in größerem Maße *Pflückmaschinen* eingesetzt, wodurch nach Ansicht westlicher Fachleute in jedem Falle die Qualität des Pflückgutes leidet. Die Teesorten aus der UdSSR genießen keinen guten Ruf, ihre Preise sind aber günstig. Die etwa 120 000 Tonnen Tee, die in den südlichen Republiken der UdSSR hergestellt werden, können den Durst des Landes nicht löschen. Deshalb werden größere Einfuhren getätigt, vorwiegend aus *Nordindien.*

Uji. Stadt in Japan, in deren Umgebung die feinsten Teequalitäten hergestellt werden.

Urasenke (japanische Teeschule in Kyôto). Siehe Seite 61

USA siehe *Vereinigte Staaten von Amerika*

Uva. Teedistrikt auf *Ceylon* (Sri Lanka). Höhen von 1300 bis 2000 Meter auf der Ostseite der Insel, wo im Sommer (Juli/August) trockene Witterung vorherrscht. Dann werden die besten Qualitäten gepflückt. Erntezeit ist das ganze Jahr. Tee aus Uva ist Hochlandtee voller Aroma, das Beste, was die Insel zu bieten hat.

Valignano, Alessandro (1539–1606), italienischer Jesuitengeneral, 1578 in Macao, 1579 in Japan, wirkte auf die Missionierung dort und in China hin. Siehe Seite 26

Vanille-Tee. Tee, der mit Vanille aus Madagaskar *aromatisiert* ist. Man mag sich ausmalen, wie auf einem der alten Ostindienfahrer Vanille neben Tee im Lagerraum gestapelt war und wie der Händler zunächst mit Bestürzung feststellte, daß der Tee das Aroma des Gewürzes angenommen hatte, bis klar wurde, daß hier ein apartes neues Rezept zur Aromatisierung von Tee entdeckt worden war. Oder hat es sich so in einer englischen oder friesischen ›Kolonialwarenhandlung‹ zugetragen?
Fest steht, daß der Tee erst in Europa aromatisiert wird.

Vereinigte Staaten von Amerika. Die Pilgerväter hatten sicherlich Tee im Gepäck. Und als aus Neu-Amsterdam New York wurde, hatte der Tee längst Amerika erobert.
Die Tee-Tradition der USA ist ein Teil englischer Tee-Tradition. Der Tee hat den Anlaß zur Trennung der Kolonie zum Mutterland gegeben (Boston Tea Party, Seite 48). Ein weiterer interessanter Punkt amerikanischer Teegeschichte ist der hohe Anteil des von schnellen kleinen Segelschiffen geschmuggelten Tees.
Auch in USA begann man mit *Grüntee.* Die Umstellung auf schwarzen Tee wird auf eine geschickte Propaganda des Handels zurückgeführt, parallel mit der Erschließung neuer großer Anbaugebiete in Indien und auf Ceylon. Die Erfindung des *Eistees* ist unbestritten eine Leistung der Amerikaner.
Der Lebensstil des Landes bevorzugt den Teebeutel. Man konsumiert Massentees, die größten Lieferanten sind *Indonesien, Ceylon* und *Argentinien*
Obwohl auch in den USA der Verbrauch von Kaffee bedeutend höher ist als der von Tee, summieren sich die 350 Gramm, die man pro Kopf und Jahr verbraucht, doch zu stolzen 77 000 Tonnen Tee.

Verpackung. Der getrocknete Tee wird sofort nach Abschluß der Bearbeitung verpackt, damit er in dem feuchten Klima der Teedistrikte nicht wieder Feuchtigkeit zieht. In *China* packte man den Tee in Weichholzkisten, die mit dicker Zinnfolie ausgeschlagen waren. Kostbare Ware wurde schon immer ihrem Wert entsprechend verpackt: die Kisten wurden ausgeschmückt, mit werbekräftigen Darstellungen versehen. Es gab prächtige gemalte und gedruckte Etiketten (siehe Seite 107).
Gute Teesorten aus den klassischen Teeländern Asiens werden auch heute noch in Holzkisten (diese allerdings nicht mehr einzeln verladen, sondern in Containern zusammengefaßt) verschifft.
International üblich sind

Ganze Kiste	48×48×60 cm,	ca. 48,4 kg
Palettenkiste	40×50×60 cm,	ca. 42,0 kg
½ Kiste	40×40×50 cm,	ca. 28,0 kg.

Die Kisten bestehen aus Sperrholz, mit Aluminiumfolie und Seidenpapier ausgeschlagen. Jede Kiste wird ›gemärkt‹, das heißt mit einer Aufschrift versehen, die den Namen der Plantage, den Blattgrad, das Gewicht brutto und netto, das Produktionsjahr, die Produktionsnummer und die Zahl der Kisten, aus der die Partie besteht, enthält. Massentees, besonders solche aus den jüngeren Teeländern, werden in Plastiksäcken verschifft, die wiederum in Containern gelagert sind.

Vietnam. Dieses ehemals so fruchtbare Land hat seit 1825 einen eigenen Teeanbau. Nach den Kriegswirren und Zerstörungen versucht die jetzige Regierung den Teeanbau stärker zu fördern. Von der angegebenen Erntemenge von 8 000 Tonnen wird der größere Teil im Lande verbraucht. Für die Herstellung von besseren Exportqualitäten fehlt es sowohl an Anleitung als auch an Fabrikationsanlagen. So werden die exportierten Mengen von wenigen Großfirmen zum Mischen mit gleichmäßigen afrikanischen Tees benutzt.

Viridis wurde früher aller *Grüntee* aus *China* genannt.

Wahrsagerinnen lesen in *England* die Zukunft nicht aus dem Kaffeesatz, sondern aus Teeblättern.

Weißer Tee siehe *White Downy Tea*

Welken. Erster Arbeitsgang bei der Teeherstellung. Siehe Seite 121

White Downy Tea. ›Weißer Tee‹ nennen die Chinesen diesen Tee aus Kwangsi, weil die Blätter von weißem Flaum bedeckt sind. Die Blätter werden nach dem Pflücken einzeln an der Luft getrocknet. Der Aufguß ist charaktervoll, zart im Geschmack und doch aromatisch.

Withering ist der englische Fachausdruck für das *Welken* der geernteten Teeblätter. Dabei wird den Blättern 50 bis 60 Prozent ihrer Feuchtigkeit entzogen. Die Bezeichnung kommt von der Tatsache, daß sie dabei schrumpfen. Vgl. Seite 121

Xavier, Francisco, eigentlich Francisco de Jassu y Javier (1506–1552), arbeitete mit Ignatius von Loyola an der ersten jesuitischen Ordensverfassung, reiste im Auftrag des Königs von Portugal nach Ostindien, missionierte in Madras, auf den Philippinen und den Molukken, seit 1594 in Japan. Er widersetzte sich der Ausbeutung der Missionierten durch europäische Händler, starb auf der Insel Sancian bei Kanton, wurde schon 1622 heiliggesprochen. ›Apostel Japans‹. Siehe Seite 18

Yünnan. Chinesische Provinz. Bergland an der Grenze zu Burma und Laos. Hier werden weiche und milde, aber doch kräftige Tees produziert.

Zen (japanische buddhistische Lehre der Meditation). Siehe Seite 71

Ziegeltee war lange Zeit hindurch die allgemein übliche Art des Tees, handlich zu transportieren und aufzubewahren. Aus Tee und Reiswasser wird ein ›Ziegel‹ gepreßt. Man schlägt ein Stückchen von dem bis zu sechs Pfund schweren Block ab und zerkleinert es mit Hilfe einer aus Bambus gefertigten Reibe. Die Preßformen werden – wie bei uns mit Butterformen üblich – durch Ornamente oft reich geschmückt, so daß solch ein Ziegel im Westen in erster Linie als Kuriosum, ja als Raumschmuck betrachtet wird. In Tibet und in der Mongolei ist Tee in Ziegelform noch heute üblich.

Zubereitung des Tees siehe Seite 129

Zweite Pflückung siehe *Second flush*

Kleine Zeittafel: Teegeschichte – Weltgeschichte

221 v. Chr.	wird in chinesischen Geschichtsquellen erstmals eine Teesteuer erwähnt
6. Jh. n. Chr.	kommt Tee mit Buddhisten nach Japan
780	schreibt der Chinese Lu-Yu das Teebuch »Tscha-King«
im 8. Jh.	wird der Kanal zwischen Nil und Rotem Meer zugeschüttet. – Abbruch direkter Verbindungen zwischen Europa und dem Fernen Osten.
im 12. Jh.	kommt der Magnetkompaß in der christlichen Seefahrt in Gebrauch
1245	reist der Franziskaner Carpini in die Mongolei
1262	bringt Eison in Nara ein Teeopfer dar; heute noch alljährlich erinnert
1271–1295	hält sich Marco Polo in der Mongolei und in China auf
1453	erobert Sultan Muhammed II. Konstantinopel, der Landweg in den Fernen Osten ist gesperrt
1492	erreicht Kolumbus Westindien
1497/1498	erreicht Vasco da Gama Indien
1512	segeln portugiesische Schiffe bis zu den Molukken
1517	Portugiesen in Südchina (Kanton)
1519–1522	umsegelt Magellan die Welt
1543	Portugiesen in Japan
1551	trifft der Jesuit Francisco Xavier in Japan ein
1557	besetzen die Portugiesen Macao
1559	berichtet Giovanni Battista in Venedig über Tee
1591	wird der Teeweise Rikiyu zur Selbsthinrichtung verurteilt
1597	stirbt Willem Barents auf der Suche nach der »Nordwestpassage« im Polareis
1600–1868	Tokugawa-Herrschaft in Japan
um 1600	Jesuiten in China (Matteo Ricci)
1600	erteilt Königin Elisabeth I. von England Handelsmonopol an »The Governor and Merchants of London Trading into East Indies«
1610	kommt auf einem Schiff der Holländisch-Ostindischen Kompanie Tee nach Europa
1614	weist Shogun Ieyasu christliche Missionare aus Japan aus. Beginn rigoroser Isolationspolitik
1637	bestellt die Holländisch-Ostindische Kompanie regelmäßige Teelieferungen aus China und Japan – untersagt Edikt der Tokugawa Japanern Auslandsreisen. Auf der Insel Deshima vor Nagasaki bleibt den Holländern ein Handelsposten
1644	ordert die Britisch-Ostindische Kompanie »hundert Pfund Tee von der besten Sorte«
1651	setzt Cromwell in der Konkurrenz um die Seevormacht die »Navigationsakte« gegen Holland durch
1655–1657	reist Johan Nieuhof mit einer holländischen Gesandtschaft aus Batavia (Djakarta) nach China
1662	heiratet Katharina von Braganza den englischen König Karl II. und führt am Hof die Teestunde ein
1679	macht Kornelius Bontekoes »Tractat van het excellenste kruyt thee« den Tee in Europa allgemein bekannt
um 1700	ist Seide der wichtigste Importartikel der Britisch-Ostindischen Kompanie
um 1750	ist Tee britisches Nationalgetränk geworden, eine Londoner Arbeiterfamilie gibt durchschnittlich fünf Prozent ihres Einkommens für Tee aus
1773	Boston Tea Party
um 1780	kommen erstmals Teesamen aus China nach Calcutta
1784	entlastet William Pitt d. J. die britischen Teetrinker von der auf insgesamt 119 Prozent angestiegenen Teesteuer
Ende des 18. Jh.	macht der Tee-Export aus Kanton 80 Prozent des Chinahandels mit Europa aus
1806	gewinnt der ›Karawanentee‹, der über Rußland importiert wird, in Europa viele neue Freunde – auch weil die Kontinentalsperre den Seehandel abschneidet
1825	entdeckt Major Robert Bruce den Teebaum »Thea assamica« in den Wäldern von Manipur
um 1830	ist Opium das wertmäßig größte Handelsobjekt im Welthandel
1831	läuft das China-Handelsmonopol der Britisch-Ostindischen Kompanie aus
1834	gibt William Bentinck den entscheidenden Impuls zum Teeanbau in Indien
1838	geht die erste Teesendung von den Plantagen in Assam zur Versteigerung nach London
1838	gründet Pater Mathew die »Tea total abstinence society«, bald sind fünf Millionen Antialkoholiker Mitglied
1839–1842	Im ›Opiumkrieg‹ unterliegt China den Briten, es muß fünf Häfen öffnen und Hongkong abtreten
1853	US-Admiral Perry vor der japanischen Küste, Ultimatum zur Öffnung der Häfen
1866	Das berühmteste ›Tee-Rennen‹: drei Schiffe segeln von Foochow nach London in 99 Tagen
1869	wird der Suez-Kanal eröffnet – Dampfschiffe verdrängen die Klipper
um 1880	entstehen erste Teeplantagen auf Ceylon
1964	wird die Teesteuer in Großbritannien abgeschafft
um 1980	wurde pro Jahr rund 1,8 Millionen Tonnen Tee auf der ganzen Welt produziert. In England verbrauchte man sechs Pfund pro Kopf und Jahr, in der Bundesrepublik Deutschland 220 Gramm

Chinas Dynastien in fünf Jahrtausenden

um 1800–1500 v. Chr.	Hia	557– 589	Tschen (auch »16 Reiche«, Wei und Tschou)
um 1450–1050 v. Chr.	Schang	590– 618	Sui
um 1050– 256 v. Chr.	Tschou	618– 907	T'ang
221–206 v. Chr.	Ts'in	907– 960	»Fünf Dynastien« (Wu-tai), zugleich
206 v. Chr.–220 n. Chr.	Han		spätere Liang, T'ang, Tsin, Han und Tschou
221–280	»Drei Reiche«	961–1127	Nördliche Sung
265–420	Tsin	1127–1278	Südliche Sung
420–479	Sung	1278–1368	Yüan (Mongolen)
479–502	Südliche Ts'i	1368–1644	Ming
502–587	Liang	1644–1912	Ts'ing (Mandschu)

Dank

250 Milliarden Tassen Tee werden alljährlich getrunken, behaupten die Statistiker des Genießens. Halten wir uns lieber an die Qualitäten. Für zahllose wertvolle Hinweise zu diesem Buch sind wir Teefreunden und Teekennern in Europa, Asien und Amerika dankbar, Institutionen in Großbritannien, Indien und Japan gaben ihre Unterstützung, und last not least die seit über sechzig Jahren für den Import »feinster Tees« bekannte Firma Paul Schrader & Co. in Bremen half großzügig, vor allem beim Bildteil. Wer mehr über die frühe Geschichte des Tees, seinen Weg nach Europa und in die Welt lesen will, findet viel Kurioses, aber auch historisch Verläßliches in der Bibliographie Wolf Muellers (siehe unten) – dort ist zusammengetragen, was bis zum Anfang unseres Jahrhunderts gedruckt wurde.

Aber Tee ist mehr als Tee: nach diesem Motto nennt Ihnen die folgende Auswahl Bücher, die auf den Tee-Weg führen; also auch Berichte über Reisen, über Teegerät und Teearchitektur, über Teeklipper, Teehandel und die Philosophie des Teetrinkens.

Literaturhinweis

Anonym, Allgemeine Bemerkungen über das Teetrinken und das jetzige diätetische Verhalten in vornehmen Gesellschaften. Aus dem Englischen. Leipzig 1795

Anonym, Allgemeine Historie der Reisen zu Wasser und zu Lande . . . Durch eine Gesellschaft gelehrter Männer im Englischen zusammengetragen und aus demselben ins Deutsche übersetzt. Leipzig 1749

Anonym, China – historisch, romantisch, malerisch. Nach Berichten und Zeichnungen von Mitgliedern der letzten englischen Expedition. Carlsruhe o. J.

Baldaeus, Philipp, Wahrhaftige Ausführliche Beschreibung der Berühmten Ostindischen Küsten Malabar und Coromandel, als auch der Insel Zeylon. Amsterdam 1672

Ball, Samuel, An Account of the Cultivation and Manufacture of Tea in China derived from the personal observation . . . With remarks on the experiment now making for the introduction of the Tea Tree in other parts of the world. London 1848

Baker, William F., Running her Easting down. A documentary of the development and history of the British tea clippers culminating with the building of the Cutty Sark. Caldwell/Idaho 1974

Barker, John M., A Tea Planter's Life in Assam. Calcutta 1884

Berliner, Anna, Der Teekult in Japan. Leipzig 1930

Best, Thomas, The Voyage of Thomas Best to the East Indies, ed. by Sir William Foster. London 1934

Bienkowski, Gustav, Teeproduktion und Teehandel. Leipzig 1913

Blaser, Werner, Tempel und Teehaus in Japan. Olten und Lausanne 1955

Blaser, Werner, Wohnen und Bauen in Japan. Teufen 1958

Bontekoe, Cornelius, Tractat van het excellenste kruyt thee. Amsterdam 1679

Bramah, Edward, Tea & Coffee. London 1972

Bricker, Charles / Tooley, Ronald Vere, Gloria Cartographiae. Gütersloh 1971

Bürck, August, Die Reisen des Venezianers Marco Polo. Leipzig 1855

Buschick, Richard, Die Eroberung der Erde. Leipzig 1934

Campbell, G. F., China Tea Clippers. London 1954

Castile, Rand, The way of Tea. New York und Tôkyô 1971

Davis, John Francis, China – a general description of that empire and its inhabitants. Zwei Bände. London 1857

Dürckheim, Karlfried Graf von, Japan und die Kultur der Stille. Bern, München, Wien 1975

Ebbinge-Wubben, J. C. (Vorwort), Thema Thee. De Geschiedenis van de Thee en het Theegebruik in Nederland.
Ausstellungskatalog Museum Boymans van Beuningen. Rotterdam 1978

Eyries, J. B., Malerische Reisen in Asien und Afrika. Leipzig 1841

Floris, Peter, His Voyage to the East Indies, ed. by W. H. Moreland. London 1934

Forrest, Denys, A hundred years of Ceylon tea. London 1967

Forrest, Denys, Tea for the British. London 1973

Fortune, Robert, A Journey to the Tea Countries of China. London 1852

Foster, William, John Company. London 1926

Griffiths, Sir Percival, The History of the Indian Tea Industry. London 1967

Groster, Abbe, A general description of China. Zwei Bände. London 1788

Grosjean, Georges / Kinauer, Rudolf, Kartenkunst und Kartentechnik vom Altertum bis zum Barock. Bern und Stuttgart 1970

Hammitzsch, Horst, Cha-dô, Der Tee-Weg. Eine Einführung in den Geist der japanischen Lehre vom Tee. München-Planegg 1958

Hammitzsch, Horst (Hg.), Japan (Kultur der Nationen/Geistige Länderkunde). Nürnberg 1975

Harler, C. R., The Culture and Marketing of Tea. Oxford 1923

Hawkesworth, Johann, Geschichte der See-Reisen und Entdeckungen im Südmeer . . . von Commodore Byron, Capitain Wallis, Capitain Carteret und Capitain Cook. Berlin 1774

Hearn, Lafcadio, Kokoro. Frankfurt am Main 1910

Helwig, Werner, Klänge und Schatten. Nachdichtungen japanischer Texte. Hamburg und Düsseldorf 1972

Hesse, Eelco, Tee – Alles über die Welt des Tees und die Tees der Welt. München 1980

Houssaye, J. G., Monographie du Thé. Paris 1843

Kirchere, Athanase, S. J., La Chine. Amsterdam 1670

Iguchi, Kaisen, Tea Ceremony. Osaka 1975

Jacobsen, Kristian, Japanische Teekeramik. Braunschweig 1958

Kaufmann, Gerhard, (Hg.), Tee. Zur Kulturgeschichte eines Getränks.
Ausstellungskatalog Altonaer Museum. Hamburg 1977

Langegg, Ferdinand Adalbert Junker von, Japanische Thee-Geschichten. Wien 1884

Lewin, Louis, Phantastica. Die betäubenden und erregenden Genußmittel. Berlin 1927

MacGregor, David R., The Tea Clippers. London 1972

Macintyre, Donald, Abenteuer der Segelschiffahrt 1520–1914. Gütersloh und Wien 1971

Maronde, Curt, Abwarten und Tee trinken. Offenbach 1963

Melrose, William, William Melrose in China. The Letters of a British Tea Merchant. Edinburgh 1973

Mikszewicz, Julius, Der Thee, hauptsächlich als Handels- und Consumptionartikel. Dorpat 1852

Morse, Hosea Ballou, The Chronicles of the East India Company trading to China 1635–1834. Fünf Bände. Oxford 1926

Mueller, Wolf, Bibliographie des Kaffee, des Kakao der Schokolade, des Tee und deren Surrogate bis zum Jahre 1900. Bad Bocklet, Wien, Zürich, Florenz 1960

Niebuhr, Carsten, Entdeckungen im Orient, Reise nach Arabien und anderen Ländern, 1761–1767. Tübingen und Basel 1973

Nieuhof, Johan, Die Gesandtschaft der Ost-Indischen Gesellschaft . . . an den Tartarischen Cham . . . Amsterdam 1669

Okakura, Kakuzo, Das Buch vom Tee. Frankfurt o. J. (englisch zuerst 1906)

Oliphant, Laurence, Narrative of the Earl of Elgin's Mission to Japan and China, 1857/58/59. Edinburgh und London 1859

Pauthier, M. G., Chine. Paris 1839

Pelka, Otto, Ostasiatische Reisebilder im Kunstgewerbe des 18. Jahrhunderts. Leipzig 1924

Polo, Marco, Von Venedig nach China. Neu hg. von Theodor A. Knust. Tübingen und Basel 1972

Ramusio, Giovanni Battista, Delle Navigationi et Viaggi Raccolte . . . Drei Bände. Venedig 1565 ff.

Rein, J. J., Japan. Leipzig 1881

Reischauer, Edwin O., Japan. Berlin 1952

Sandon, Henry, Coffee Pots and Teapots for the Collector. Edinburgh 1973

Sansom, George B., Japan von der Frühgeschichte bis zum Ende des Feudalsystems. München 1967

Sarkar, Goutam K., The World Tea Economy. London, Delhi und Bombay . . . 1972

Schaarschmidt-Richter, Irmtraud, Der japanische Garten. Würzburg 1979

Scheinkofer, Otto F., Der Tee. Hamburg 1956

Schiedlausky, Günther, Tee, Kaffee, Schokolade. München 1961

Schivelbusch, Wolfgang, Das Paradies, der Geschmack und die Vernunft. Eine Geschichte der Genußmittel. München, Wien 1980

Schwebell, Gertrude C. (Hg.), Die Geburt des modernen Japan in Augenzeugenberichten. Düsseldorf 1970

Scott, James Maurice, The Tea Story. London 1964

Sonnerat, Reise nach Ostindien und China. Zwei Bände. Zürich 1783

Tanaka, Sen'ô, The Tea Ceremony. Tôkyô, New York, San Francisco 1974

Toynbee, Arnold (Hg.), Der Ferne Osten. Braunschweig 1974

United Nations Information Sources on Coffee, Cocoa, Tea and Spice Industries. Wien 1977

Ukers, William H., All about Tea. Zwei Bände. New York 1935

Varnhagen von Ense, Karl August, Denkwürdigkeiten und vermischte Schriften. Mannheim 1837/46; Leipzig 1859

Bildquellen

Archiv für Kunst und Geschichte, Berlin (11); BASF Landwirtschaftliche Versuchsstation Limburgerhof; Bijtsu Shuppan sha, Tokyo; British Museum, London; Caldwell, Idaho; Deutsche Fotothek, Dresden; Gemeentemuseum, s'Gravenhage; Globus-Kartendienst, Hamburg; Lühl, Hendrick, Essen; Metropolitan Museum of Art, New York; Münchner Stadtmuseum; Musée Guimet, Paris; Österreichische Nationalbibliothek, Wien; Richter, Peter-Cornell, Freiburg (9); alle anderen Bilder aus dem Archiv der Firma Paul Schrader, Bremen, oder aus den Archiven der Autoren.

Die Asien-Karte auf Seite 110/111 stellt der RV Reise- und Verkehrsverlag, Berlin-Gütersloh-München-Stuttgart, zur Verfügung.

Umschlagfoto Gruner + Jahr, Fotoservice

Textquellen

Dichter, Seefahrer, Teemeister: Den Text von Hisako Matsubara (Seite 90) entnahmen wir ihrem Roman »Brokatrausch«, der im Japan der Jahrhundertwende spielt und beim Knaus Verlag in Hamburg erschien; der Text von Kakuzo Okakura (Seite 91) stammt aus seinem Buch »Die Ideale des Ostens«, jener von Lafcadio Hearn (Seite 92) aus »Kokoro«, Eugen von Vaersts »Die hübschen Teebuden Petersburgs« (Seite 94) aus seiner »Gastrosophie oder Lehre von den Freuden der Tafel« von 1851, Joseph von Eichendorffs »Im literarischen Salon« (Seite 95) aus dem Roman »Ahnung und Gegenwart« vom Jahre 1815, Heinrich Bölls »Ankunft in Irland« (Seite 102) aus seinem immer wieder gedruckten, zuerst 1957 beim Kiepenheuer und Witsch Verlag, Köln, erschienenen Werk »Irisches Tagebuch«. Wir danken den Inhabern der Urheberrechte für die freundliche Erlaubnis, die Texte von Hisako Matsubara und Heinrich Böll in diese kleine Tee-Anthologie aufzunehmen.

Der Text »Tee und Gesundheit« (Seite 132) entstand auf der Grundlage einer Arbeit von Professor Dr. Ing. Johannes Wurziger, Hamburg.

Redaktion und Herstellung Rolf L. Temming, Verlags-Service, Weinolsheim
Satz Volkmar Bock, Helmstedt
Druck VOD Heidelberg
Einband Fikentscher, Darmstadt